Affektives Kapital

Otto Penz lehrt Soziologie an der Universität Wien und an der Wirtschaftsuniversität Wien. Er koordiniert das mehrjährige Forschungsprojekt »Affektive Arbeit in der Arbeitsverwaltung«. Zu seinen Forschungsschwerpunkten zählen die Soziologie des Körpers, der Schönheit und der Gefühle, die Soziologie der Arbeit und politische Soziologie.

Birgit Sauer ist Universitätsprofessorin am Institut für Politikwissenschaft der Universität Wien. Sie leitet das Doktoratsprogramm der Fakultät für Sozialwissenschaften. Ihre Forschungsschwerpunkte sind Vergleichende Geschlechterpolitikforschung, Staats-, Demokratie- und Institutionentheorien sowie Affekte und Politik.

Otto Penz, Birgit Sauer

Affektives Kapital

Die Ökonomisierung der Gefühle im Arbeitsleben

Campus Verlag
Frankfurt/New York

Bibliografische Information der Deutschen Nationalbibliothek
Die Deutsche Nationalbibliothek verzeichnet diese Publikation in der Deutschen Nationalbibliografie; detaillierte bibliografische Daten sind im Internet unter http://dnb.d-nb.de abrufbar.

ISBN 978-3-593-39861-7 Print
ISBN 978-3-593-41999-2 E-Book (PDF)
ISBN 978-3-593-43416-2 E-Book (EPUB)

Umschlaggestaltung: Guido Klütsch, Köln
Satz: Campus Verlag GmbH, Frankfurt am Main
Druck und Bindung: CPI buchbücher.de, Birkach
Gedruckt auf Papier aus zertifizierten Rohstoffen (FSC/PEFC).
Printed in Germany

www.campus.de

»Denn nichts ist für den Menschen als Menschen etwas wert,
was er nicht mit Leidenschaft tun kann.«

Max Weber (1995 [1922], 12)

Inhalt

Einleitung: Über die Ökonomisierung von Gefühlen

»Gefühle einschalten.« So plakatiert im Sommer 2015 ein österreichischer Radiosender, um für sein neues Klassikprogramm zu werben. Zeitgleich inseriert eine Automarke aus dem kostspieligen Segment: »Männergefühle haben einen Namen« – nämlich den der Automarke – und: »Männergefühle können stark sein. Nämlich 241 PS stark.« Dass Werbung auf Gefühle abzielt, ist nichts Neues, und doch weisen diese Beispiele von Plakatwerbung im städtisch-öffentlichen Raum auf einen neuartigen Umgang mit Gefühlen im Vergleich zu den Jahrzehnten zuvor hin. Lange Zeit waren Gefühle in die Privatheit von Intimbeziehungen und die Semiöffentlichkeit von Beratungsmagazinen oder Therapien weggeschlossen. In der Werbung sollten sie eher unterschwellig angesprochen werden, damit sie Einfluss gewinnen können. Demgegenüber geht die ostentative Rede über Gefühle von anderen Wirkungszusammenhängen aus. Gefühle sollen gezeigt werden, nicht mehr verborgen bleiben: »Zeig deine Gefühle« – so adressiert eine »innovative App« des Kunstprojekts *Art of Feeling* in einem Wiener Museum die BesucherInnen. Wir befinden uns also mitten in einem Prozess der diskursiven Hervorbringung von Gefühlen, einem Gefühlsdiskurs, der nicht nur den öffentlichen Umgang mit Gefühlen neu formatiert, sondern auch das Verhältnis der Menschen zu ihren Gefühlen neu definiert: Menschen sollen ermuntert werden, ihre Gefühle nicht mehr als ›privat‹ zu betrachten, sondern sie zu äußern, zu veröffentlichen. Dies wiederum, so eine der Ausgangsannahmen dieses Buches, etabliert neue Machtverhältnisse, wird doch dieser Gefühlsgestus zum Credo eines auf Gewinn in allen Lebenspraxen bedachten Menschen. »Wer Gefühle zeigt, gewinnt«, formulierte dies eine Wiener Werbekampagne bereits vor einigen Jahren. Und umgekehrt: Wer keine Gefühle zeigt, verliert und ist somit höchstens am Rande der neuen (Arbeits-)Welt verortet. »Das Subjekt partizipiert am öffentlichen Leben über die Konstruktion und Zurschaustellung seiner ›privaten‹ Emotionen«, schreibt Eva Illouz (2006, 81). Besonders augenscheinlich werde dies in den Talk- und

Realityshows (ebd., 79ff.), die seit den 1990er Jahren im Fernsehen florieren, in denen die subjektiven Befindlichkeiten der AkteurInnen im Zentrum der öffentlichen Aufmerksamkeit stehen. Die öffentliche Darstellung dieser emotionalen Konstitution kann in Fernsehformaten wiederum in Wert gesetzt werden bzw. wird zur Voraussetzung für eine Teilhabe am öffentlichen Format – und an Öffentlichkeit.

Dieser Wandel von Gefühlsverhältnissen, so die Ausgangsvermutung dieses Buches, gründet in neuen ökonomischen, sozialen und politischen Verhältnissen, nämlich dem Wandel westlicher Industriegesellschaften hin zu Dienstleistungs- und Wissensökonomien, einer neoliberalen Reorganisation von Staat und Ökonomie sowie mit diesen Transformationen verknüpften Veränderungen sozialer Institutionen des Arbeits- und Zusammenlebens, auch von Alltagspraxen. Ersteres zeigt sich in der Veränderung von Arbeitsprozessen in Richtung immaterieller Arbeit, durch die Kommunikation, Wissen und auch Gefühle hergestellt werden – Arbeitsprozesse, die auf Kooperation beruhen und in die nicht zuletzt die Affektivität der Arbeitskräfte einfließt. Die zweite Dimension manifestiert sich beispielsweise in der Deregulierung von Arbeit, aber auch in der Privatisierung öffentlicher Dienstleistungen im Zeichen von Effektivität und Kosteneffizienz. Diese öffentlichen Dienstleistungen unterliegen einem marktförmigen Wettbewerb und haben sich auf Märkten zu bewähren. Seit den 1990er Jahren beschleunigt sich im globalen Norden die Vermarktlichung und Kommodifizierung von Dienstleistungen, wie öffentlicher Transport, Telekommunikation und Post, die bessere Leistungen und größere KundInnennähe versprechen, und aus staatlichen Bürokratien im Dienste der Allgemeinheit erwachsen Dienstleistungsunternehmen mit Profitinteressen. Die dritte Dimension wird in durchaus widersprüchlichen Prozessen der Ent- und Resolidarisierung sichtbar, beispielsweise im Wandel von traditionellen Formen der Solidarität – sei es der Wandel von Familienverhältnissen oder das Erodieren von (wohlfahrtsstaatlichen) Institutionen des sozialen Ausgleichs – und in Wertorientierungen, die soziale Sorge für sich und andere neu denkt, zum Beispiel in Praktiken von *commons*.

Alle drei Entwicklungen, so unsere These, lassen die Arbeitskräfte, die berufstätigen Menschen also, nicht unberührt. Viel mehr noch: Sie tragen zur Formung von Subjekten bei, die das für Dienstleistungen notwendige affektive Vermögen und die konkurrenzgeleiteten (KundInnen-)Orientierungen verinnerlicht haben und dies als ihr Talent und ihre persönliche Kompetenz betrachten. Dem Gefühlsmanagement kommt dabei eine zentrale Rolle zu, erweist sich die Qualität von kundInnenorientierter, interaktiver Dienstleistungsarbeit doch am Einfühlungsvermögen und an der Vertrauensbildung im Umgang mit Kundschaft, sodass die Subjektivierung am Arbeitsplatz und Vorstellungen von Professionalität ganz wesentlich die Gefühle tangieren. Wir gehen davon aus, dass das Arbeitsregime eine prägende Kraft entwickelt, die nicht allein das Erwerbsleben der Menschen betrifft, sondern ihren gesamten Habitus einschließlich ihrer Affekte strukturiert und damit zur Ausprägung einer spezifischen Affektkultur im Neoliberalismus, einer neoliberalen *emotionology*, wie Stephen Fineman (2008a) dies nennt, führt.[1]

Warum erscheint uns gerade die Erwerbsarbeit für diese affektive Subjektivierung besonders wichtig? Unsere erste Antwort lautet, weil wir nach wie vor in einer Arbeitsgesellschaft leben und die Menschen in der Regel durch bezahlte Arbeit – an die wiederum die Systeme der sozialen Sicherung gekoppelt sind – ihren Lebensunterhalt bestreiten, und zwar zunehmend auch die Frauen im Prozess der Tertiarisierung der Ökonomie und der neoliberalen Reorganisation von Erwerbsarbeit. Die berufliche Position ist konstitutiver Bestandteil des persönlichen Selbstverständnisses, das in den Erzählungen der Menschen über ihren Werdegang entsteht, sie ist zentraler Lebensinhalt, und sie verleiht den Arbeitskräften sozialen Status und Anerkennung (sodass Erwerbslosigkeit zumeist auch als persönliche Kränkung erfahren wird). Besondere Bedeutung erhält die Erwerbsarbeit im Neoliberalismus (z.B. Harvey 2007) zudem durch zwei ineinander verschränkte Entwicklungen in den Ländern des globalen Nordens: durch die Entgrenzung von Arbeit, die sich beispielsweise in der ständigen Verfügbarkeit von Arbeitskräften, aber auch in der Aufhebung der räumlichen Trennung von Heim und Arbeitsstätte zeigt, und durch die gleichzeitige Prekarisierung der Arbeit für eine große Zahl von Erwerbstätigen, die Wiederkehr sozialer Unsicherheit, die bedrohlich wirkt und der Integration in den Arbeitsmarkt besonderes Gewicht verleiht. *Liebe ist kälter als das Kapital*, titelte der Berliner Regisseur René Pollesch gleichsam weitsichtig sein Buch bereits im Jahr 2009.[2]

Die Verknüpfung dieser Gesichtspunkte mit der steigenden öffentlichen Aufmerksamkeit für Gefühle und Affekte macht deutlich, dass wir mit der Analyse und Diskussion von affektiver Arbeit und affektivem Kapital auch einen Beitrag zum Verständnis neoliberaler Erwerbsarbeitsverhältnisse leisten wollen. Wir denken, dass eine Affektperspektive hilft, die größeren ak-

1 In Kapitel 1 werden wir die Verwendungsweise der Begriffe Gefühl und Affekt erläutern.
2 Pollesch spielt dabei auf den ersten abendfüllenden Film Rainer Werner Fassbinders *Liebe ist kälter als der Tod* aus dem Jahr 1969 an.

tuellen Veränderungen in der sozialen Reproduktion kapitalistischer Verhältnisse genauer in den Blick zu nehmen (ähnlich Anderson 2010, 165). Dies macht auch einen Fokus auf Geschlechterverhältnisse notwendig, sind doch moderne Arbeitsverhältnisse – und nicht nur Erwerbsarbeitsverhältnisse – ganz zentral an ungleiche Geschlechterverhältnisse gebunden. Aus der Entgrenzung von Erwerbsarbeit lässt sich schließen, dass Institutionen hierarchischer Zweigeschlechtlichkeit und der Heteronormativität im Neoliberalismus zur Disposition stehen, beruhen diese doch auf der historisch entstandenen Trennung zwischen einer männlich kodierten Öffentlichkeit und einer als weiblich verstandenen Privatsphäre sowie einer damit verknüpften geschlechtsspezifischen Arbeitsteilung. Während die öffentliche Sphäre, etwa das ökonomische, politische und bürokratische Feld, von Rationalität durchdrungen sein soll und damit zur Assoziation von Männlichkeit mit rationalem Handeln führte, gilt das private Leben als Ort der (empathischen) Gefühle, eine Domäne des weiblichen Geschlechts. Dieses Trennungsdispositiv verdeckt die Tatsache, dass das ganze Leben, auch das Verfolgen ökonomischer und politischer Interessen, stets von Affekten durchzogen ist, nicht zuletzt weil Affekte die Schnittstelle zwischen Person und Gesellschaft bilden.

Allerdings ist unsere Untersuchung davon geleitet, dass wir über die Zeit hinweg keine linearen gesamtgesellschaftlichen Veränderungsprozesse der affektiv kodierten Geschlechterverhältnisse in westlichen Gesellschaften ausmachen können. Vielmehr erodiert das geschlechtsspezifische Trennungsdispositiv im Neoliberalismus ungleichzeitig und auf paradoxe Weise. Zum einen werden, wie bereits erwähnt, die Grenzen zwischen Arbeits- und Freizeitbereich durchlässig, und die männliche Erwerbsarbeitspraxis droht das ganze Leben zu beherrschen, zum anderen jedoch entwickeln sich jene affektiven Fähigkeiten, die die längste Zeit das Handeln von Frauen in der privaten Sphäre bezeichneten, wie Einfühlungsvermögen und Kommunikationsfähigkeit, zu Schlüsselkompetenzen im Erwerbsprozess. Ob dieser Wandel ein *de-gendering* der sozialen Ordnung, speziell der Erwerbsarbeit, anzeigt oder eine Redefinition von Männlichkeit und Weiblichkeit entlang der traditionellen Geschlechterkonstruktionen bewirkt bzw. welche Gestalt diese komplexen geschlechtsspezifischen Transformationsprozesse in der Erwerbsarbeit annehmen, soll uns in diesem Buch ebenfalls beschäftigen.

Ziel unserer Untersuchung ist es, die Bedeutung und Funktion, aber auch die Instrumentalisierung von Affekten im Arbeitsleben westlicher Dienstleistungsgesellschaften zu analysieren und zu theoretisieren. Wir verorten unsere Studie dabei in größeren historischen Zusammenhängen, um deutlich zu machen, wie in der derzeitigen Erwerbsarbeitswelt Gefühle nicht nur ›ökonomisiert‹ werden, wie der Untertitel unseres Buches behauptet, sondern dass und wie um eine neue Bedeutung von Affekten – und damit von Menschen und Arbeit – gerungen wird. Im Unterschied zu der Studie von Sabine Donauer (2014), die den Wandel der betrieblichen Entdeckung und Nutzung von »Arbeitsgefühlen« in der westlichen Welt seit der Wende vom 19. zum 20. Jahrhundert untersuchte, geht es uns um eine systematische Zeitaufnahme, die durch die Analyse aktueller Affektmodi in der Erwerbsarbeit auf neuartige Techniken des Regierens und mithin auf (neoliberale) Herrschaftsverhältnisse schließen lässt.

Im Fokus des empirischen Teils unserer Studie stehen *front line*-Beschäftigte der gelben Post in Österreich – ein Dienstleistungsunternehmen, das in den 1990er Jahren aus der Hoheitsverwaltung und staatlichen Bürokratie ausgegliedert wurde – und die affektiven Antworten der DienstleisterInnen auf neuartige Organisationsziele und Arbeitsbedingungen. Unter solchen affektiven Antworten lassen sich Gefühlslagen und Gemütszustände verstehen wie Arbeitszufriedenheit, Lust an der Arbeit und an der Kooperation mit KollegInnen, Freude an der Interaktion mit KundInnen, aber auch Gefühle der Überforderung, des Ärgers und Stresses sowie der Angst und Sorge um den Arbeitsplatz. Wir betrachten das österreichische Beispiel als paradigmatisch für den Wandel öffentlicher Dienstleistungen und damit von Staatlichkeit unter neoliberalen Vorzeichen, zumal in konservativen Typen des Sozialstaats wie Deutschland und Österreich. Das österreichische Beispiel lässt alle aus der Literatur wohlbekannten Charakteristika der Deregulierung, Vermarktlichung und Wettbewerbsorientierung einstiger staatlicher Monopole erkennen: die steigende Bedeutung des *shareholder value*, neue Steuerungsstrategien wie New Public Management (NPM), die von Output- und Zielvorstellungen ausgehen und auf innerorganisatorischen Wettbewerb setzen, oder die Einführung von Kontroll- und Anreizsystemen, um sowohl die Leistungseffizienz als auch das *commitment* der Arbeitskräfte zu steigern.

Den theoretischen Ausgangspunkt unserer Überlegungen bildet die bahnbrechende Studie von Arlie Hochschild (2003) aus dem Jahr 1983 über *emotional labor* bzw. *emotion work*, eine erste systematische Bestandsaufnahme des zu erbringenden Gefühlsmanagements von Frauen und Männern in Dienstleistungsberufen (am Beispiel von Flugbegleiterinnen und Mitarbeitern von Inkassobüros), die vor allem die emotionale Entfremdung der Arbeitskräfte ins Auge fasst. Hochschilds Überlegungen, die mittlerweile international eine Fülle an weiteren Studien und theoretischen Erweiterungen nach sich zogen, wollen wir in zweifacher Weise neue Perspektiven hinzufügen: zum einen die Handlungsautonomie der Arbeitskräfte und damit eine Dimension der ›Freiheit der Affekte‹, also nicht nur die Unterwerfung und Ausbeutung der Erwerbstätigen, zum anderen die Dimension der Neoliberalisierung von Ökonomie und Politik, der Arbeitsverhältnisse und damit auch der Affektivität der Arbeit.

Darüber hinaus ist unsere Studie als kritische Auseinandersetzung mit dem *affective turn* in den Kultur- und Sozialwissenschaften seit der Milleniumswende zu verstehen, der einen Wandel in der Theoretisierung von Gefühlen markiert. Zwar hat eine verstärkte wissenschaftliche Debatte über Gefühle schon in den 1990er Jahren eingesetzt, doch hat die begriffliche Neuorientierung in Richtung Affekt, die in den *queer studies*, den Kulturwissenschaften und der Philosophie angesiedelt ist, diese Diskussionen zugespitzt und radikalisiert. Deutlich wurde im wissenschaftlichen Gefühls- und Affektüberschwang eine disparate Begriffsverwendung, die von Gefühlen, Emotionen, Passionen, Leidenschaften, Sentiment und Affekten spricht – eine Disparität, wie wir sie im Folgenden auch nicht völlig vermeiden können. Das semantische Feld von Affekten, Gefühlen und Emotionen umfasst zudem Triebe, Neigungen, Einstellungen und Dispositionen. Damit verbunden sind Wahrnehmung, Wertung, Kognition, Vernunft, Wissen, Kultur, Erfahrung, Beziehung, Interaktion und Kommunikation. Wir folgen in diesem Buch der begrifflichen Neuerung und sprechen von Affekten, wollen damit aber keine Wende hin zu einem nicht sozial bzw. kulturell vermittelten Verständnis dieser Affekte vollziehen. Affekte gründen in kurz- und langfristigen körperlichen Dispositionen, Erfahrungen, Wahrnehmungen und Gewohnheiten. Die Basis für die individuelle Wahrnehmung, für das individuelle Begreifen und Verstehen von Affekten, dafür, dass wir in bestimmten Situationen affektiv berührt werden, sind also kulturelle Standards, die im Laufe der affektiven Sozialisation erlernt werden. Darauf basiert die Bewertung von Affekten wie auch die Bewertung (von Situationen) durch Affekte. Diese kulturelle Interpretation ist nötig, um einen Affekt zu ›verstehen‹, auch wenn die Körperlichkeit von Affekten – zum Beispiel das Erröten aufgrund von Scham – nicht steuerbar, weil unwillkürlich ist.

Uns geht es – wie wir im Folgenden noch ausführlicher darlegen wollen – um eine kritisch-gesellschaftstheoretische Aufarbeitung des Affektkonzepts, die es uns erlaubt, die modernen Trennungen zwischen Körper und Geist zu überwinden und die Bedeutung von körperlicher Materialität – freilich immer als eine sozial vermittelte Praxis verstanden – in unserer Analyse zu denken. Das Konzept Affekt ermöglicht es uns, zwei Theoriestränge, nämlich jene von Pierre Bourdieu und Michel Foucault, systematisch in die Diskussionen um affektive Arbeit einzufügen. So kombiniert unser kritischer Affektbegriff etwa Bourdieus Konzeption des Habitus, die körperliche und damit affektive Komponenten umfasst, seine Theoretisierung von Handlungsressourcen in Form von Kapitalsorten, denen wir affektives Kapital hinzufügen werden (das dem Buch auch seinen Namen gibt), und seine praxistheoretische Perspektive über das Zusammenspiel von unbewussten und bewussten Motiven im alltäglichen Handeln. Wir werden schließlich diese praxeologischen Theorieteile mit der strukturähnlichen Theorie Foucaults verbinden, indem wir dessen Subjektivierungs- und Gouvernementalitätskonzept aufgreifen, etwa den Typus des »unternehmerischen Selbst« (Foucault 2004b, 314), und diese Konzepte im Hinblick auf Affekte ergänzen und neu situieren werden. Affekte und affektives Kapital sollen so – wie oben bereits angedeutet – als Elemente einer neuen Regierungstechnologie, die weit über staatliches Steuern und Regieren hinausgeht, diese aber auch prägen und beeinflussen, begriffen werden.

Mit dieser Perspektive lässt sich auch die Frage nach dem Warum des aktuell konstatierbaren emotiven oder affektiven Booms, also die Frage »Warum jetzt?« beantworten. Wir schlagen in diesem Buch vor, die aktuelle wissenschaftliche Debatte über Affekte und Gefühle als einen Diskurs zu begreifen, das heißt als Element einer neuen Regierungsweise im Foucault'schen Sinne, als Teil eines neuen steuernden, ordnenden Zugriffs auf Menschen und damit neuer Formen der Positionierung von Menschen in der Gesellschaft.[3] Lila Abu-Lughod und Catherine A. Lutz (2009, 108) heben zwei Dimensionen des Affekt- bzw. Emotionsdiskurses hervor: Sozialität und Machtverhältnisse. Machtverhältnisse beeinflussen, was über Affekte gesagt werden darf und was nicht, wer über Affekte reden darf und wer nicht. Ein gesellschaftstheoretisch-kritisches Affektkonzept will also zeigen, »how emotion discourses establish, assert, challenge, or reinforce power or status differences« (ebd.). Affekte, so wollen wir zeigen, sind ein Mechanismus der Herrschafts- und Ungleichheitsproduktion, können aber auch – und dies ist uns wichtig – ein Modus der Überwindung solcher Verhältnisse sein.

3 Ganz ähnlich wie Lila Abu-Lughod und Catherine A. Lutz (2009, 107) unterscheiden wir zwischen »discourses on emotion« bzw. Affekten, also gewissermaßen das Reden über Emotionen, und einem »emotional discourse« bzw. Affektdiskurs, der bestimmt, wie Affekte gezeigt werden dürfen und damit eine herrschaftliche Positionierung affektiver Subjekte vornimmt.

Damit ist nochmals ein zentraler Punkt angesprochen, der die theoretische Position Foucaults mit jener Bourdieus kompatibel erscheinen lässt und richtungweisend für die Analyse neoliberaler Erwerbsarbeitsverhältnisse und deren Affektivität ist: dass die soziale Ordnung immer auch eine Herrschaftsordnung ist, die durch Machtstrukturen konstituiert wird, sodass das Gefühlsleben der Menschen – ihr affektiver Habitus – ebenfalls durch Machtverhältnisse geprägt wird. Und umgekehrt: Auch affektive Dispositionen lassen einen Herrschaftsmodus entstehen, wie nicht zuletzt an neuartigen Geschlechterarrangements deutlich wird.

Wir beginnen unsere Untersuchung der Affekte im Folgenden mit der Rekonstruktion der Wiederentdeckungsphase von Gefühlen als zentrale Theoriebestandteile in den Sozialwissenschaften, mit den *emotional* und *affective turns* der letzten Jahrzehnte, nicht zuletzt um unsere eigene wissenschaftliche Position in diesem zunehmend unübersichtlichen Gewirr an Begriffen, Definitionen und historischen Erklärungen, die alle für sich Deutungshoheit beanspruchen, kenntlich zu machen. In einem zweiten Schritt, in Kapitel 2, engen wir den Horizont der sozialwissenschaftlichen Debatte von Gefühlen auf jenen Untersuchungsgegenstand ein, der im Mittelpunkt des Buches steht: die Arbeit oder, genauer, Erwerbsarbeit und deren Affektivität. Der Fokus liegt dabei auf den gesellschaftstheoretischen Perspektiven, die die unterschiedlichen Konzeptionen von Gefühlsarbeit für unsere Studie eröffnen. So schärft die von Arlie Hochschilds Position der 1980er Jahre wegführende Debatte der ›affektiven Arbeit‹ beispielsweise die Aufmerksamkeit für Prozesse der Solidarisierung und des kollektiven Widerstands gegen die sozialen Verwerfungen des Neoliberalismus und damit für biopolitische Aspekte affektiver Arbeitsbeziehungen in der Dienstleistungs- und Wissensökonomie.

Aus der Aufarbeitung der sozialwissenschaftlichen Literatur über Gefühle, Emotionen und Affekte sowie zur Emotions- und Affektarbeit resultiert jener gesellschaftstheoretische Blickwinkel, der uns geeignet erscheint, sowohl die strukturelle Verfasstheit der affektiven Arbeit im Neoliberalismus als auch die Praxisebene der GefühlsarbeiterInnen in den Blick zu nehmen. Wir stellen in Kapitel 3 des Buches unsere zentralen theoretischen Werkzeuge vor im Versuch, die Neoliberalisierung der Erwerbsarbeit anschaulich und nachvollziehbar zu machen, vor allem aber um die Rekonfiguration von Macht- und Herrschaftsverhältnissen zu erklären, die sich durch das Arbeitsregime in die Menschen einschreiben. Dafür stellen wir einerseits unsere (an Bourdieu angelehnte) Konzeption des affektiven Kapitals vor, das ermächtigenden Charakter hat, indem es soziale Beziehungen schafft und eine zunehmend wichtige Ressource in Dienstleistungsberufen darstellt. Andererseits thematisieren wir die Unterwerfung der Arbeitskräfte durch ein neues, neoliberales Arbeitsregime aus einer gouvernementalitätstheoretischen Perspekte und erweitern dabei Foucaults Konzeptionen in Richtung affektiver Subjektivierung und affektiver Fremd- und Selbstregierung.

Anschließend, in Kapitel 4, wenden wir uns dem Wandel der politischen und ökonomischen Verhältnisse zu, also den kontextuellen Bedingungen, die die Erwerbsarbeit beeinflussen und in deren Geschichte sie eingebettet ist. Zwei Prozesse stechen dabei besonders ins Auge: Zum einen geht der Aufstieg der Wissens- und Dienstleistungsökonomie Hand in Hand mit neuen Formen der politischen und ökonomischen Regulierung, die auch auf die Kontrolle der Affekte abstellen. Zum anderen zeigen sich in der politischen und ökonomischen Steuerung, nicht zuletzt in der Ansprache der BürgerInnen als KonsumentInnen (wie seit langer Zeit im Konsumismus der Industriegesellschaften), ähnliche biopolitische Prozesse der affektiven Subjektivierung wie bei der Dienstleistungsarbeit. Wir verfolgen diese Transformationsprozesse entstehungsgeschichtlich, also genealogisch, um die neoliberale Zäsur deutlich sichtbar zu machen.

Im nächsten Schritt, in Kapitel 5, skizzieren wir auf ähnliche Weise eine Genealogie der Erwerbsarbeit in den Ländern des globalen Nordens der letzten Jahrzehnte und konzentrieren uns vor allem auf jene Unterschiede, die zwischen der fordistischen Ausnahmephase der ›Wirtschaftswunderjahre‹ und der Ausbreitung neoliberaler Verhältnisse zu beobachten sind. Das ökonomische Unterfutter dieser Prozesse bilden die Verschiebungen von materieller zu immaterieller Produktion im globalen Norden, also von der industriellen Fabrikation materieller Güter hin zu Informations- und Dienstleistungsarbeit. Davon blieben Geschlechterverhältnisse nicht unberührt. Dieser generelle Wandel der Arbeitswelt ist mit einer ungeheuren Flexibilisierung und Entgrenzung der Erwerbsverhältnisse verbunden, vor allem aber kennzeichnen die Prekarisierung der Arbeit und die Wiederkehr sozialer Unsicherheit diese Entwicklung. Unter diesen neoliberalen postindustriellen Bedingungen gewinnen Affekte stark an Bedeutung – sowohl als auszubeutende Ressource im Arbeitsprozess als auch als Mittel, um Kooperationen, etwa in Form von Projektarbeit, herzustellen –, und die Steuerung von Affekten sowie affektive Subjektivierungsprozesse werden zu zentralen Herrschaftsmechanismen des Erwerbsarbeitslebens.

In diesem Kontext ist unser empirisches Fallbeispiel, die österreichische gelbe Post, situiert, das paradigmatischen Charakter für die Privatisierung öffentlicher Dienstleistungen in westlichen ›Wettbewerbsstaaten‹ hat. Wir stellen diesem Fallbeispiel in Kapitel 6 eine kurze Geschichte der Neoliberalisierung Österreichs voran, um die Vermarktlichung der Post-Dienstleistungen politisch und ökonomisch verorten zu können. In diesem Kapitel analysieren wir schließlich die Reorganisation der Post als gewinnorientiertes Dienstleistungsunternehmen, das sich durch KundInnenorientierung – und damit Enthusiasmus und Empathie der MitarbeiterInnen – auszeichnen soll, und wir beobachten die Veränderungen der Arbeitspraxen in diesem Umstellungsprozess, die davon geprägt sind, den Verkauf von Post-Produkten zu maximieren. Wir verfolgen damit ganz konkret die affektive Fremd- und Selbstführung der *front line*-Beschäftigten in den Post-Filialen, deren normatives Zentrum das ›unternehmerische Selbst‹ bildet, und schließen daraus auf affektive Subjektivierungsprozesse. Diese Steuerungsprozesse funktionieren jedoch niemals reibungslos, sondern stoßen auf Widerstand und Formen der kollektiven informellen Selbstorganisation der Arbeitskräfte. Das letzte Kapitel unserer Studie handelt demgemäß vom Widerstandspotenzial gegen die »neoliberale Invasion« (Bourdieu 1998b), ein Widerstehen, das durch Netzwerke affektiver Beziehungen, also eine Gegen- oder ›Biomacht‹ von unten, möglich scheint.

Zusammenfassend gesagt, schreiten wir in unserer Untersuchung vom Abstrakten und Theoretischen zum Konkreten und Empirischen voran, vom Allgemeinen (der globalen Neoliberalisierung) zum Konkreten (anhand des Beispiels Österreich), vom Kontextuellen und Historischen zum Spezifischen und Gegenwärtigen; und in all diesen Zusammenhängen firmieren die Geschlechterverhältnisse als eine Art Subtext, ohne den sich weder der Wandel der Affektkontrolle noch die neoliberale affektive Arbeit oder affektive Subjektivierungsprozesse erklären lassen, sind doch die sozialen Konzeptionen von Männlichkeit und Weiblichkeit aufs Engste mit Affektivitäten verwoben. Verschiebungen der Machtverhältnisse zwischen den Geschlechtern korrespondieren dementsprechend stets mit Veränderungen der affektiven sozialen Ordnung – und umgekehrt.

Affektstudien sind ansteckend! Wir ließen uns anstecken und haben die Lust am Forschen, Denken und Schreiben entdeckt. Diese Lust konnten wir teilen mit jenen, die uns bei unserem Schreibabenteuer unterstützt haben: der Jubiläumsfonds der Oesterreichischen Nationalbank, der die empirische

Forschung finanzierte,[4] der Abg.z.NR Harald Troch, die Generaldirektion und Personalabteilung der Österreichischen Post AG, besonders Frau Verena Abu-Dajeh, die University of Washington in Seattle, die uns Forschungsinfrastruktur zur Verfügung stellte, Sabine und Oliver Lang sowie W. Lance Bennett, die uns in Seattle beherbergten und mental wie emotional unterstützten, Brigitte Bargetz, die für uns die ersten Recherchen im affektiven Feld machte, und Claudia Pint, die die Interviews präzise transkribierte, Silvia Schröcker, die uns bei der formalen Manuskriptbearbeitung unterstützte, und Iris Weißenböck, die das Lektorat kurzfristig übernahm und äußerst akkurat erledigte. Ihnen allen wollen wir danken! Unser ganz besonderer Dank gilt den Mitarbeitern und Mitarbeiterinnen der Post AG, die bereit waren, über ihre Arbeitspraxis zu berichten. Ohne deren Entgegenkommen und Mitwirken gäbe es dieses Buch nicht!

4 Die empirischen Buchkapitel basieren auf den Ergebnissen des Forschungsprojekts *Privatisierung öffentlicher Dienstleistungen, Gefühlsarbeit und Geschlecht. Das Beispiel der Post AG* (2008–2011), das vom Jubiläumsfonds der Oesterreichischen Nationalbank finanziell gefördert wurde (Jubiläumsfondsprojekt Nr. 13319).

1. Von Gefühlen, Emotionen und Affekten: Begriffliche Klärungen in einem weiten (Forschungs-)Feld

Dieses einführende Kapitel möchte dreierlei leisten: Zum Ersten wollen wir die jüngsten Theoriebewegungen im wissenschaftlichen Feld von Gefühl, Emotion und Affekt darlegen, um damit wesentliche definitorische Elemente im semantischen Feld herauszuarbeiten, die dann zweitens die von uns verwendete Terminologie im doch recht unübersichtlichen Begriffswald präzisieren soll.[5] Diese begrifflich-theoretische Klarstellung soll zum Dritten unser Plädoyer für eine Historisierung und Kontextualisierung des Affektdiskurses, also unsere gesellschaftstheoretische Perspektive auf die Untersuchung von Affekten begründen und in einem ersten Schritt skizzieren. Dieser Skizze werden dann in den Kapiteln 2 und 3 weitere Schritte der Erarbeitung eines gesellschaftstheoretischen Affektbegriffs bzw. von Konzepten affektiver Arbeit, affektiven Kapitals und affektiver Gouvernementalität folgen, die es erlauben, die Bedeutung von Affekten in aktuellen Transformationen der Erwerbsarbeit und des Regierens in neoliberalen Verhältnissen zu untersuchen.

Eine wesentliche Rolle spielt in diesen Zusammenhängen, dass die neue Aufmerksamkeit für Gefühle, Emotionen und Affekte den Körper in den Reflexionshorizont der Sozialwissenschaften hob. Die emotive und affektive Wende ist somit auch mit einem *body turn* verbunden, der wiederum mit der wissenschaftlichen Denkbewegung einer »neuen Materialität« in der Erforschung von Individuum, Gesellschaft und Politik einhergeht (z.B. Coole/Frost 2010b). Gefühle, Emotionen und Affekte stellen die Sozial- und Geisteswissenschaften vor die Aufgabe, die Körperlichkeit und Körperbezogenheit, das *embodiment* von Strukturen, von Handlungsoptionen und Vorstellungen begrifflich-theoretisch und methodologisch zu fassen. Grenzen sich einige VertreterInnen des *new materialism* oft genug von vermeintlich ›bloß‹ diskursiven Erklärungsweisen ab (Coole/Frost 2010a, 6f.), so wollen wir im

5 Eine solche Übersicht muss notwendig selektiv sein, und wir sind uns bewusst, dass wir nicht alle Literatur recherchieren konnten.

Folgenden solche Abgrenzungsgesten vermeiden und einen theoretischen Weg weisen, wie die Körperlichkeit von Affekten, ihre Wahrnehmungs- und Handlungsdimension, ihre strukturierte und strukturbildende und damit ihre herrschaftliche Qualität konzeptualisiert werden kann. Diese ›materialistische‹ Sicht auf Affekte soll nicht zuletzt am Beispiel von Geschlechterhierarchien herausgearbeitet werden. Unsere Theoriearbeit hat schließlich das Ziel, aktuelle Entwicklungen des Kapitalismus und die neue Bedeutung von Affekten im neoliberalen Kapitalismus sichtbar zu machen. Kurzum: Die folgende Übersicht ist eine Vorarbeit für eine kritische Affekttheorie, die unsere empirische Studie anleiten wird und die wir dann auf den folgenden Seiten weiter schärfen werden.

1.1. Über die wissenschaftliche (Wieder-)Entdeckung von Emotionen

In den Sozial-, Geistes- und Kulturwissenschaften, aber auch in der Psychologie, den Kognitionswissenschaften, der Philosophie und den Wirtschaftswissenschaften haben Emotionen in den vergangenen 20 Jahren eine Renaissance erlebt, nachdem ihnen in der zweiten Hälfte des 20. Jahrhunderts nur wenig wissenschaftliche Beachtung geschenkt worden war. Die (Wieder-) Entdeckung des wissenschaftlichen Erklärungswerts von Gefühlen, Emotionen und Affekten boomt und die – auch populärwissenschaftliche – Literatur über Emotionen explodierte. Dieser Boom wurde nicht zuletzt durch die Hirnforschung und Neurowissenschaften (z.B. Damasio 2004) befeuert und öffentlichkeitswirksam lanciert. Deren Forschungsergebnisse, die Gefühle und Emotionen im menschlichen Gehirn, in den Nervenbahnen und mithin in der Körperlichkeit der Menschen – seiner vermeintlichen Natur – verorten, verhalfen dem Thema Gefühl und Emotion zu neuer Publizität, aber auch zu wissenschaftlicher Wichtigkeit. Die Sozial- und Geisteswissenschaften profitierten einerseits von diesem emotiven und affektiven Hype, zugleich aber stehen sie, zumindest methodisch, gegenüber den Naturwissenschaften, die auf der Messbarkeit von Gefühlen, Emotionen und Affekten bestehen, unter Rechtfertigungsdruck.

Die Diagnose der sozialwissenschaftlichen Vernachlässigung von Gefühlen und Emotionen ist insbesondere deshalb bemerkenswert, weil die moderne Soziologie von ihrem Anbeginn an Emotionen als ganz zentral für das menschliche Zusammenleben erachtete. Eva Illouz (2006, 7ff.) betont, dass die kanonischen Soziologien der Moderne – Durkheim, Weber und Simmel – zwar keine ausgearbeiteten Theorien der Emotionen enthielten, sich aber doch auf Emotionalität als Grunderfahrung des modernen Subjekts im Kapitalismus, also als Voraussetzung moderner Gesellschaften sowie als grundlegende Handlungsmotivation bezogen. Emile Durkheim ging davon aus, dass Emotionen und emotionale Zustände die Fähigkeit besitzen, durch außergewöhnliche Erlebnisse und Erfahrungen (*emotional effervescence*) Gruppen entstehen zu lassen und zusammenzuhalten. Er argumentierte, dass neben religiösen Momenten und Ritualen auch die moderne Arbeitsteilung positive Gefühle der Zugehörigkeit und der Solidarität innerhalb unterschiedlicher Beschäftigungsgruppen produziere (Durkheim 1988). Mit Bezug auf Gustave Le Bon sah Durkheim allerdings in Emotionen eine Gefahr, können sie doch Gruppen auch sprengen. Durkheim betrachtete Emotionen letztlich als irrationale Kräfte, die vor allem in politischen Handlungszusammenhängen unheilvolle Wirkungen entfalten können. Insbesondere aber wurde Durkheims Diktum, dass Emotionen zu komplex seien, als dass sie wissenschaftlich erforschbar wären, für die Entwicklung moderner Sozialwissenschaften lange Zeit zentral (Burkitt 2009, 1159).

Auch Max Weber setzte sich in *Die protestantische Ethik und der Geist des Kapitalismus* (Weber 1988), in *Politik als Beruf* (Weber 1992) sowie in *Wirtschaft und Gesellschaft* (Weber 1980) mit der Rolle der Emotionen für das Funktionieren moderner kapitalistischer Ökonomien, moderner rationaler Staatsbürokratien sowie für Politik und Demokratie auseinander. Im Zentrum seiner Überlegungen stand – für unterschiedliche gesellschaftliche Bereiche differenziert – die Notwendigkeit der Unterdrückung oder zumindest der Temperierung von Emotionen: Die Gier sollte in der kapitalistischen Ökonomie ebenso wie das eigennützige und überschießende Interesse in der staatlichen Bürokratie mit Augenmaß moderiert und Gefühle sollten im politischen Kampfgeschäft kanalisiert werden. Mit seiner Vorstellung von Rationalisierung als Signum moderner (wirtschaftlicher und staatlicher) Bürokratie ging die Idee einher, dass menschliche Gefühle und Emotionen zunehmend unwichtiger werden für die Organisation von Arbeit und dass sie unwichtiger werden sollten für die staatliche Verwaltung (Weber 1988).

Georg Simmel hebt die Bedeutung von Gefühlen für die menschliche Interaktion und ihre strukturschaffende Rolle für die Gesellschaft hervor (für eine Einführung Flam 2002, 16ff.). Explizit grenzt Simmel Emotionen von Interessen ab, die nicht in der Lage seien, ein Miteinander herzustellen. Liebe und Hass, Treue und Dankbarkeit sieht Simmel als Emotionen, die alle, wenn auch auf unterschiedliche Weise, Bezogenheit zwischen Menschen herstellten (Simmel 1999). Wie auch die beiden anderen Klassiker geht er allerdings davon aus, dass diese Gefühle Naturgewalten, unwillkürlich und nicht steuerbar sind: Sie bemächtigen sich der Mensehen »wie Regen und Sonnenschein und ohne dass unser Wille über ihr Kommen und Gehen Herr wäre« (ebd., 658).

Um noch ein weiteres und letztes Beispiel aus der Entstehungsgeschichte der Soziologie herauszugreifen: Auch der US-amerikanische soziologische Pragmatismus im ersten Drittel des 20. Jahrhunderts hob die Bedeutung von Emotionen für menschliches Handeln hervor. Erfahrung als Grundlage von Handlung gründe nicht nur in Wissen und Denken, sondern auch im Fühlen. Allerdings tradiert auch diese Denkschule eine Hierarchie zwischen Emotion und Kognition, nämlich zwischen vorreflexiven primären Erfahrungsformen und sekundären, kognitiven bzw. reflexiven Formen (Dewey 1984). Während die Primärerfahrungen auf Affektivität und Fühlen basieren und gleichsam habitualisiert sind – Dewey (1984, 32) spricht von vorbewussten »feeling of habits« –, seien die sekundären Erfahrungsformen zwar von den Gefühlen angeleitet, erforderten aber Reflexivität und Bewusstheit.

Die frühen Arbeiten der modernen Soziologie perpetuierten also einen hierarchischen Dualismus von Vernunft und Gefühl, Kognition und Emotion, von Geist und Körper. Sie trugen damit, neben den Erfahrungen des manipulativen Einsatzes von Emotionen im Nationalsozialismus, zur sozialwissenschaftlichen Enthaltsamkeit gegenüber Emotionen bei. Offenbar bildete in den kontinentaleuropäischen Sozialwissenschaften der Zweite Weltkrieg eine Zäsur: Eine nun einsetzende Überbetonung von Rationalität und Vernunft als Handlungsmovens, nicht zuletzt unter Rekurs auf die Emotionsskepsis der Väter der modernen Soziologie, korrespondierte mit einer gleichsam unbemerkten Vernachlässigung der emotionalen Seite menschlichen Handelns. Bis in die 1990er Jahre blieben Emotionen randständig, unterthematisiert und vor allem untertheoretisiert. Die Analyse von Emotionen blieb ein wissenschaftlicher Spezialdiskurs in Nischen des sozialwissenschaftlichen Feldes, zum Beispiel der Arbeitssoziologie[6] oder der feministischen und Geschlechterforschung.

6 So zeigt die Studie von Sabine Donauer (2014) über die Entwicklung von Gefühlen am Arbeitsplatz, dass die Arbeitswissenschaft sich implizit und instrumentell schon seit dem Beginn des 20. Jahrhunderts mit Gefühlen beschäftigte.

Anliegen der neu entstehenden Emotionsforschung der vergangenen 20 Jahre ist es nun, Emotionalität, Gefühle und Affekte als handlungsleitende Dimensionen zu rehabilitieren, indem sie nicht als Gegensatz zu Kognition und Rationalität begriffen werden.[7] Vielmehr sollen diese Oppositionen der bürgerlichen Moderne theoretisch überwunden werden. Neuere theoretische Bemühungen wie empirische Untersuchungen heben daher das notwendige und untrennbare Zusammenspiel von Vernunft und Emotion hervor. Damit verknüpft ist die Frage der Erforsch- und Analysierbarkeit von Emotionen und Affekten – auch und vor allem in den Sozial- und Geisteswissenschaften.[8] Auch wenn in den vergangenen Jahren einige empirische Emotionsstudien entstanden sind, haben sich mit methodischen Fragen erst wenige ForscherInnen explizit befasst (Ausnahmen sind z.B. Kleres 2010; von Scheve 2014).

Ihren Ausgang nahm die sozialwissenschaftliche Emotionsrenaissance im englischsprachigen Raum, vor allem in den USA der frühen 1980er Jahre. Die Studie von Arlie Hochschild (2003) aus dem Jahr 1983 über Gefühlsarbeit bildet den sozialwissenschaftlichen Schlüsseltext (siehe Kapitel 2). Insbesondere die Soziologie trieb die Wiederentdeckung von Emotionen und Gefühlen wissenschaftlich voran (eine Übersicht bieten Senge/Schützeichel 2013). Die sich seit den 1990er Jahren entwickelnde Emotionssoziologie schloss an die Emotionsdebatten der Klassiker an und fragte nach der Bedeutung von Gefühlen und Emotionen für das Zusammenleben, für die Organisation von Intimität, aber auch für die soziale Handlungsmotivation, für das Arbeitsleben sowie für die politische Mobilisierung. So wiesen insbesondere empirische soziologische Forschungen nach, dass die Handlungsorientierungen, nicht wie Parsons beispielsweise annahm, von »affektiver Neutralität« gekennzeichnet sind, sondern dass unterschiedliche gesellschaftliche Bereiche durch »je spezifische Formen des Emotionsmanagements« charakterisiert sind (Neckel 2005, 420). Sachlichkeit als dominante Handlungsleitlinie sei längst erodiert – sollte sie jemals existiert haben. Sighard Neckel (ebd., 419) betont, dass »der Prozess gesellschaftlicher Gefühlsregulierung

7 Einen guten Überblick über die deutsche Emotionssoziologie bietet Katharina Scherke (2009).

8 Psychologie und Hirnforschung erforschen Gefühle als messbare körperliche Veränderungen. Eine solche Methode kommt für die Sozial- und Geisteswissenschaften nicht infrage, zumal dann nicht, wenn sie sich explizit auf die kommunikative Hergestelltheit von Affekten bezieht. Allerdings tritt das Max-Planck-Institut für empirische Ästhetik in Frankfurt/M. an, den Gegenbeweis zu liefern.

[…] in der soziologischen Theoriegeschichte als Ausbreitung von Selbstzwängen, als Versachlichung und Rationalisierung beschrieben« wurde, so zum Beispiel wie oben dargestellt in Max Webers Theorem der Rationalisierung, aber auch in Nobert Elias' (1978, 396ff.) Theorie der Affektkontrolle bzw. der »Dämpfung« der Affekte oder Georg Simmels Idee der »Abflachung des Gefühlslebens« (Neckel 2005, 419).

Die Organisationssoziologie war einer der ersten sozialwissenschaftlichen Bereiche, der sich mit Emotionen befasste. Hier setzte die Analyse von Emotionen mit der Infragestellung von ›rationalen Organisationen‹ bzw. mit der Vorstellung ein, dass mit zunehmender Rationalisierung Emotionen als impliziter Aspekt von organisationalem Handeln verschwinden. Die emotionsbewusste Organisationssoziologie definierte demgegenüber Organisationen als emotionale Arenen (Fineman 1993; 2008b; 2010). Das bedeutet, dass sich innerhalb von Organisationen regelmäßig spezifische »emotionale Zonen« oder »emotionale Gemeinschaften« (Rosenwein 2002) herausbilden, die eine kleinteilige Emotionsordnung entwickeln und verhandeln (Fineman 2010, 28). Anders als in der boomenden Managementliteratur, die Emotionen zur Effizienzsteigerung von Organisationen zu nutzen sucht, ist die organisationssoziologische Emotionsforschung bis heute darum bemüht, eine kritische Sicht auf die Rolle von Emotionen in Organisationen zu werfen: Sie will vor allem die Rolle von Emotionen im Kontext von organisationalen Machtverhältnissen herausarbeiten (Fineman 1993; 2008b; 2010; Sieben/Wettergren 2010).

Neckel macht zwei Stränge in den neueren Diskussionen der Emotionssoziologie aus: Der erste Strang betont Prozesse der Entfremdung durch Emotionen, vor allem durch den Gebrauch, die Funktionalisierung und Instrumentalisierung von Emotionen in der kapitalistischen Ökonomie. Diese Forschungen weisen auf gleichzeitige Prozesse der »Ökonomisierung der Gefühle« und der »Emotionalisierung der Ökonomie« hin (Neckel 2005, 427). Der zweite Strang folgt der These der Informalisierung von Emotionen, geht also von der »Zunahme von persönlicher Autonomie in der Gestaltung des emotionalen Ausdrucks« aus (ebd., 421). Emotionen unterliegen demnach weniger zwanghaften Regeln und Vorschriften, was freilich nicht heißt, dass die Idee der Disziplinierung von und durch Gefühle dadurch verschwunden sei. Vielmehr, so lässt sich vermuten, sind mit der Informalisierung eine neue Verinnerlichung von Gefühlen, neue Arten von Selbstzwängen und ein neues subjektbezogenes Gefühlsmanagement verbunden. Neckel (ebd., 422) bezeichnet dies als »emotionales Selbstmanagement« im neuen Kapitalismus, in dem »Autonomie und Kontrolle unauflösbar ineinander verschränkt« seien. Die Flut von Ratgebern, die Rede um »emotionale Intelligenz« sind Indikatoren für dieses neu sich herausbildende emotionale Management der Individuen. Emotionen werden darin zu einem marktfähigen Produkt, das designed wird und erworben werden kann (ebd., 423). Die Emotionsratgeber versprechen Selbstverwirklichung, sie vermitteln »strategische Emotionskunde« und sie verheißen bei richtiger Anwendung gute Gefühle (ebd.). Emotionen werden daher weniger als natürliche, gar biologisch-individuelle Ressource betrachtet, sondern als etwas gezielt Herstellbares, sie werden zum »Programm der authentischen Selbstprogrammierung« (ebd., 426), also zu »emotion by design« (ebd.).

Die Banken- und Finanzkrise der letzten Jahre beförderte nicht allein in den Wirtschaftswissenschaften, sondern auch in der Soziologie die Auseinandersetzung mit Emotionen als Grundlage von Handeln und Entscheidungen, ja als grundlegendes finanzkapitalistisches Merkmal. Im Anschluss an Gabriel Tarde beispielsweise begreift Nigel Thrift (2010, 290) die Ökonomie als ein emotionales Feld, das Gefühle oder leidenschaftliche Interessen hervorbringen muss, um Wert akkumulieren zu können: »[E]conomies must be engaging: they must generate or scoop up affects and then aggregate and amplify them in order to produce value, and that must involve producing various mechanisms of fascination«. Dem Kapitalismus seien »ökonomische Prägungen des Gefühlslebens« eigen, die einem steten Wandel unterliegen, stellt Neckel fest (2011, 42). Auch der »Gefühlskapitalismus der Banken« habe sich im Finanzmarktkapitalismus transformiert (ebd.). Ein Signum des finanzialisierten Kapitalismus sei die »Gier« der Banker, Broker und Makler, die auf »einen Strukturwandel von Handlungsorientierungen im Finanzwesen« verweise und eine neue »Gefühlsmodulierung« nach sich ziehe (ebd., 49). Eva Illouz (2006, 12) spricht in diesem Zusammenhang vom »emotionalen Kapitalismus«, in dem sich »emotionale und ökonomische Diskurse und Praktiken gegenseitig formen«.

In den Wirtschaftswissenschaften lässt sich aber auch eine andere Forschungsrichtung beobachten, eine Hinwendung zu Fragen des »guten Lebens«, die emotionale Bereiche wie Wohlbefinden und Glücksvorstellungen mit einschließen, nachdem das Interesse lange Zeit vorrangig den materiellen Werten, dem ökonomischen Wachstum und der Zunahme des monetären Wohlstand gegolten hat. *Die glückliche Gesellschaft* des Ökonomen Richard Layard (2005) – der im Vorwort darauf hinweist, dass »viele Wirtschaftswissenschaftler die Angewohnheit [haben], das Glück einer Gesellschaft mit ihrer Kaufkraft gleichzusetzen« (ebd., 9) – erscheint für diese Wende bezeichnend, argumentiert er doch für eine Neuausrichtung von Politik und Wirtschaft am Maßstab des »Sich-wohl-Fühlens« der Menschen. Oberstes politisches Ziel sei demnach die soziale Sicherheit, wobei insbesondere der Kampf gegen Arbeitslosigkeit von grundlegender Bedeutung sei. »Arbeit versorgt uns nicht nur mit Geld, sondern auch mit Sinn«, betont Layard (ebd., 81). Und weiter: »Die meisten Menschen […] wollen das Gefühl haben, etwas zur Gesellschaft als Ganzes beizutragen.«

Ähnliche Überlegungen liegen der Konzeptualisierung neuer Wohlstandsindikatoren zugrunde, die die einseitige Fokussierung auf Anstieg und Fall des Bruttoinlandsprodukts überwinden sollen. So umfassen die *National Accounts of Well-being* der britischen New Economics Foundation (2009) auch subjektive und soziale Faktoren: »Personal well-being measures people's experiences of their positive and negative emotions […] Social well-being measures people's experiences of supportive relationships and sense of trust and belonging with others« (ebd., 4). Und wiederum wird die besondere Bedeutung der Arbeit für die Zufriedenheit der Menschen durch einen eigenen Indikator, »well-being at work«, hervorgehoben, der nicht zuletzt die emotionalen Eindrücke der Erwerbsarbeit misst (ebd., 40ff.). Der *Happy Planet Index* kombiniert neuerdings die subjektive Lebenszufriedenheit mit der durchschnittlichen Lebenserwartung (»Happy Life Expectancy«) und dem ökologischen Fußabdruck, um daraus einen Nachhaltigkeitsindex des nationalen Wohlstands zu erstellen (www.happyplanetindex.org).

Kurzum, auch die Wirtschaftswissenschaften trieben und treiben die Bedeutung von Emotionen diskursiv voran (Frey 2008). Im Kontext der Finanzkrise ist nicht zuletzt die Wiederherstellung des Vertrauens in die Märkte von zentraler Relevanz, eine Frage, die beispielsweise George Akerlof und Robert Shiller zur Neubewertung menschlicher Emotionen, der *animal spirits*, in der Wirtschaftstheorie führte: »Der Kern von Vertrauen […] liegt gerade darin, dass es über das hinausweist, was vernünftig erscheint«, argumentieren Akerlof und Shiller (2009, 31), um daraus den Schluss zu ziehen, dass »Entscheidungen zu einem erheblichen Teil deshalb getroffen (werden), weil sie sich ›richtig anfühlen‹« (ebd., 33).

Auch die Geschichtswissenschaft wurde von der emotionalen Wende erreicht – und auch dies bedurfte einer spezifisch-forscherischen Anstrengung. So hat das sehr umfassende und überaus informative *Historische Lexikon zur politischen Sprache in Deutschland* keinen einschlägigen Eintrag, wiewohl der Registerband einige Hinweise sowohl auf Gefühle wie auch Leidenschaften verzeichnet (Brunner/Conze/Koselleck 2004). Im deutschsprachigen Raum trugen vor allem die Arbeiten von Ute Frevert dazu bei, Emotionen als ein historisches Erkenntnisinstrument zu schärfen. Gefühle, Emotionen, Passionen und Leidenschaften sind, so Frevert (2010, 307), aus der Geschichte nicht wegzudenken. Sie wurden von Zeitgenossen »beobachtet und kategorisiert, hergeleitet und erklärt«, sie sollten »gezielt« hergestellt oder unterdrückt werden. Auch alle Theoretiker der Ideengeschichte gingen davon aus, dass Gefühlen »eine gestaltende Kraft innewohne« (ebd.). Gefühle, so Frevert, haben darüber hinaus historisch stets ein Geschlecht und einen sozialen Ort (ebd., 309). Davon zeugt auch der von Sabine Flick und Annabelle Hornung (2009) herausgegebene Band *Emotionen in Geschlechterverhältnissen*, der den historischen Wandel von »Affektregulierung und Gefühlsinszenierung« nachzeichnet. Einschlägig für unsere Studie ist die historische Arbeit von Sabine Donauer (2014) über »Arbeitsgefühle«, in der sie die Entdeckung von Gefühlen in der Arbeitswissenschaft im 20. Jahrhundert und damit die schon lange existierende Aufmerksamkeit für Gefühle im Arbeitsprozess nachzeichnet.

Die feministische Debatte beschäftigte sich seit den 1970er Jahren mit Gefühlen und Emotionen in kritischer Sicht und wies darauf hin, dass die Binaritäten zwischen Gefühl und Rationalität, Körper und Geist sowie privat und öffentlich Modi der Herstellung von hierarchischer Zweigeschlechtlichkeit und somit zentrale patriarchale Herrschaftsformen sind (Lutz 1996; Sauer 1999). Ziel dieser frühen feministischen Auseinandersetzungen mit Gefühlen war der Nachweis, dass die daran geknüpften dichotomen Geschlechtscharaktere Frauen als gefühlvoll und damit schwach und machtlos, Männer hingegen als rational, gefühlsarm und damit machtfähig konstruierten (Jaggar 1989; eine Übersicht bietet Sauer 1999). Im Zentrum feministischer Gefühlskritik stand somit die Überzeugung, dass dem Gefühlsdiskurs eine herrschaftliche Dimension innewohnt, die nicht nur Frauen ausschließt, sondern diesen Ausschluss auf der Basis von Gefühlen mit der Naturhaftigkeit von Gefühlen – also mithin als natürlich – legitimiert.

Früh schon thematisierten feministische Wissenschaftlerinnen den verklärenden und verschleiernden Charakter eines bestimmten, bürgerlich-modernen Gefühls, nämlich der Liebe. Mit der Überbetonung dieses den Frauen zugeschriebenen Gefühls wurde die Trennung zwischen produktiver und reproduktiver Arbeit festgeschrieben und Sorgearbeit gerade nicht als Arbeit, sondern als Liebe definiert. Interessant ist, so hebt Kathi Weeks (2007, 236) hervor, dass die frühen feministischen Debatten über Haus- und Sorgearbeit vor allem den Arbeitscharakter und viel weniger die emotionalen Dimensionen dieser Tätigkeiten betonten. Auch in der deutschen Debatte wurde zwar das Konzept »Liebe« in die Hausarbeitsdiskussion eingeführt (Bock/Duden 1977), ohne aber Liebe als Gefühl selbst zu konzeptualisieren und zu theoretisieren. Allerdings – und dies ist angesichts der neuerlichen Diskussion um die politische Dimension von Affekten bemerkenswert – konzipierten differenz- und standpunkttheoretische Arbeiten die Privatsphäre nicht nur als Orte der Emotionsarbeit, sondern bereits auch als Raum des Widerstands, als »site from which feminist political subjects might be constituted and alternative visions imagined« (Weeks 2007, 237).

Schließlich löste sich auch die politikwissenschaftliche Gefühlsstarre der Nachkriegsjahre auf (vgl. u.a. Klein/Nullmeier 1999; Sauer 1999; Marcus 2002; Bargetz/Sauer 2010; Hofinger 2011). Politikwissenschaft und Politische Theorie reflektieren heute vornehmlich einerseits das manipulative und Demokratie zerstörende Potenzial von Emotionen, wie es zum Beispiel in den populären Diskussionen um den »Wutbürger« zum Ausdruck kommt (Bargetz/Freudenschuss 2012), wie es aber auch die Kritik an einer »Politik der Gefühle« populistischer Parteien deutlich macht (Haslinger 1995).

Andererseits entwickelte sich auch eine lebhafte Debatte über die Produktivität von Gefühlen, also über ihre Wichtigkeit für politische Mobilisierung und für politisches Engagement und somit für eine Revitalisierung der Demokratie (Marcus 2002; Nussbaum 1996; 2001; Rancière 1995). Auch ihre emanzipatorischen und politisch befreienden Möglichkeiten werden in diesem Zusammenhang betont (Bargetz 2015; Katsiaficas 1989). Gerade emanzipative Politik gründe, so beispielsweise das Argument von Chantal Mouffe (2002), in Leidenschaften als zentrale Ressource. Dies ist eine durchaus neue Perspektivierung politischer Prozesse und Normen in den vergangenen 20 Jahren, nachdem beispielsweise in der öffentlich-medialen Diskussion der Begriff des »Betroffenheitskultes« (Stephan 1994) Emotionalität als Movens für politisches Handeln eher abwertete und die Politikwissenschaft sich ausschließlich den ›rationalen‹ AkteurInnen und Dimensionen von Politik widmete (Bargetz/Sauer 2010). Auch die interpretative Policy-Analyse hat in der Zwischenzeit die Emotionsdebatte aufgegriffen (Durnova 2013).

Lauren Berlant (2009) weist, ähnlich wie auch Sara Ahmed (2004b), auf die Bedeutung von Emotionen für die Konstruktion von Zugehörigkeit zu einer politischen Gemeinschaft und zur Grenzziehung gegenüber vermeintlich ›Anderen‹ hin. Emotionen, so Berlants (2009, 286) Argument, das sie an den USA der Ära George W. Bush exemplifiziert, werden so eingesetzt, dass StaatsbürgerInnenschaft (*citizenship*) zu einer »nationalen Sentimentalität«, der Staat zu einem gleichsam privatisierten Gefühlszustand und damit exklusiv gegenüber jenen wird, die nicht im Einklang mit der Mehrheit fühlen. Schließlich betrachtet ein weiterer politikwissenschaftlicher Debattenstrang in Auseinandersetzung mit und in Abgrenzung von Rationalitätsparadigmen à la Weber und Elias die Emotionen als die Wurzeln *aller* politischen Verhältnisse (und nicht allein als Manipulationsmechanismus). Ian Burkitt schlägt beispielsweise vor, Emotionen als zentralen Mechanismus zwischen Regierung und Opposition in demokratischen Systemen zu untersuchen (Burkitt 2009, 157).

Im Folgenden werden wir in einer ersten Annäherung an das Themenfeld Emotion und Gefühl zentrale definitorische Dimensionen herausarbeiten, die in der aktuellen sozialwissenschaftlichen Emotionsdebatte vorfindbar sind. Die Sicherung dieser zentralen Aspekte ist ein erster Schritt zur Schärfung der in unserer Studie verwendeten Begrifflichkeit. Wir halten zunächst fest, was wir für bedeutsam in den Definitionssträngen um Gefühl und Emotion halten, um dieses dann in das historisch später entstandene Affektkonzept zu integrieren.

1.2. Sozialwissenschaftliche Dimensionen von Emotionen und Gefühlen

Aktuelle Konzeptualisierungen von Emotionen und Gefühlen sind, wie erwähnt, um eine Definition der Phänomene bemüht, die es erlaubt, die Binaritäten von Natur und Kultur, Körper und Geist, Emotion und Vernunft konzeptuell zu überwinden. Die beiden folgenden Definitionen sind beispielhaft für dieses Bemühen. Laut Arlie Hochschild (2003, 228ff.) bestehen Emotionen und Gefühle aus vier Elementen: aus einer Situationswahrnehmung, also der Kognition, aus sinnlich wahrnehmbaren körperlichen Veränderungen, aus Gefühls*äußerungen* und schließlich aus kulturellen (Be-) Deutungen dieser Prozesse, also der Aufladung von körperlich-sensitiven Wahrnehmungen mit kulturell erlerntem oder angeeignetem Wissen. Ganz ähnlich definiert Eva Illouz (2006, 10) Emotionen als die »›energiegeladene‹ Seite des Handelns«, »wobei diese Energie zugleich Kognition, Affekt, Bewertung, Motivation und den Körper impliziert«. Freilich lassen allein diese beiden Bestimmungsversuche eine vergleichsweise arbiträre, in der Regel synonyme Begriffsverwendung von Gefühl, Emotion und Affekt sichtbar werden. Die folgende Auffächerung unterschiedlicher Dimensionen und Elemente von Gefühlen und Emotionen soll einige gängige Unterscheidungen in der Literatur deutlich machen und den Weg für eine gesellschaftstheoretische Präzisierung ebnen.

Unterscheidung zwischen Fühlen und Gefühlsausdruck

William James (1884) begriff in seinem Text *What is an Emotion?* Emotionen als körperliche Vorgänge: »Bodily changes follow directly the perception of the exciting fact, and [...] our feeling of the same changes as they occur is the emotion« (ebd., 189f.). Ähnlich definiert auch Mabel Berezin (2005, 110) Emotionen als »a physical not a psychological state«. In der Emotionsliteratur hat sich heute eingebürgert, zwischen dem (körperlichen) Gefühl, dem Fühlen, und dem Gefühlsausdruck zu unterscheiden. Eric Shouse (2005, 4) schlägt beispielsweise vor, Gefühle als den individuellen Eindruck einer Wahrnehmung zu bezeichnen und Emotionen als Ausdruck eines Gefühls, also als das, was die Menschen von ihrem gespürten Zustand anderen Menschen zeigen (wollen). Trotz dieser heuristischen Unterscheidung zwischen dem inneren körperlichen Fühlen und dem äußeren interaktiven Zeigen wird allerdings davon ausgegangen, dass beide Dimensionen sozialen Prägungen und kulturellen Deutungen unterliegen. Ein inneres Fühlen kann man erst und dann wahrnehmen, wenn man seiner kulturellen Bedeutung gewahr ist.

Emotionen sind nicht natürlich, sondern sozial und kulturell hergestellt

Emotionen bezeichnen die Schnittstelle zwischen Individuum und Gesellschaft, sind doch Menschen auch durch Emotionalität an andere Menschen bzw. Gemeinschaften gebunden. Auf dieser Idee basiert gleichsam die Übereinstimmung aktueller sozial- und geisteswissenschaftlicher Definitionsversuche von Emotionen. Emotionen haben, so der Konsens, ohne Zweifel einen präreflexiven Charakter, sie sind Teil des Habitus, also »zutiefst internalisierte, nicht-reflexive Aspekte des Handelns« (Illouz 2006, 11). Sie sind dies aber nicht, so Illouz weiter, »weil sie nicht genug Kultur oder Gesellschaft in sich enthalten, sondern weil sie zuviel davon in sich tragen« (ebd.).

Emotionen werden erst durch die Bedeutung, die ihnen Menschen geben, zu dem, was sie sind. Sie sind also immer Ergebnis eines historisch entstandenen Interpretations-, Deutungs- und Definitionsprozesses von körperlichen Erfahrungen. Oder anders formuliert: Emotionen werden erst durch kulturelle Wahrnehmungsmuster, Normen und soziale Strukturen hervorgebracht bzw. intelligibel, und sie sind selbst Teil solcher symbolisch kodierten und gesellschaftlich konstruierten Wahrnehmungs- und Handlungsmuster (de Sousa 1997; Sauer 1999; siehe auch Illouz 2006, 10). Emotionen, so die Quintessenz aktueller Debatten, sind daher immer auch in sozialen und politischen Kontexten verortet (Gerhards 1988, 167; Kochina 2004). Es gibt keine vordiskursiven Gefühle, sondern Gefühle sind stets symbolisch kodiert und gesellschaftlich konstruiert; und sie sind damit auch geschlechtsspezifisch aufgeladen (Crawford u.a. 1992).

Emotion, Gefühl und Wertung

Um die Trennung zwischen Vernunft und Emotion zu überwinden, definiert Sabine A. Döring im Anschluss an Peter Goldie Emotionen als »emotionale Gefühle«, als »Gefühle im engeren Sinne«, wie beispielsweise Furcht, Trauer oder Bewunderung (Döring 2009, 13f.). »Emotionale Gefühle« bestehen, so Goldie (2009a, 393), aus Episoden, aus emotionalen Episoden oder Episoden des Fühlens, die eine Erfahrung überhaupt erst zu einer emotionalen Erfahrung machen. Emotionale Gefühle sind also auch »Erlebnisse einer bestimmten Qualität und Intensität«, die körperlich gespürt werden. Um die unmittelbare Verbundenheit von Körper und Geist zum Ausdruck zu bringen, bezeichnet Goldie Emotionen als »mentale Zustände sui generis« (zit. in Döring 2009, 37), wenngleich auch als »unreflective consciousness« (Goldie 2009b, 62ff.). Er folgert, dass Emotionen sowohl einen »qualitativen Erlebnisaspekt« als auch einen »evaluativ-repräsentationalen Inhalt« besitzen (zit. in Döring 2009, 36). »Emotionale Gefühle« unterscheidet er daher in »körperliche Gefühle« (also das gefühlte Herzrasen) und in »(welt)gerichtete Gefühle«, wie die Furcht vor einer Schlange (Goldie 2009a, 370). Emotionale Gefühle zeichnen sich gegenüber nicht-emotionalen Gefühlen dadurch aus, dass sie nicht nur eine körperliche Erlebnisqualität haben, sondern »dass sie auf etwas in der Welt gerichtet sind und es als in bestimmter Weise seiend repräsentieren« (Döring 2009, 14f.). Im Prozess der Kognition entsteht die Welt überhaupt erst, indem Menschen mit ihren emotionalen Gefühlen die

Welt bewerten: Eine Schlange wird als gefährlich wahrgenommen und gefühlt, und sie ist somit gefährlich.

Neben diesem »evaluativ-repräsentationalen Inhalt« ist Emotionen auch eine »motivierende Kraft« eigen (ebd., 15). Daraus schließt Döring, dass Emotionen nicht nur »blinde Antreiber« sind, sondern »ihrem Subjekt möglicherweise Wissen über die Welt vermitteln können« (ebd., 17). Emotionen haben also eine »epistemische« oder auch »kognitive Rolle« (ebd.). Dadurch können sie auch »andere Zustände und Handlungen rational machen« (ebd., 23).

Emotion versus Kognition?

Dörings Konzept von »emotionalen Gefühlen« im Anschluss an Goldie legt überzeugend dar, dass Emotionen nicht das Gegenteil von Kognition sind, sondern dass Kognition Emotionalität braucht und somit beide Wahrnehmungsdimensionen untrennbar miteinander verknüpft sind. Emotionen können nicht gegen Kognition gesetzt werden, sondern im Gegenteil, Kognition ist ohne Emotion nicht möglich. Emotionen führen, so schlussfolgert Döring (ebd., 59), dazu, dass Menschen ständig ihr Urteilsvermögen »kultivieren und erweitern« müssen. Daraus resultiere, so Döring weiter, auch ein neues Bild des Menschen: »Wir scheinen nicht länger Wesen, die gleichsam in Vernunft und ›Neigung‹ gespalten sind, sondern unsere ›Neigungen‹ in der Gestalt emotionaler Gefühle werden zu einem unverzichtbaren Teil der Vernunft: Aus dem *animal rationale* wird wesentlich ein *animal emotionale.*« (ebd.) Schließlich stellt sie fest, dass nicht nur Gefühle zu falschen Einschätzungen von Situationen führen können, sondern auch das (rationale) Urteil falsch sein kann (ebd., 60).

Auch die Politiktheoretikerin Martha Nussbaum vertritt eine explizit kognitive Auffassung von Emotionen. In *Upheavels of Thought* (Nussbaum 2001) wie auch im Band *Politische Emotionen* (Nussbaum 2014) vertritt sie eine »Theorie der Emotionen, der zufolge alle Gefühle auf ein Objekt gerichtetes intentionales Denken oder Wahrnehmen sowie eine Bewertung dieses Objekts« beinhalten (ebd., 595). Auch Nussbaum konzediert, dass alle Emotionen »nicht-kognitive Elemente« wie zum Beispiel körperliche Zustände enthalten, aber dennoch gelte: »Das Bohrende und viszerale an Emotionen ist häufig nicht unabhängig von ihrer kognitiven Dimension.« (ebd., 596) Dieser kognitive Gehalt von Emotionen, so Nussbaum weiter, wird »von gesellschaftlichen Normen und spezifischen gesellschaftlichen Umständen geprägt« (ebd., 597).

Emotionalität versus Rationalität?

Im Kern geht es der neueren Emotionsforschung darum, Emotionen und Gefühle in den Horizont von Vernunft und Rationalität hereinzuholen und den Zusammenhang neu zu theoretisieren, also die abendländischen Trennungen von Emotionalität und Rationalität zu überwinden. Um zu begründen, dass Emotionen keine Abweichungen, sondern Normalität im menschlichen Denken und Leben sind, unterscheidet Lauren Berlant (2010, 95ff.) beispielsweise zwischen »irrational« und »nicht-rational«: Emotionen seien zwar nicht-rational, sie folgten anderen Wahrnehmungs- und Handlungsstrukturen als rationale Überlegungen; sie seien aber keineswegs ›strukturlos‹ und daher nicht irrational.

Einige emotionswissenschaftliche Überlegungen sind schließlich auch vom Wunsch geprägt, westliche Gesellschaften zu »resensualisieren« oder »wieder zu verzaubern«, wie Simon Williams (2009, 139) dies im Anschluss an Weber bezeichnet. Damit ist ebenfalls ein Perspektivenwechsel auf moderne Dichotomien angesprochen: Emotionen können, so Williams, nicht länger »as the embodied enemy of disembodied reason« gesehen werden (ebd., 140). Vielmehr müssen Vernunft und Rationalität selbst als emotional und leidenschaftlich betrachtet werden, ja Emotionen seien wichtig »for the ›effective deployment‹ of reason« (ebd., 141). Vernunft, Rationalität und Emotionen sind also kokonstitutiv.

Emotionen sind interaktiv – Sozialität versus Individualität

Die Emotionssoziologie definiert Emotionen nicht in einem psychologisch-individualistischen Sinne, also nicht als etwas, das allein oder vor allem ›innerhalb‹ einer Person geschieht, das allein die Erfahrung, das Potenzial oder die Kompetenz einer Person ausmacht. Emotionen sind nicht (nur) als Mikroprozesse zu verstehen, wie dies beispielsweise in den Diskussionen um *Emotionale Intelligenz* (Goleman 1996) der Fall ist. Diese individualisierende Sicht geht zurück auf William James' Werk *Principles of Psychology* aus dem Jahr 1890, der Emotionen zur individuellen Eigenschaft erklärte, die es von den Individuen in Besitz zu nehmen gelte (zit. in Fineman 2010, 23). Stephen Fineman kritisiert, dass auch der Gegenentwurf zu diesem »inside-out-Modell«, nämlich das »outside-in-Modell«, das von einem externen Stimulus und einer internen Reaktion des Individuums ausgeht, problematisch weil individualisierend ist (Fineman 2010, 23). Diese individualisierende Sicht auf Emotionen führe heute nämlich dazu, Emotionen als individuelle Ressourcen zu begreifen, die es instrumentell, gleichsam als Ware zu handhaben und einzusetzen gelte (ebd., 24; auch Neckel 2005, 424ff.).

Demgegenüber heben SoziologInnen die Sozialität und Interaktivität von Emotionen hervor. Emotionen sind kommunikativ, »intercorporeal and intersubjective, constituted as physical and cultural dispositions through techniques of the body forged within a particular social habitus« (Williams 2009, 142). Eva Illouz (2006, 10) betont ebenfalls, dass Gefühle neben kultureller Bedeutung auch stets »soziale Beziehungen« vermitteln. Finemans Gegenvorschlag spricht daher von »kritischen emotionalen Landschaften« oder von »emotionologies« (Fineman 2008a, 2f.; 2010, 26ff.). Diese Begrifflichkeit hebt die emotionale Interaktion und Relationalität zwischen Individuum und Umgebung hervor und verweist zugleich auf eine herrschaftsbezogene ›strukturierte Emotionsstruktur‹. »Emotionologies«, heißt es bei Fineman (2010, 27), »are politico-ideological constructs partly shaped by prevailing currents of nationalism, ethnocentrism, racism and homophobia, as well as by governmental, religious and party-political dogmas. They encapsulate emotions' stocks of knowledge, vocabularies, feeling and display rules.«

Politisch versus privat: Emotionsregime

An diesen Vorschlag Finemans lässt sich die Überlegung anschließen, dass Emotionen politisch nicht nur in dem Sinne sind, dass sie überindividuell angeeignet und erlebt werden, dass sie in einem spezifischen historisch-politischen Kontext entstehen, sondern dass sie auch in politischen Institutionen kodiert und tradiert werden. Dieses emotionale Institutionensetting lässt sich als Emotionsregime fassen. Jede Epoche, so Agnes Heller (1981, 247), besitzt ihre »dominierenden Gefühlskonfigurationen« und »Gefühlsvorschriften«, ihre »feeling rules«, wie Hochschild (1979) dies bezeichnen würde. Gefühle sind gewissermaßen Struktur und Handlung zugleich, sie sind strukturiert und sie strukturieren Wahrnehmungen und Handlungen.

Dies ist anschließbar an Raymond Williams (1977, 128ff.) Vorstellung von »Strukturen des Fühlens« (*structures of feeling*), die er in Anlehnung an die strukturalistische Sprachanalyse de Saussures postulierte. Diese Betrachtung eröffnet einen Fokus darauf, »how emotions are historically contingent but also how [...] they are formative not only of subjects but also of social relations and forms of politics and political mobilization« (Koivunen 2010, 20).

Diese zentralen Dimensionen der Emotionsdiskussion werden wir im Folgenden mit den Erweiterungen des semantischen Feldes durch den Affektbegriff kontrastieren, um daraus im Anschluss unseren Vorschlag für ein machtsensibles Affektkonzept zu entwerfen.

1.3. Die affektive Wende

In den Kulturwissenschaften, vor allem in den *queer studies*, aber auch in anderen Teilen der kritischen Gesellschaftsanalyse (etwa Reckwitz 2012b, 36) ist seit geraumer Zeit von einem *affective turn* die Rede (Clough/Halley 2007; Koivunen 2010; Liljeström/Paasonen 2010). Mit dem *affective turn* wurden Ansätze des *new materialism* (Coole/Frost 2010b) und eines neuen Vitalismus (Fraser u.a. 2006), also eine ontologische Wende hin zu Materialität, in die Sozial- und Kulturwissenschaften eingeführt (Clough 2010, 207). Manche AutorInnen begreifen diese Wenden als explizite Gegenbewegungen zum *linguistic turn* und zu einer diskursiv-dekonstruktivistischen Tradition (Clough 2010, 206; Koivunen 2010, 19). Patricia Clough (2010, 207) will daher, wie sie schreibt, das Subjekt nach seinem proklamierten »Tod« als »the subject of emotion« rehabilitieren. Affekttheoretische Ansätze werfen nämlich diskursorientierten Theorien vor, die Materialität des Körpers vernachlässigt zu haben. »The turn to affect responds to a specific, contextually defined problem in contemporary culture neglected in cultural theory, where the non-representative was overlooked given the overwhelming biases towards textuality in cultural studies« (Bollmer 2014, 300).

Mit dem Affektkonzept sei es nun möglich, Körperlichkeit wieder in die kultur- und sozialwissenschaftliche Analyse einzuführen. In dieselbe Kerbe schlagen AffektvertreterInnen, die einen neuen Raum der Freiheit im Unsagbaren, im Wandel versprechen: Affektiv vermittelte soziale Beziehungen könnten nicht, so der vollmundige Ausgangspunkt, »be contained in the existing categories of critical thought« (Brown/Tucker 2010, 248). Das Affektkonzept weise demgegenüber einen Weg aus der Mutlosigkeit, in die eine bloß bedeutungsbezogene Sozialwissenschaft in der Tradition Foucaults führte (ebd.). Demgegenüber betont Eve Kosofsky Sedgwick (2003, 6) gerade ihre eigene dekonstruktivistische Herkunft, die es ihr ermögliche, auch nonverbale und nicht-linguistische Dimensionen in die Analyse mit aufzunehmen.

Anu Koivunen (2010, 23) wiederum hält Affekt für eine modische Begriffsverwendung, da aus einer feministischen Perspektive »an affective turn never happened«. Die feministische Theorie, so Koivunen, habe sich schon immer mit Affekten beschäftigt und dies zum Ausgangspunkt ihrer Subjektvorstellung wie auch ihres Politikbegriffs gemacht (auch Baier u.a. 2014).

In kritisch-ironischer Auseinandersetzung mit dem Affektbegriff postuliert Nigel Thrift, dass wir uns derzeit bereits in einem postaffektiven Zustand befinden:[9] »The affective moment has passed in that it is no longer enough to observe that affect is important: in that sense at least we are in the moment after the affective moment« (Thrift 2010, 291). Wir allerdings wollen einen Moment innehalten und die affektive Wende in den theoretischen Blick nehmen. Uns ist dabei bewusst, dass diese Wende in wissenschaftlichen bzw. epistemologischen Auseinandersetzungen verortet werden muss, in einem Kampf um die vermeintliche Hegemonie diskursiver und poststrukturalistischer gegenüber materiellen Ansätzen (Hemmings 2005, 555).

Wir gehen mit Koivunen davon aus, dass die Diskussion um Affekte nicht nur einen katalysierenden Effekt für die wissenschaftliche Diskussion hatte, sondern der Emotionsdebatte, auch der feministischen, eine neue Richtung und Perspektive gab, nicht zuletzt, da sie eine Möglichkeit bietet, »to theorize the social and the subjective in new ways« (Koivunen 2010, 24). Patricia Clough (2010, 207) betont in diesem Zusammenhang beispielsweise, dass mit dem Affektkonzept die queer-theoretische Debatte nicht nur negative Gefühle wie Scham, Hass und Angst hervorhebe, sondern darüber hinaus in der Lage sei, auch positive Gefühle zu theoretisieren.

Zur Beruhigung oder auch zur Beunruhigung: Eine generalisierbare Affekttheorie existiert, ganz im Sinne einer Abwendung von ›großen Erzählungen‹, nicht. Zwar hat in den vergangenen Jahren eine große Zahl von TheoretikerInnen darum gerungen, eine systematische Affekttheorie in Abgrenzung von den Konzepten Emotion und Gefühl zu erarbeiten, doch das

9 Thrift spielt auf Theorien an, die behaupten, dass Affekte stets flüchtig, nicht fixierbar und somit auch nicht darstellbar oder diskutierbar seien. Redet man über Affekte, sind sie längst vergangen. Es gibt sie dann nicht mehr.

Feld der Affektdebatte blieb heterogen und widersprüchlich. Den Beginn ernsthafter affekttheoretischer Auseinandersetzungen bilden die Schlüsseltexte von Eve Kosofsky Sedgwick und Adam Frank (1995), *Shame in the Cybernetic Fold*, sowie von Brian Massumi (1995), *Autonomy of Affect*. Während Sedgwick und Frank sich auf Silvan Tomkins Psychobiologie von Affekten beziehen, greift Massumi im Anschluss an Gilles Deleuze Spinozas Affektkonzept auf.

Gregory Seigworth und Melissa Gregg (2010, 7ff.) unterscheiden in den an diese Texte anschließenden Diskussionen mehrere Stränge der Affektdebatte. Für unsere Zwecke sind die folgenden Stränge bzw. theoretischen Bezüge relevant: erstens die Debatten des *new materialism*, die »movements of matter with the processual incorporeality«, vor allem unter Berufung auf Spinoza verbinden, so beispielsweise Brian Massumi, Lawrence Grossberg, Michael Hardt und Antonio Negri, Paolo Virno sowie Maurizio Lazzarato (ebd., 6ff.); zweitens die Psychoanalyse im Anschluss an Sigmund Freud und Silvan Tomkins; drittens feministische und queer-theoretische Diskussionen um einen neuen Politikbegriff und viertens Überlegungen zu einer Historisierung von Affekten.

Allen affekttheoretischen Ansätzen ist gemeinsam, dass sie das Soziale und Natürliche, Geist und Körper, das Kognitive und das Affektive in neuartiger Weise verbinden wollen, ohne die traditionellen Binarisierungen zu perpetuieren, sondern im Gegenteil, um diese aufzuheben. Der *affective turn* will einige gängige Gegenüberstellungen auflösen oder verknüpfen, nämlich: körperlich – nicht körperlich, willkürlich – unwillkürlich, steuerbar – nicht steuerbar, bewusst – unbewusst, reflexiv – nicht reflexiv. Zentrale Konzepte der Verknüpfung sind »assemblage, flow, turbulence, emergence, becoming, compossibility, relationality« – Konzepte, die das Werden, das Prozesshafte im Unterschied zum statischen Sein oder biologischen Gegebensein fokussieren (Blackman/Venn 2010, 7). Affekttheoretischen Überlegungen geht es also stets um kokonstitutive Prozesse von Wahrnehmung und Bewertung, Erfahrung und Körperlichkeit, Fühlen, Spüren und Erkennen.

Im Folgenden arbeiten wir in acht Punkten heraus, was der wissenschaftliche Ertrag von Affekttheorien sein kann und was uns dazu führte, dem Konzept Affekt gegenüber Emotion und Gefühl den Vorzug zu geben, obgleich sich unser Ansatz in vielen Punkten von den – durchaus heterogenen, ja widersprüchlichen – Affektkonzeptualisierungen unterscheidet. Deutlich machen wollen wir, welche neuen Einsichten das Affektkonzept für unser Projekt einer gesellschaftstheoretischen Konzeptualisierung zu öffnen vermag. Die strukturierte Übersicht über die Debatte dient nicht nur handbuchartigen Zwecken, sondern soll die Facetten unseres Affektkonzepts herausarbeiten, mit dem wir Transformationen in der Arbeitswelt analysieren werden. Freilich wird in der folgenden Darstellung immer auch die Heterogenität, teilweise sogar Widersprüchlichkeit der Affektdebatten ebenso deutlich wie deren verwirrende Begriffsverwendung. Diese Inkonsistenzen können und wollen wir im Folgenden nicht glätten, sondern belassen sie als offene Ansatzpunkte der Affektdebatte.

Trennung und Trennbarkeit von Affekt und Emotion

Gilles Deleuze (1997) trennt in seiner Spinoza-Rezeption ganz explizit Affekte von Emotionen: Während Affekte die Passage, den Übergang von einem körperlichen Zustand zu einem anderen bezeichnen, eine Intensität, die mit mehr oder weniger (körperlicher) Macht und Mächtigkeit ausgestattet ist, beschreibt Emotion die Bedeutung, die soziale Interpretation dieser Zustände (ebd., 181; auch Hemmings 2005, 552). Affekte sind den Emotionen also gleichsam vorgelagert, sie sind eine vorbewusste körperliche Wahrnehmung oder Empfindung. Ähnlich formuliert Ann Cvetkovich (2012a, 4), wie wir dies schon bei der Konzeptualisierung von Gefühlen und Emotionen kennengelernt haben: Affekt »signals precognitive sensory experience and relations to surroundings«, während Emotion auf »cultural constructs and conscious processes that emerge from them« verweist. Wut, Angst und Freude sind demnach Gefühle, während Affekte diesen Gefühlen als nonverbale, vorbewusste Dimension von Erfahrung vorausgehen. Affects »make feelings feel« (Shouse 2005, 6). Affekte sind »forms of bodily memory which lie outside of a subject's conscious reflections and deliberations and are often enfleshed within the processes of the central nervous system or proprioception« (Blackman/Venn 2010, 18).

Brian Massumi (2002, 27) folgt dieser spinozischen Idee und behauptet, dass Emotionen und Affekte »follow different logics and pertain to different orders«. Ein Affekt sei die unmittelbar körperliche Reaktion auf einen äußeren Reiz, das gleichsam präkognitive Erleben der Umwelt bzw. das Affiziertsein von der Wirklichkeit. Affekte seien eine Kraft, eine biologische Energie und ein Potenzial, ein körperlich gefühlter Zustand, eine Erfahrung, eine »irreducibly bodily and autonomic intensity«, also pure »Intensität« (ebd., 28). Emotion sei demgegenüber, so Massumi weiter (ebd.), eine »qualified intensity« oder, wie Grant D. Bollmer (2014, 317) dies allerdings in kritischer Abgrenzung beschreibt, ein »captured affect, shaping bodies and brains into culturally coded beings that restruct the play of affective intensity«. Brian Massumi (2002) folgt hier der Logik von Hirnforschung und Neurowissenschaften: Emotionen gelten im Unterschied zu Affekten, die eher unspezifisch (neurologische) vorkognitive Bezogenheit, Relation und Empathie bezeichnen (zu Menschen oder zu Dingen), als »bewusst interpretierte Gefühle« (Bollmer 2014, 299). Kurzum: »[E]motion refers to cultural and social expression, whereas affects are of biological and physiological nature«, wie auch Elspeth Probyn (2005, 11) voraussetzt. Bewusstsein sei lediglich ein »secondary effect of nonconscious cognitive, embodied processes that exist prior to thought« (Bollmer 2014, 300), also auch »prior to representation, signification, intentionality, subjectivity and individuality«, wie Bollmer (ebd., 316) kritisiert. Affekte bezeichnen folglich körperliche Zustände, Gefühlszustände. Von diesen körperlichen Zuständen sind die Repräsentationen dieser Zustände getrennt. Diese Manifestationen oder Repräsentationen werden in den Affekttheorien als Emotionen bezeichnet. Während Affekte vorbewusst und ephemär, das heißt nur kurzfristige sinnliche Eindrücke sind, sind Emotionen wahrgenommene, ›erkannte‹ Gefühlszustände, also der sozial modulierte Ausdruck von Affekten, der kulturell kodiert und kommunizierbar ist und damit auch länger anhaltende Eindrücke beschreiben kann (Watkins 2010, 269 und 278).

Affekte sind daher vor- bzw. überpersönlich, sie überschreiten gleichsam den Bereich von subjektiver Erfahrung, wohingegen Emotionen persönlich-individuell, weil biografisch und sozial geprägt, also »vor-persönlich« und ganz grundsätzlich öffentlich und sozial geprägt sind (Shouse 2005, 2). Affekte sind aus diesem Grund nicht kommunizierbar und sprachlich weitergebbar.

In dieser Position wird, so unsere Auffassung, eine Trennung zwischen Körper und Gesellschaft und eine vermeintliche Vorgängigkeit – eine Temporalisierung – sichtbar, die unseres Erachtens den Zusammenhang von Affekt, Kultur und Gesellschaft negiert. So scheint uns, dass die Dualität von Körper und Geist reetabliert wird.

Asozialität von Affekten

Massumi (2002, 30) betont, dass Affekte »asocial« (unsozial) seien. Was meint er damit? Affekt als Intensität »includes social elements but mixes them with elements belonging to other levels of functioning and combines them according to a different logic« (ebd.). Er illustriert diese Dimension von Affekten am Beispiel von, wie er es nennt, »affective facts«, von affektiven Tatsachen, die im Körper entstehen und im Körper eine ›geteilte‹ Tatsächlichkeit entfalten. Eines seiner Beispiele ist Angst, die durch Bedrohung entsteht: »If we feel a threat, there was a threat« (Massumi 2010, 54). Massumi zeigt am Beispiel der Reaktionen der USA auf Saddam Hussein, dass diese gefühlte Realität von Bedrohung präventive Handlungen provoziert (ebd.). Anders formuliert: Affektive Tatsachen, also Tatsachen, die aus Affekten, aus körperlichen vormentalen Reaktionen ›entstehen‹, und daraus folgende Handlungen sind »between the activated body and the sign of its *becoming*« angesiedelt (ebd., 65). Affekte sind gleichsam ein Maß »of the body's readiness to act« (Shouse 2005, 9). In diesem Sinne sind Affekte »unsozial«, aber nicht »presocial«, also nicht vorsozial und gänzlich jenseits von Sozialität (Massumi 2002, 30). Affekte sind daher nicht etwas, was Individuen haben, was sie charakterisiert, sondern stets etwas Soziales. Affekte sind ganz unmittelbar in sozialen Kontexten angesiedelt und entfalten Wirkungen in und für diese Kontexte. Affekte gelten in dieser Theorietradition als »the foundations of sociability«: Affekte begründen nämlich Gesellschaft und nicht umgekehrt; Affekte entstehen nicht oder sind nicht erklärbar aus sozialen Kontexten (Bollmer 2014, 299). Daher erlaubt diese Vorstellung von Affekten, menschliche Verbindungen neu zu denken, gleichsam als von einem Körper zum anderen, interkörperlich direkt übertragen. Massumi (2010, 66) bezeichnet dies als eine »affective twilight zone of indexical experience«.

Bringing materiality back in: Affekt, Körper, Kognition

Während das Emotionskonzept die modernen Binaritäten, Dualismen und eine Trennung von Geist und Materie bzw. Körper, von Kognition und Emotion begrifflich-konzeptionell tradiere, könne das Affektkonzept diese Trennungen überwinden. Massumi (2002, 33) schlägt in diesem Sinne mit dem Affektkonzept vor, die Binarität von »mind and body«, »volition and cognition«, »action and reaction, happiness and sadness, quiescence and arousal, passivity and activity« als »resonating levels« und nicht als unterschiedliche Dimensionen oder Aspekte zu begreifen. Im Anschluss an Silvan Tomkins wie an Gilles Deleuze wird von den AffekttheoretikerInnen der unabdingbare Zusammenhang von Kognition und Affekt betont, die Gleichzeitigkeit von mentalen und sinnlichen Erfahrungen, die beim Erkennen stets zusammenspielen (Gibbs 2010, 199f.; Seigworth/Gregg 2010, 2ff.). Die Gleichzeitigkeit von Affekt und Kognition sei Ausdruck eines »brain-body-world couplings« (Blackman/Venn 2010, 22).

Zentral für das Affektkonzept ist, wie oben schon dargelegt, seine Beziehung zu Körperlichkeit. Manche, doch nicht alle Affekte sind körperlich spürbar, sie sind nicht in allen Situationen körperlich wahrnehmbar, und sie äußern sich nicht immer in körperlichen Ausdrücken. Manche Affekte führen zu körperlichen Reaktionen wie Erröten, Gänsehaut, Herzrasen, Schwitzen, manche verändern die Gestik (Gestikulieren), manche die Mimik, wieder andere die Körperhaltung, die Hexis. Die materiell-körperliche Bedeutung von Affekten sowie die Ununterscheidbarkeit und Untrennbarkeit von Affekt und körperlicher Reaktion machen Affekte zu ganz grundlegenden menschlichen Handlungsimpulsen. Patricia Clough (2010, 207) konzeptualisiert Affekte – ebenfalls in Anlehnung an Spinoza und Deleuze – »as pre-individual bodily forces augmenting or diminishing a body's capacity to act«.

Eve Kosofsky Sedgwick hingegen siedelt unter Bezugnahme auf Silvan Tomkins und die Psychoanalyse sowohl Triebe wie auch Affekte im Körper sowie im Geist an. Tomkins, so Sedgwick (2003, 18), »understands both to be thoroughly embodied, as well as more or less intensively interwoven with cognitive processes«. Sie unterscheidet allerdings Triebe von Affekten. Während Triebe eine sehr enge Reichweite haben und körpergebunden bleiben, seien Affekte flexibler und besäßen eine gewisse Freiheit vom Körper, aber auch gegenüber Objekten (ebd.): »This freedom of affects also gives them a structural potential not enjoyed by the drive system.« (Ebd., 19) Dennoch seien Triebe den Affekten nicht vorgängig oder körperlicher, sie wirkten vielmehr stets immer zusammen. AffekttheoretikerInnen machen somit auch einen Alternativvorschlag zur Psychoanalyse und deren Definition und Beschreibung von Emotionen. Dem Affektkonzept geht es darum, sinnliche Erfahrungen als körperliche Erfahrungen, als Verkörperlichung (*embodiment*) zu begreifen und damit die Cartesianische Trennung von Körper und Geist zu überwinden. Die ontologische Version der Affekttheorie aber, so KritikerInnen, die Affekte als »embodied ›force‹« (Bollmer 2014, 300) sehen, führte damit die Trennung zwischen Geist und Körper wieder ein (Leys 2011).

Autonomie von Affekten

Massumi (2002, 28) schließt an Deleuzes Konzept der »affektiven Autonomie« an und begreift Affekte deshalb als autonom, weil sie unabhängig von jeglicher kulturellen oder sozialen Bedeutung und Bedeutsamkeit seien. Sie seien »disconnected from meaningful sequencing, from narration«. Die affektive »Intensität« sei »not ownable or recognizable and is thus resistant to critique« (ebd.). Diese Entkoppelung von körperlichem Affekt und Affektwahrnehmung begründet er wiederum mit der messbaren, wie er sagt, »fehlenden halben Sekunde«, also der zeitlichen Lücke zwischen Affektion und dem stets erst später folgenden affektiven Bewusstsein (ebd., 28ff.). Diese Entkoppelung mache, so Massumi, das befreiende und emanzipatorische Potenzial von Affekten im Unterschied zu Emotionen aus. Sobald diese körperlichen Zustände nämlich wahrgenommen und bewusst werden, also eine Bedeutung bekommen und zu Emotionen werden, werden sie eingefroren, festgeschrieben und stillgestellt (ebd., 35). Emotionen sind also in Massumis Vorstellung nicht nur den Affekten nachgelagert, sie haben nicht nur die Fähigkeit, Affekte zu modulieren, indem sie sie auf eine bewusste Ebene heben, sondern sie können die Potenz oder die Potenzialität von Affekten zerstören oder zumindest blockieren und stillstellen. Michael Hardt und Antonio Negri greifen diesen Gedanken auf und sprechen von der »immeasurability« von Affekten, die ihr befreiendes Potenzial in der Multitude begründeten (Hardt/Negri 2004, 93ff.).

Werden und Dazwischensein

Affekt bezeichnet, so Brian Massumi weiterhin (2002, 27), die Fähigkeit, »zu bewegen und bewegt zu werden« bzw. »zu handeln und behandelt zu werden« (Cvetkovich 2012a, 4; Seigworth/Gregg 2010, 1). Affekt ist eine körperliche Fähigkeit, eine Bewegtheit, ein Sinneseindruck, ein Einfühlen, also ein Prozess und steht für eine stetige, zukünftige weitere Ausdehnung (Seigworth/Gregg 2010, 2). Affekt bezeichnet somit das »Dazwischen-Sein«, ein »Jetzt-Sein« und ein »not yet« zugleich (ebd., 3). Seigworth und Gregg (ebd., 21) sprechen auch von »affective moments«, die zugleich »all-powerful and powerless« seien. Affekte werden in diesem Denken als integrale Bestandteile des ständigen Werdens des menschlichen Körpers wie auch von Gesellschaft verstanden, die gleichsam das »Noch nicht«, das Kommende und Werdende bezeichnen (ebd., 3). Damit ist die Prozesshaftigkeit von Affekten angesprochen, die sich gegen die Statik von Gefühls*zuständen* richtet, eine Perspektive, die wiederum im Anschluss an Deleuze ein ständiges Werden, nicht nur des Körpers, der Interaktion, sondern auch von Gesellschaft fokussiert. Mit dem Rekurs auf affektive Prozesse lasse sich die »aleatory, open nature of a social that is always in the midst of being undone« verstehen (Anderson 2010, 166).

Relationalität und Bezogenheit

Das Konzept Affekte ist also, so viel sollte bisher klar geworden sein, durch seinen relationalen Charakter bestimmt. Affekte können somit nicht, wie dies traditionelle Konzepte von Emotion und Gefühl unterstellen, auf ein »internalized feeling« reduziert werden. Affektproduktion muss vielmehr verstanden werden »in terms of the production of a relation« (Mezzadra 2005, 1). Affekte werden in eine neue Vorstellung von gesellschaftlicher Verbindung und Verbundenheit eingearbeitet, gleichsam eine soziale Affiziertheit, die beispielsweise grundlegend für Zugehörigkeit, für das »belonging« zu einer politischen Gemeinschaft ist (Gibbs 2010, 191). Affekte organisieren so Zusammenhalt, Kontinuität und Gemeinschaft über die Zeit hinweg (ebd., 196). Das Konzept der Affekte soll also kenntlich machen, dass der Körper zu einer Welt der Begegnungen gehört (Seigworth/Gregg 2010, 2). Auch Lauren Berlant hebt die »affects of belonging« hervor als »conditions of the possibility of an orientation toward being in relation« (Berlant im Interview mit Davis/Sarlin 2008, 2): »I always think of ways of being in the world in terms of affective relationality rather than in terms of origins and causes« (ebd., 5).

Ansteckung und Transmission

Mit der deleuzianischen Konzeptualisierung von Affekten ist eine starke intersubjektive Dimension verknüpft: Affekte sind notwendig verbindend und verbunden. Sie positionieren Individuen weniger gegeneinander, sondern setzen sie vielmehr miteinander in Beziehung, »in a circuit of feeling and response« (Hemmings 2005, 552). Die unmittelbare Körperlichkeit von Affekten impliziere einen körperlichen Impuls, mit anderen Menschen gemeinsam zu handeln, Menschen anzustecken, zu affizieren. Auch hier wird an Deleuze und Guattaris Vorstellung eines ge- und erlebten Körpers angeknüpft, an die Fähigkeit von Körpern, mit anderen Körpern jenseits von Sprache in Beziehung zu treten, diese zu »affizieren« und von ihnen »affiziert zu werden« (Deleuze/Guattari 1987, 257; Coffey 2013, 5f.): »[A] body affects other bodies, or is affected by other bodies; it is this capacity for affecting and being affected that defines a body in its individuality«, beschreibt Deleuze (1988, 123) diese Vorgänge. Diese »Transmission« von Affekten ist ein Prozess, der »social in origin but biological and physical in effect« sei (Brennan 2004, 3).

Affizierung impliziert die Idee der Transmission, der körperlichen Übertragung von Affekten (Bollmer 2014, 303). Wie ein Virus oder wie Bakterien springen Affekte gleichsam von einem Körper zum anderen, so bereits Tomkins (Gibbs 2010, 191). Anna Gibbs (ebd., 186) beschreibt dies als Phänomen der »affect contagion«, also der affektiven Ansteckung. Sie nennt jene körperlichen Formen der wortlosen, willkürlichen, aber auch unwillkürlichen Kommunikation »Mimesis« (ebd.). Diese mimetische Übertragung kann durch die Wahrnehmung von Gesichtern (Erröten oder Lachen), aber auch von Stimmungen und Atmosphären, die man körperlich fühlt bzw. spürt, geschehen. Gibbs (ebd., 189) rät daher zu einer wissenschaftlichen »epidemology of affect«. In jedem Fall, so die Folgerung, entsteht durch Affekte eine Relation zwischen Menschen jenseits mentaler, bewusster oder kognitiver Überlegungen, allein durch Körperlichkeit vermittelt (auch Seigworth/Gregg 2010, 1). Die Relationalität von und durch Affekte wird als »attunement« bezeichnet (Blackman/Venn 2010, 13).

Mit der Idee von Affekten ist schließlich ein spezifisches Konzept der Subjektwerdung, von Subjektivierung und von Subjekten – im Unterschied zur liberalen Vorstellung des Individuums – verbunden, eine »asubjektive«, deleuzianische Vorstellung vom Subjekt (Gibbs 2010, 188): »This freedom of affect combines with its contagious nature, resulting in what Sedgwick understands as its capacity to transform the self in relation to others« (Hemmings 2005, 559). Menschen zeichnen sich gemäß dieser Vorstellung nicht nur durch die Fähigkeit, zu berühren und berührt zu werden, aus. Sie gelten vielmehr als ›fraktal‹ und können andere Menschen gleichsam in sich aufnehmen – oder auch abstoßen. In diesem Denkmuster konzeptualisieren die TheoretikerInnen den Zusammenhang von Macht und Affekt: Affekte hindern manche Menschen daran zu handeln, während anderen dies durch Affekte ermöglicht wird.

Neue Formen des Politischen

Massumi begreift Affekte als grundlegende Elemente kapitalistischer Vergesellschaftung: »[A]ffect is a real condition, an intrinsic variable of the late capitalist system, as infrastructural as a factory«, wenn nicht gar als eine »metafactorial ubiquity«. Affekte sind überall, sie sind »transversal« (Massumi 2002, 45). Daraus leitet er auch die potenzielle Herrschaftlichkeit von Affekten ab. Affekte und die Idee der Ansteckung theoretisieren das Soziale und Politik allerdings auf ganz neuartige Weise (Koivunen 2010, 18). Die Wirkmacht von Affekten liege in ihrer Qualität des »unformed and unpredictable excess« (Tyler 2008, 88). Dies ermögliche es, so Massumi (2002, 66), »body, subjectivity, and social change in terms of movement, affect, force, and violence« zu denken und nicht nur als »code, text, and signification«. Affektivität mache neue Politikformen einer »political connectivity and the possibility of change« möglich (Hemmings 2005, 557). Auch die Vorstellung der Autononie von Affekten betone die Handlungs›freiheit‹ der Menschen in ganz neuer Weise – nicht ihre Freiheit ›vom Körper‹, sondern ihre Freiheit von sozialer Bestimmtheit – und eröffne somit eine Alternative zu politischem Determinismus. Ganz ähnlich will Sedgwick mit der Einführung des Affektkonzepts insbesondere die Foucault'sche Denktradition überwinden, der sie eine Orientierung am und eine Reproduktion des Status quo vorwirft (Sedgwick 2003, 13). Im Unterschied dazu öffne das Konzept des Affizierens, der Berührung, des Berührtseins und -werdens Wege aus »any dualistic understanding of agency and passivity« (Sedgwick 2003, 14). Bollmer (2014, 316 und 322) allerdings kritisiert diese, wie er es nennt, »ontologische Variante der Affekttheorie« und beschreibt die politische Dimension von Affekten in Abgrenzung vom Weber'schen Rationalitätsideal »that political formations are organized through affect, in that bonds between people often have more to do with feelings and desires than rational thought«.

Auch Ann Cvetkovitch (2012a, 8ff.), eine der zentralen queer-feministischen Affekttheoretikerinnen, will mit dem Affektbegriff eine neue Idee des Politischen etablieren. Sie geht von »schlechten« Gefühlen wie Scham und Depression aus, die in der queeren Diskussion zentrale Bezugspunkte für die gesellschaftliche Situiertheit von Schwulen und Lesben als »Andere« sind, und bezeichnet diese in der Tradition der *public feelings*-Gruppen, einer Bewegung in den USA der Jahre nach 9/11, als öffentliche, als politische Gefühle. Damit will sie zum Ausdruck bringen, dass individualisierte und gleichsam privatisierte Gefühle politische sind, da diese Gefühlszustände durch die Positioniertheit, besser: die Ausgegrenztheit ganz bestimmter Personen entstehen. Affekte, so diese Theoretisierung, werden zwar individuell und subjektiv empfunden, sie sind aber dennoch öffentlich-politische Wahrnehmungen. Sie fragt beispielsweise, »Wie sich Kapitalismus anfühlt«, oder auch, »Wie der Kapitalismus fühlt« (»How capitalism feels«) (ebd., 11), wie also Strukturen und Institutionen ›affektiv‹ gedacht werden können.[10] Durch eine Strategie der Entpathologisierung können »bad feelings« als Ausgangspunkt und Ressource politischer Handlungsfähigkeit gesehen werden (ebd., 2). Die Infragestellung von binären Gefühlen (gut/schlecht) als zu schlicht begreifend, strebt Cvetkovich (ebd., 6) eine »liberatory version of social and affective relations beyond the liberal versions« an. An diese Überlegungen anknüpfend, versuchen wir im folgenden Abschnitt, ein solch macht- und herrschaftskritisches Affektkonzept darzulegen.

1.4. Eine machtsensible Definition von Affekten

Wir haben uns in unserer Forschung dafür entschieden, von Affekten und nicht von Gefühlen und Emotionen zu sprechen, um der sprachlich so naheliegenden Binarität von Gefühl bzw. Emotion und Vernunft zu entgehen. Freilich ist uns bewusst, dass wir mit dem Begriff des Affekts Gefahr laufen, einen Biologismus oder zumindest einen nicht-kontrollierbaren, vorreflexiven Automatismus einzukaufen, den die deutsche Alltags-, aber auch Rechtssprache transportiert: Wenn etwas ›im Affekt‹ geschieht, so ist diese Handlung nicht vom Bewusstsein und schon gar nicht von Vernunft gesteuert.[11]

---

10 Dies schließt an Mary Douglas (1991) berühmtes Buch *Wie Institutionen denken* an.

11 Dies ist vielleicht der richtige Ort, um darauf hinzuweisen, dass Norbert Elias (1978, 322) in seinen Studien *Über den Prozess der Zivilisation* ebenfalls den Affektbegriff verwendet, ihn aber in ebenjenem Sinn der »spontanen Wallungen« einführt, die durch das staatliche Gewaltmonopol zurückgehalten und »gedämpft« werden.

Dennoch scheint uns das Konzept Affekt sinnvoll. Unsere eigene ›affektive Wende‹, die dieses Buch ausmacht, ist zugleich eine »kritische Wende« (Fineman 2010), erhebt unser Konzept von Affekt doch den Anspruch, Macht- und Herrschaftsverhältnisse, die im Modus von Affekten entstehen und reproduziert werden, herauszuarbeiten. Darüber hinaus aber sollen auch Dimensionen von Autonomie und Freiheit durch Affekte sichtbar werden. Wir denken, dass ein solches kritisches Affektkonzept durch eine Zusammenführung zentraler Dimensionen aktueller Emotionsdebatten mit den Affektkonzeptionen möglich ist. Dies wollen wir im Folgenden zusammenfassend darlegen und skizzieren, welche Dimensionen unser kritisches gesellschaftstheoretisches Affektkonzept umfasst.

Trennung bzw. Trennbarkeit von Affekt, Emotion, Gefühl

Einen unserer theoretischen Anknüpfungspunkte bildet Ann Cvetkovich (2012a, 4), die – im Unterschied zur Deleuz'schen Verwendung – Affekt als generischen Begriff verwendet, der Affekt, Emotion und Gefühl ebenso umfasst wie Impuls und Begehren. Wie Teresa Brennan (2004) verwendet auch Sara Ahmed (2004b) Affekt und Emotionen synonym und schließt sich damit nicht der Massumi'schen Trennung an. Wie diesen Theoretikerinnen ist es auch uns wichtig, darauf hinzuweisen, dass Affekte ohne Zweifel eine sensorische Dimension besitzen, also körperliche Sinneswahrnehmungen und psychische Erfahrungen sind, die zugleich eine kognitive Dimension besitzen. Affekte können aber, so Cvetkovich (2012a, 4), erst und nur durch Erfahrung von den Individuen erlebt werden – und zwar durch den Körper und den Geist gleichzeitig. Die Verankerung von Affekten in einer unwillkürlichen, vorsozialen Körperlichkeit übernehmen wir nicht. Kurzum, wir trennen Affekte nicht von Emotionen, vielmehr sehen wir Affekte, Gefühle und Emotionen als Kontinuum, und Affekte fungieren in unserer Forschung als Überbegriff. Folgende Unterscheidung scheint uns sinnvoll: Bewusste Affekte, bei denen man körperliche Veränderungen wahrnimmt, also weiß, warum man etwas so fühlt oder empfindet, können von un- oder vorbewussten Affekten, die erst verzögert wahrgenommen werden, bei denen man zunächst nicht weiß, warum man sich so fühlt, unterschieden werden. Diese Differenzierung wollen wir durch die Kategorie ›reflexiver Affekte‹ ergänzen. Reflexive Affekte stellen das gefühlsauslösende Moment und den Zusammenhang zum körperlichen Eindruck infrage: Wenn ich erröte, meine Scham aber reflektiere, dann ist dies der erste Schritt in Richtung Wissen, dass ich mich nicht schämen brauche und dass der sichtbare Affektausdruck verändert werden kann.

Körperlichkeit von Affekten

Aus Sara Ahmeds (2010b, 29) konzeptuellen Überlegungen wird ersichtlich, wie eng das Studium der Affekte mit der Wiederentdeckung und Neubewertung von Körperlichkeit in den Sozialwissenschaften verbunden ist. Marcus Schroer (2005, 9) zufolge stellt die Publikation von *The Body and Society* im Jahr 1984 (Turner 1996) die Initialzündung für das neu erwachende Interesse an Körperthemen in der Soziologie dar, und seit Beginn des 21. Jahrhunderts wird explizit von einem *corporeal, somatic* oder *body turn* in der Soziologie gesprochen (Gugutzer 2006, 9f.). 2002 konstatiert John Tambornino auch einen *corporeal turn* in der Politikwissenschaft (Tambornino 2002), und eine ähnliche Hinwendung zu körperlichen Fragen lässt sich gleichzeitig in der Historischen Anthropologie und in der Sportwissenschaft beobachten (z.B. Alkemeyer 2001).

Auch Körperlichkeit ist freilich immer sozial geformt, so wie Affekte körperliche, verkörperte und soziokulturelle Aspekte beinhalten (Williams 2009, 141).[12] Affekte sind keine rein körperliche Reaktion, sondern eine »informed and political bodily response« (Gorton 2007, 343). Wie Simon Williams (2009, 142) begreifen wir Affekte als »emerging properties, located at the intersection of physiological dispositions, material circumstances, and socio-cultural elaboration«. Oder anders formuliert: Affekte sind körperlich, sie sind aber auch diskursiv, sodass wir Affekte als verkörperte Diskurse begreifen wollen (ähnlich Abu-Lughod/Lutz 2009, 107). Und Körperlichkeit besitzt gleichsam einen affektiven Überschuss, ist also nicht determiniert durch Affekte.

Lawrence Grossberg (2010, 193) hebt ebenfalls die Dimension der körperlichen Affektion bzw. Affizierung, also einer Materialität von Beziehung zwischen Menschen hervor, ist aber der Auffassung, dass Affekte auch stets eine Modalität inkorporierter Effekte sind, dass sie also diskursiv und kulturell vermittelt sind. Auch Sara Ahmed (2004b, 15) bescheinigt, dass Affek-

12 Auf diesen Zusammenhang von Verkörperung und Affekt werden wir im Kapitel 3.1 über affektives Kapital noch genauer eingehen.

te verkörpert, dass sie im und durch den Körper gespürt werden. Kognition erfolgt somit immer im affektiven Modus, und Affekte sind ohne Kognition nicht wahrnehmbar, sie existieren gleichsam nicht. Ahmed (2010a, 29) definiert Affekte als das, was bleibt, das was »the connection between ideas, values, and objects« konserviert. Sie vertritt also einen weiteren Begriff von Affekten, der über bloß körperliche Eindrücke hinausgeht, der aber den körperlichen Eindruck als bleibenden, zu fühlenden Eindruck hervorhebt.

Ein weiterer für uns entscheidender Punkt in der Diskussion um Körper und Verkörperlichung (*embodiment*) ist, dass der praktische Sinn des Körpers oder, wie es Pierre Bourdieu nennt, der Körper als »Gedächtnisstütze« – die im regen »affektiven Austausch mit der gesellschaftlichen Umgebung« geformt wird (Bourdieu 2001a, 181) – ins Zentrum der wissenschaftlichen Aufmerksamkeit rückt. Damit wird auch die Frage virulent, auf welche Weise Körperpraktiken zur gesellschaftlichen Konstruktion von Wirklichkeit beitragen, wie also körperliches »affektuelles Handeln« (Weber 1980, 12) die soziale Ordnung beeinflusst. Weder der menschliche Körper noch Gefühle sind in diesen Zusammenhängen natürlich gegeben, sondern werden von den politischen, ökonomischen und kulturellen Verhältnissen geformt, und körperliche Erfahrungen wie das »affektive Betroffensein« (Schmitz 2009, 16) tragen ihrerseits zur Strukturierung der Wirklichkeit bei. Daher sprechen wir vom ›affektiven Habitus‹, der die individuelle Aneignung von Affektregimen moduliert, ganz ähnlich wie Illouz (2006, 97ff.), die von einem emotionalen Habitus ausgeht. Diese Prozesse der affektiven Aneignung – dies werden wir weiter unten in Kapitel 3 ausführen – wollen wir als ›affektive Subjektivierung‹ bezeichnen.

Kulturalität von Affekten: Bedeutungsdimension

Für unser Verständnis ist es zentral, Affekte nicht als ›natürlich‹ zu begreifen, sondern als stets sozial und kulturell vermittelt und bestimmt. Affekte folgen nicht alleine einer neuronalen Logik, sondern sind untrennbar mit sozialer Bedeutung verknüpft. Wir übernehmen also die Dimension von Affekten, die an Massumis Autonomievorstellung anschließt, nicht, verwenden somit den Begriff Affekt nicht in einem präkognitiven, vorsozialen oder vorkulturellen Sinn. Affekte – auch als körperliche Reaktionen – existieren nie außerhalb von Diskursen und nie außerhalb sozialer Beziehungen. Und dennoch haben Affekte, wie bereits skizziert, eine körperliche Dimension; sie werden, anders als Ideen oder Gedanken im Körper gespürt, haben dadurch einen anderen, vielleicht sogar nachhaltigeren Erfahrungswert, der einen körperlichen Eindruck hinterlässt.

Affekte produzieren darüber hinaus Wissens- und Glaubenssysteme, und diese Episteme sind wiederum Voraussetzung für die Herstellung, sprich: das individuelle Verstehen, Erleben und Fühlen von Affekten. Affizierung impliziert daher Wertungen über die Welt, das Außen und über andere Menschen. Affekte, so können wir folgern, sind stets an Bewertung geknüpft, die den Körper mit dem Kulturellen und Sozialen verbinden.

Sozialität und Relationalität von Affekten

Affekte implizieren eine neue Perspektive auf Sozialität, auf die notwendige Bezogenheit von Menschen aufeinander. Im Sinne von Massumi gehen wir davon aus, dass Affekte Sozialität und Relationalität zwischen Menschen entstehen lassen. Darüber hinaus ist damit auch die Idee verbunden, dass Affekte nicht innerlich-individuell, sondern überindividuell sind. Das Affektkonzept macht damit auch deutlich, dass Handeln nicht nur durch ›rationale Wahl‹ bestimmt, sondern auch von Affekten angetrieben ist. Allerdings konstituieren Affekte nicht nur Relationalität, Bezugnahme und Kooperation als Handlungsoptionen, sondern auch Konflikt.

Ansteckung und Affizierung

Ahmed (2004b, 4ff.) schlägt vor, danach zu fragen, was Affekte machen, weniger, was sie sind. Die Idee der Ansteckung, des Affiziertwerdens biete hierfür eine Möglichkeit, da damit die Trennung in ein »Innen« und ein »Außen« überwunden werden könne: Affekte sind weder bloß körperliche innere Regungen in Bezug auf etwas Äußeres, noch können sie – was die Psychologie annimmt – schlicht als ein äußerer sozialer Eindruck auf ein Innen verstanden werden. Vielmehr sind beides untrennbare Prozesse. Affekte sind daher stets mehrfach relational (Ahmed 2010a, 37; auch Ott 2009, 33). Eine Stimmung oder Atmosphäre ist nicht einfach da, sie dringt nicht einfach in ein Individuum von außen ein und steckt den Menschen an. Im Gegenteil, wie wir Atmosphäre aufnehmen, hängt stark von unserer eigenen affektiven Disposition ab: »To receive an impression is to make an impression« (Ahmed 2010b, 40).

Daher wendet sich Ahmed gegen die schlichte Vorstellung, dass Affekte von einem Körper zum anderen springen. Es bedarf demgegenüber immer der Wahrnehmung, der Vermittlung von Objekten und Menschen (ebd., 36). Ansteckung hängt also davon ab, was ansteckend wirkt und wie wir uns zu diesem »Objekt« der Ansteckung stellen. Kurz, eine Ansteckung ist stets mehrfach moduliert und stets reziprok (ebd., 39). Michaela Ott (2009, 17) bezeichnet Affizierung daher »gerade nicht als quasi-automatisch und willkürlich«, sondern vielmehr als »Disjunktor«, »der mittels Unterstützung und Besetzung artikulatorische Strukturen vorzeichnet«.

Affektregime – Strukturdimension

Affekte sind nicht allein als individualisierte Regungen zu begreifen, sondern sie sind stets eingebunden in institutionell vorgegebene und abgesicherte Affektregeln. Affekte sind somit nicht gänzlich autonom, sie sind schon gar nicht chaotisch, sondern sie sind in gewisser Weise organisiert. Wir bezeichnen dies als ›Affektregime‹. Gesellschaftlich-kulturelles Wissen um Affekte sedimentiert sich in Affektregimen und -dispositiven, die von Individuen angeeignet werden. In einem historischen Prozess entwickeln alle Gesellschaften je spezifische Affektregime und damit verbunden ein Affektvokabular, das die Individuen im Laufe ihrer »affektiven Sozialisation« erlernen (Scott zit. in Flam 2002, 127). Solche Regime unterscheiden sich von *feeling rules* in Organisationen, wie sie Hochschild ausmacht (Hochschild 1979), da sie als dauerhaft angelegte, die Handlung bestimmende Affektregeln zu begreifen sind, die aber stets als in der Aneignung wandelbar betrachtet werden müssen. Affektregime dürfen also nicht als statisch-oktroyiert vorgestellt werden; vielmehr verändert der Aneignungsprozess auch solche Regimemuster. Aktuelle Studien ergaben beispielsweise, dass Unternehmen zunehmend weniger *feeling rules* vorschreiben, sondern ihre Angestellten vielmehr ermutigen »to put their own passions to work on assignments« (Grant u.a. 2009, 330).

Affekte, Macht und Herrschaft. Zusammenfassung

Unser kritisch-gesellschaftstheoretischer Ansatz versteht Affekte als komplexe Erfahrungen an der Schnittstelle von Körperlichkeit, körperlicher Erfahrung, von Wahrnehmung, Kognition, Wissen, von psychischen Prozessen und sozialen Erfahrungen. Affekte sind stets ein Prozess, ein Werden, aber kein Zustand. Affekte entstehen in sozialer Interaktion bzw. in Auseinandersetzung mit kulturellen Bedeutungen. Affekte sind also keine anthropologische universale Art der Verbindung zwischen Menschen, des *attachments* oder *attunements*, sondern diese Verbindung ist stets eingebettet in frühere soziale Begegnungen, in vorhergegangene Erfahrungen sowie in soziale Strukturen. Affekte haben eine Historizität (Frevert 2010, 311). Sie strukturieren Handlungen und Handlungsfähigkeit, sie sind aber auch zugleich strukturiert durch Wissen und Erfahrung. Unser Konzept von Affekt versucht, diese Verkörperlichungen von Erinnerung und Erfahrungen, von Wissen und Gedächtnis sowie die körperlichen Reaktionen mit den Konzepten des Habitus und der Subjektivierung zu verstehen. Die Wahrnehmung körperlicher Erfahrungen, das Fühlen ist stets moduliert durch den Habitus und durch Subjektivierungsweisen.

Die von uns entwickelte Theoretisierung von Affekten, die wir nicht Emotionen und Gefühlen entgegensetzen, erlaubt es, auch Herrschaftsverhältnisse, die durch Affekte konstruiert und reproduziert werden, in den kritischen Blick zu nehmen. Affekte sind aufgrund ihrer Fähigkeit zu affizieren, also Sozialität herzustellen und in Sozialität eingebunden zu sein, auch immer Teil einer Herrschaftsstruktur. Oder anders gesagt: Affekte tragen zur Reproduktion von Machtverhältnissen bei. So basiert beispielsweise gegenseitige Anerkennung auf Affekten, und Anerkennung kann zur Akkumulation von Affekten führen, gleichsam zu einem Körpergedächtnis affektiver Anerkennung (Watkins 2010, 273ff.). Auch Geschlechterherrschaft und hierarchische Zweigeschlechtlichkeit ist in dieses Affektkonzept eingeschlossen: »Gender is one of the ways in which the affective capacities of bodies become organised and produced« (Coleman 2009, 142). Sara Ahmed (2004b, 62ff.) zufolge wird beispielsweise anhand politisch produzierter Gefühle wie Angst vor den Anderen deutlich, wie Machtverhältnisse Körper formen und beeinflussen. Gefühle öffnen den menschlichen Körper gegenüber anderen Menschen, wie auch gegenüber machtvollen sozialen und politischen Verhältnissen.

Affizierung als Prozess funktioniert nämlich über Trennungen, über *boundary work*. Durch solche Grenzziehungen wird über die Legitimität und Rechtmäßigkeit verhandelt. Auch Bourdieu (1985, 18) weist auf einen »Sinn für Grenzen« (»das ist nichts für uns«) und »für Distanz, für Nähe und Ferne« hin, auf einen »Sinn für die eigene soziale Stellung als Gespür dafür, was man ›sich erlauben‹ darf und was nicht« (ebd.). Eine Dimension dieser Strategie der Grenzziehung, die Ein- und Ausschluss produziert, ist die Affizierung. Grenzziehung braucht Affekte, weil sie auf einer Ethik der Gut-böse-Unterscheidung, folglich auf einer Wertung, beruht. Wertungen jedoch bringen stets Affekte ins Spiel.

Um eine gesellschaftstheoretische Affektperspektive zu schärfen, werden wir im Weiteren (Kapitel 4) die rezenten Diskussionen über Affekte, Gefühle und Emotionen in aktuellen Transformationen von Gesellschaft, Ökonomie und Politik verorten und schlaglichtartig die sich historisch wandelnde Rolle von Affekten, Gefühlen und Emotionen in unterschiedlichen Bereichen beleuchten, sie somit in der Geschichte westlicher Gesellschaften, Ökonomien und Staaten historisieren. Dies soll unsere Ausgangsvermutung belegen, dass nicht nur die Debatten um, sondern auch die verstärkte Mobilisierung von Affekten in sozialen, ökonomischen und politischen Bereichen – und vor allem im Erwerbsarbeitsbereich – Ausdruck neuartiger gesellschaftlicher Verhältnisse sind bzw. diese Transformationen sozialer Verhältnisse vorbereiten und begleiten.

Im folgenden Kapitel 2 werden wir uns dem Thema Affekte im Neoliberalismus in einer weiteren konzeptuellen Schleife annähern und zuerst die Bedeutung von ›emotionaler Arbeit‹ in Dienstleistungsgesellschaften (in der Tradition Hochschilds) skizzieren, um daran anschließend und teilweise in Abgrenzung davon unser Konzept von ›affektiver Arbeit‹ einzuführen, das eine kritische Herangehensweise insbesondere an neoliberale Transformationsprozesse von Dienstleistungsarbeit ermöglichen soll.

2. Von emotionaler zu affektiver Arbeit: Annäherungen an die Transformationen von Erwerbsarbeit

2.1. Die ›Entdeckung‹ emotionaler Arbeit

Arlie Hochschild (2003) arbeitete in ihrer bahnbrechenden Studie über Flugbegleiterinnen und Angestellte von Inkassobüros bereits in den 1970er Jahren die Kommodifizierung von *emotional labor* und die Notwendigkeit von *emotion work* als Teil des Arbeitsprozesses heraus. Hochschild greift dabei auf Studien von C. Wright Mills (2002) aus den 1940er Jahren über die Transformation von der industriellen zur postindustriellen Arbeitsorganisation zurück. Schon Mills (2002, 182) kennzeichnet die Welt der Dienstleistungen als »personality market«, der »personal or even intimate traits of the employee« in die Sphäre des ökonomischen Austauschs ziehe. Der revolutionäre Grundgedanke von Hochschilds *The Managed Heart* ist, dass das Gefühlsmanagement, das traditionell Frauen im Reproduktionsbereich abverlangt wird (*emotion work*), etwa bei der Betreuung oder fürsorglichen Unterstützung von Familienmitgliedern, in der Dienstleistungsgesellschaft zu einem wesentlichen Bestandteil der Erwerbsarbeit wird. Privatisierte und feminisierte Kompetenzen, die Frauen als gleichsam ›natürliche‹ Eigenschaften zugeschrieben und damit auch nicht als Leistung oder Arbeit betrachtet werden, gewinnen Bedeutung im Verwertungsprozess der Arbeitskraft. Sie können daher nicht länger als Charaktereigenschaften vornehmlich von Frauen gesehen werden, sondern gelten vielmehr als qualifizierte Tätigkeit.

Von den Beschäftigten im Dienstleistungsbereich wird erwartet, dass sie ihre Emotionen gewinnbringend für das Unternehmen einsetzen, das heißt die eigenen Gefühle auf ganz bestimmte Weise, nämlich im Interesse des Unternehmens managen und modulieren, etwa zum Zweck, das Wohlbefinden und die Zufriedenheit der Fluggäste durch eine Atmosphäre der Fürsorglichkeit und Umsorgtheit zu fördern, und damit auch jedweden Ärger über das Verhalten der Fluggäste zu unterdrücken. Emotionale Arbeit erfordert es also, dass mithilfe spezifischer Emotionen in einer anderen Person ein emotionaler Zustand erzeugt wird, während gleichzeitig eigene Emotionen kontrolliert, moduliert oder unterdrückt werden (Steinberg/Figart 1999, 16). Diese in Wert gesetzte Gefühlsarbeit, die Hochschild als *emotional labor* bezeichnet, auch wenn sie mit einer gewissen inneren Distanz vollzogen wird, bleibt nicht wirkungslos, sondern trägt zur Subjektkonstitution der Beschäftigten im Dienstleistungsbereich bei. Die individuelle Bedeutsamkeit von Emotionsarbeit erhält insbesondere durch Hochschilds Unterscheidung zwischen *surface* und *deep acting*, also zwischen einer oberflächlich vorgetäuschten und einer verinnerlichten Handlungsperspektive, Relevanz im Arbeitsleben. Dies führt zur zentralen Frage ihrer Studie: »When rules about how to feel and how to express feeling are set by management […], when deep and surface acting are forms of labor to be sold, and when private capacities for empathy and warmth are put to corporate uses, what happens to the way a person relates to her feeling or to her face?« (Hochschild 2003, 89) Hochschilds Antwort auf diese Frage besteht zum einen im Aufweisen von Entfremdungstendenzen, der Entfremdung von der Arbeitsrolle und der Selbstentfremdung bzw. Entfremdung von den eigenen Gefühlen, die durch die Kolonisierung des Lebens und von Emotionen durch Erwerbsarbeit bewirkt wird. Dies sieht sie insbesondere bei Frauen, da diesen nicht nur in der Familie, sondern auch im Erwerbsleben mehr Emotionsarbeit abverlangt wird als Männern (ebd., 162ff.). Zum anderen verweist sie auf die wachsende Wertschätzung von »authentischen« Gefühlen und Spontaneität als Gegenbewegung zur Vermarktlichung der Emotionen sowie auf ein »wahres Selbst«, das im privaten, familiären Bereich, einer (wiewohl im Schwinden begriffenen) Gegenwelt zur kapitalistischen Marktwirtschaft, zu finden ist (ebd., 185ff.). »Her argument […] is animated by an ideal of the ›unmanaged heart‹«, schließt Kathi Weeks (2007, 244), »associated either with a separate private world of emotional practice and contact or with what one may experience as one's ›true‹ self«.

Im Zentrum der Arbeiten von Hochschild und der Myriaden von Studien, die in der Folge verfasst wurden, steht die »emotionale Dissonanz«, also der Widerspruch zwischen »inneren Zuständen und äußeren Vorschriften« (Rastetter 2008, 283). Studien im Anschluss an Hochschild haben gezeigt, dass *emotion work* in der Tat als Problem erfahren werden kann, als Stress, Überforderung und Angst, so beispielsweise die Forschung über die bundesdeutsche Polizei von Peggy Szymenderski (2012). Während Hochschild vor allem den Entfremdungsaspekt durch Gefühlsarbeit betont, heben andere AutorInnen die »aktive Leistung des einzelnen, mit seinen Gefühlen effektiv umzugehen und sozialen Einfluss auszuüben, als belohnend oder gar förderlich für die Persönlichkeitsentwicklung« hervor (Rastetter 2008, 283). So konnte Daniela Rastetters (ebd., 285) Untersuchung herausarbeiten, dass *emotional labor* auch zum Element einer positiven Berufsidentifikation werden kann. Rastetter bezeichnet Emotionsarbeit daher als »Identitätsarbeit«. Betriebliche Emotionsregeln sind nicht nur repressiv und entfremdend, sondern sie versprechen auch eine »stabile und anerkannte Identität« (ebd., 288). Ähnlich argumentiert Marek Korczynski (2009, 76), wenn er schreibt: »Not only does research show costumers as a source of pleasure, and as a source of pain, it also shows that these happen simultaneously in many service workplaces.« Und er verweist darauf, dass insbesondere der Kontakt zu StammkundInnen, zu denen Quasi-Freundschaftsbeziehungen hergestellt werden, zur Arbeitszufriedenheit beiträgt bzw. generell die Interaktion mit anderen Menschen, »working with people« (ebd., 74), den Reiz der Dienstleistungsarbeit ausmacht.[13]

Aus heutiger Sicht stellt Hochschilds Analyse einen ersten kritischen Beitrag, *avant la lettre*, zum Thema Subjektivierung von Arbeit dar, der insbesondere auf Geschlechterverhältnisse und emotionale Beziehungen, auf die Vergeschlechtlichung von Arbeit im Modus von Gefühlen (Weeks 2007, 245) in der Dienstleistungsgesellschaft Bedacht nimmt. In dieser Hinsicht ist der Wert der Studie gar nicht hoch genug zu veranschlagen. Allerdings liegt den Erkenntnissen unseres Erachtens ein essentialistisches Subjektverständnis und die Idee eines privaten, tendenziell weiblich kodierten, nicht entfremdeten Rückzugsraums zugrunde, wie auch Weeks obigen Anmerkungen zu entnehmen ist. Diese Auffassung wollen wir – wie aus den weiteren Ausführungen noch ersichtlich werden wird – nicht teilen. Der Rückbezug auf ›authentische‹ Gefühle und ein ›wahres Selbst‹ unterminiert den heuristischen Wert der Begriffe Emotionalität und Emotionsarbeit, die in Hochschilds Konzeption auf eine Freiheit der Subjekte und Gefühle jenseits kapitalistischer Verwertungsinteressen verweisen, anstatt die Aufmerksamkeit darauf zu lenken, dass Subjektivierungsprozesse immerzu durch Machtver-

13 Das Modell der »bounded emotionality« geht davon aus, dass Unternehmen ihre Effektivität optimieren können durch die Emotionsarbeit ihrer MitarbeiterInnen und dass sie zugleich Arbeit zu einer authentischen Erfahrung für ArbeiterInnen gestalten können, indem sie Bedeutungen unterstützen, die in den tiefen Gefühlen der Angestellten Resonanz finden (Grant u.a. 2009, 328). Untersuchungsrelevant seien daher die sozialen Bedingungen und organisationalen Kulturen, unter denen Letzteres möglich ist (ebd., 329).

hältnisse geformt werden und damit die Emotionen, aber auch die Trennung zwischen privat und öffentlich, männlich und weiblich laufend Veränderungen erfahren (vgl. die weiterführende Kritik des Hochschild'schen Ansatzes in Scherke 2009, 98ff.; auch Neckel 2005, 427). Helena Flam (2002, 203) weist zudem darauf hin, dass Angestellte durchaus die Möglichkeit haben, sich gegen die von ihnen geforderte Gefühlsarbeit zur Wehr zu setzen, indem sie auf innovative, distanzierte oder zynische Weise unterschiedliche Formen des Gefühlsmanagements entwerfen. In die gleiche Kerbe schlagen Kritiken der *Labour Process Theory* mit dem Vorwurf, dass Hochschild zu sehr die Vereinnahmung und totale Kontrolle der Arbeitskraft durch die Unternehmerseite betont und damit die Widerstandsmöglichkeiten gegen emotionale Ausbeutung zu wenig berücksichtigt (vgl. etwa Brook 2013a, 335).

Die Analysen der *Labour Process Theory* gehen grundsätzlich von der »Unbestimmtheit« der Ware Arbeitskraft aus, die erst durch ihren spezifischen Einsatz im Arbeitsprozess, ihre Verwandlung in konkrete Arbeit, zur Kapitalakkumulation beitragen kann (Brook 2013b, 87). Die kapitalistische Nutzung der lebendigen Arbeit setzt Kontrolle durch die Unternehmerseite voraus, womit das Machtverhältnis zwischen Kapital und Arbeit und die Managementstrategien zur Steuerung der Arbeitskraft zu entscheidenden Punkten der Analyse werden. Im Zentrum der Aufmerksamkeit steht dabei die Frage, wie die Erwerbstätigen diese Transformation ihrer Fähigkeiten und Kompetenzen in produktive Arbeit erleben und erfahren, also die Frage nach der Subjektivität der Arbeitskräfte. Diese Subjektivität wird zum Teil durch kollektive Erfahrungen bestimmt, die KollegInnen im Arbeitsprozess gemeinsam machen und die damit auch die Basis für Solidarität und Widerstandsformen gegen die unternehmerische Kontrolle bilden können. Unter diesen Prämissen stellt sich *emotional labor* Paul Brook (2013a, 344) zufolge dar als »contradictory and contested experience where management strives to establish its own feeling rules and corporate perspective as the dominant workplace social meaning, which is then routinely contested by workers' personal meaning.«

Der relativ einseitige Fokus der Hochschild'schen Analyse auf die Unterwerfung der GefühlsarbeiterInnen und auf Entfremdungstendenzen hat zu einer ganzen Reihe von Ergänzungen und Differenzierungen ihres theoretischen Ansatzes sowie zur genaueren Bestimmung von Gefühlsarbeit im Kontext der *Labour Process Theory* geführt. Während Brook (ebd., 346f.) darauf hinweist, dass der emotionale Arbeitsaufwand die Motivation und Entscheidungen bei allen möglichen Formen der Arbeit tangiert, unterscheiden

Wolfgang Dunkel und Margit Weihrich (2013, 107f.) genauer zwischen drei Dimensionen der emotionalen Arbeitskraft: Emotionen als Gegenstand der Arbeit (Arbeit an Gefühlen), Emotionen als Arbeitsmittel, um eine Aufgabe erfolgreich zu erledigen (Arbeit mit Gefühlen), und, etwa in Form von *feeling rules* oder professionellen Standards, Emotionen als Bedingung für Arbeit (Arbeit an den eigenen Gefühlen) (auch Dunkel 1988). Mit diesen Unterscheidungen und in der jeweiligen Verschränkung dieser drei Dimensionen lässt sich Dunkel und Weihrich zufolge aufzeigen, dass Gefühlsarbeit nicht nur den unternehmerischen, sondern durchaus auch den persönlichen Zwecken der Arbeitskraft dienen kann: »The real possibility that a person can sometimes obtain a personal benefit through emotional labor by using it to influence others' behavior was left unexplored«, kritisieren sie Hochschilds theoretische Ausrichtung (Dunkel/Weihrich 2013, 108).

Steve Vincent (2011) entwickelt aus der Unterscheidung zwischen konformistischen und nicht-konformistischen Gefühlen im Arbeitsprozess, Emotionen, die autonom entstehen oder reguliert sein können, eine Typologie der Gefühlsökonomie, die Hochschilds Kategorien ebenfalls stärker differenziert und von »voluntary emotional labour« bis »resistant emotional misbehaviour« reicht (ebd., 1357). Vincent knüpft dabei an Überlegungen Sharon Boltons an, dass nur ein Teil des Gefühlsmanagements am Arbeitsplatz der »pekuniären« unternehmerischen bzw. professionellen Logik gehorcht – und nur dies *emotional labor* im strikten Sinn des Wortes sei –, während andere Formen, wie »presentational« und »philanthropic emotion management« (Bolton 2009, 554), auf soziale Gefühlsregeln und die relative Autonomie von Arbeitskräften verweisen. »The introduction of a multi-dimensional typology«, argumentiert Bolton (ebd., 556f.), »allows us to capture the processes of extraction and exploitation of our emotional labour power in very different settings and our reactions to these attempts. [...] In this way we are able to derive a picture of the richness of organizational life while at all times keeping an eye on the dynamics of capitalism. In other words it allows us to understand the difference between labours of love and labour power«.

Mit der Konzeption von *aesthetic labor* (Nickson u.a. 2003; Warhurst/Nickson 2007; 2009; Warhurst/Thompson/Nickson 2009) wird zudem der Versuch unternommen, die körperlichen Aspekte von Dienstleistungsarbeit, wie eben Emotionalität, aber auch die Sexualisierung und Attraktivierung des Körpers, umfänglicher als in Hochschilds Arbeiten zu theoretisieren. Nicht nur Emotionen, sondern auch das körperliche Erscheinungsbild (vor allem weiblicher Arbeitskräfte) wird in interaktiven Dienstleistungsbereichen für unternehmerische Ziele vereinnahmt, sei es durch die Bevorzugung bestimmter physischer Merkmale im Bewerbungsprozess oder durch die Sexualisierung von Arbeitskräften mittels Marketing, Werbung und Bekleidungsvorschriften. Chris Warhurst und Dennis Nickson (2009, 394 und 396) weisen beispielsweise darauf hin, dass die Fluggesellschaften in den 1950er und 1960er Jahren beginnen, ihre Stewardessen zu sexualisieren, sie also neben *emotional labor* auch zu *aesthetic labor* angehalten sind. »Aesthetic labour foregrounds embodiment, revealing how the corporeality […] of employees are organizationally appropriated and transmuted for commercial benefit«, schreiben Warhurst und Nickson (ebd., 386) und sprechen damit ein Kontinuum von impliziter bis explizit zur Schau gestellter Sexualität im Arbeitsprozess an, das sich von emotionaler über ästhetische Arbeit bis hin zu sexualisierter Arbeit erstreckt (ebd., 399).

Marek Korczynski greift in der Diskussion von Hochschilds Gefühlsarbeit und mit Augenmerk auf die subjektiven Erfahrungen von DienstleisterInnen, wie sie im Zentrum der Analyse der *Labour Process Theory* stehen, insbesondere die Ambivalenzen und Spannungen auf, die sich aus der kosteneffizienten Rationalität marktförmiger Dienstleistungen und dem Anspruch von KundInnennähe ergeben. »Customer-Oriented Bureaucracy« nennt Korczynski (2009, 77ff.) jene Organisationen, die der dualen Logik aus einerseits effizienten, standardisierten Arbeitsvollzügen und andererseits personalisierter, empathischer KundInnenorientierung genügen sollen, in der die Arbeitskräfte verstrickt sind. »The essential element of customer-orientation involves orientation to the non-rational aspects of customers, towards customers' sense of emotions, individuality and power«, verdeutlicht Korczynski (ebd., 78): »The key aspect offered within the service delivery is an *enchanting myth of sovereignty* […] that customers can feel a sense of sovereignty.« Und genau das steht oft genug im Widerspruch zur rationalen internen Organisationsstruktur von Dienstleistungsunternehmen im Zeichen der Kosteneffizienz und führt zu Unzufriedenheit und Frustration bei den Arbeitskräften, die den angestrebten Qualitätsansprüchen nicht gerecht werden können. Anders als Hochschild schreibt Korczynski damit nicht zuletzt den KundInnen eine mächtige Rolle im Arbeitsprozess von Dienstleistungen zu und verweist auf das »two bosses dilemma« von *front line*-Arbeitskräften, die sowohl der Autorität des Managements als auch der Macht der Kundschaft unterliegen (ebd., 82).

Vergleichsweise unbeeinflusst von Untersuchungen und Diskussionen in der Tradition von Arlie Hochschild entstand um die Milleniumswende in einem ganz anderen Theoriekontext eine lebhafte Diskussion um affektive Arbeit, die wir im nächsten Abschnitt skizzieren werden.

2.2. Affektive Arbeit im verkörperten Kapitalismus

Die postoperaistische Konzeption von affektiver Arbeit (etwa Hardt 1999; Hardt/Negri 2002, 300ff.), die sich allerdings nicht explizit auf den *affective turn* bezieht, gab der Diskussion um die kapitalistische Verwertung von Emotionen nochmals eine neue Wendung. Der Fokus dieser Theorietradition liegt auf den Widersprüchen zwischen der (systemischen) Erzeugung von Solidarität und Gemeinschaftlichkeit, einer möglicherweise widerständigen »Biomacht von unten« durch affektive Arbeit (Hardt 1999, 89), und der drohenden Unterwerfung des »ganzen Lebens« unter die Verwertungsinteressen des Kapitals – beides Begleiterscheinungen des grundsätzlichen ökonomischen Wandels hin zum »kognitiven Kapitalismus« (Moulier Boutang 2011). »Im kognitiven Kapitalismus (werden) die geistigen Fähigkeiten nicht einzeln mobilisiert, sondern als kollektive Kraft. Diese Kraft wird selbst eine von der Güterproduktion untrennbare Komponente: die *Netware*«, skizziert einer der führenden postoperaistischen Theoretiker, Yann Moulier Boutang (ebd., 35), die neue Entwicklung.[14]

Im kognitiven Kapitalismus soll die »ganze Person produktiv« gemacht und schließlich in Wert gesetzt werden (Morini 2007, 46). Erwerbsarbeit kann daher nicht mehr von der »biological-reproductive-emotive sphere« getrennt werden, sondern (Erwerbs-)Arbeit ist Teil eines umfassend zu begreifenden »aktiven Lebens« (ebd.). Der kognitive Kapitalismus, so Cristina Morini (ebd., 54) weiter, nutzt die mentalen Fähigkeiten der ArbeiterInnen, »to form relationships and communicate effectively«. Dies ist die Voraussetzung dafür, dass Wissen in einen aneigenbaren und entfremdenden Faktor verwandelt und dann separiert werden kann »from the elements that have produced it« (ebd., 50). Freilich ist diese neue Form der In-Wert-Setzung nicht nur aufoktroyiertes Diktat, sondern schließt auch an die Wünsche der

14 »Die *Netware* ist nicht das technische System, das die Realisierung eines Netzes und die Übertragung der Informationen ermöglicht«, erläutert Yann Moulier Boutang (2001, 35), »sondern sie ist genau die Form ›geschmeidiger‹ Aufgabenteilung, die durch die kollektive Mobilisierung der Aufmerksamkeit, des Gedächtnisses und der Affekte entsteht [...] Das Internet ist der Prototyp dieses Typs multipler Netze.«

Menschen an, kreativ zu sein und Beziehungen mit anderen Menschen einzugehen. Das macht wiederum Frauen zu idealen Arbeiterinnen im kognitiven Kapitalismus, »because of the qualitative/adaptive characteristics they are assumed to guarantee« (ebd., 51).

Im Mittelpunkt dieser theoretischen Perspektive steht die kooperative Erzeugung von Wissen und dessen privatwirtschaftliche Verwertung, das Akkumulationsregime im kognitiven Kapitalismus, und thematisiert werden die Unterschiede zur industriellen Arbeit anhand der Begriffe Informatisierung der Produktion und immaterielle Arbeit (Lazzarato 1996). Informatisierung der Produktion meint die Automatisierung und computergestützte Steuerung der Fabrikarbeit, also symbolisch-analytische Aufgabengebiete bzw. Formen von immaterieller Arbeit und produktionsbezogenen Dienstleistungen, die direkt die Güterproduktion betreffen, zur Produktivitätssteigerung beitragen und zur Eliminierung der menschlichen Arbeitskraft in den Fabriken des globalen Nordens führen. Rosalind Gill und Andy Pratt (2008, 7) sprechen daher auch vom »informational capitalism«. Neben der Computerisierung der Produktion, also neben Information und Kommunikation, bildet die affektive Arbeit, die sich auf die Herstellung von zwischenmenschlichen Kontakten und Interaktionen bezieht, eine weitere wichtige Form der immateriellen Arbeit (Hardt 1999, 89): »Diese Arbeit ist immateriell, auch wenn sie körperlich und affektiv ist, insofern als ihre Produkte […] nicht greifbar sind: ein Gefühl des Behagens, Wohlergehen, Befriedigung, Erregung oder Leidenschaft […] Affektive Arbeit produziert soziale Netzwerke, Formen der Gemeinschaft, der Biomacht« (Hardt/Negri 2002, 304). Im Prozess der Immaterialisierung von Arbeit werden Kommunikations- und Beziehungsfähigkeit zu zentralen Faktoren, und in diesen kommunikativen Netzwerken entstehen Verknüpfungen, Beziehungen und Nähe – also Affekte. Im »kognitiven Kapitalismus«, der sich durch »cooperative labour of human brains joined together in networks by means of computer« auszeichne, entstehen Affekte unmittelbar in der Arbeitswelt, betont Moulier Boutang (2011, 57). Martin Birkner und Robert Foltin (2010, 103) ergänzen, dass die immaterielle Arbeit zwei Seiten hat: »eine intellektuelle bzw. sprachliche und eine affektive. Bei ersterer geht es um Problemlösen […] Affektive Arbeit hingegen beeinflusst Körper und Geist gleichzeitig«. Mit immaterieller

Arbeit ist also insgesamt jene Tätigkeit gemeint, die Serviceleistungen, kulturelle Produkte, Wissen, Kommunikation oder Gefühle bereitstellt.[15]

Michael Hardt und Antonio Negri (2002) wollen mit dem Konzept der affektiven Arbeit die (fiktive) Trennung zwischen Produktions- und Reproduktionsarbeit überwinden und bezeichnen diese Entgrenzung als Signum des kognitiven Kapitalismus. Affektive Arbeit sei, so Hardt (1999, 89), nicht neu, neu sei aber das Ausmaß der Kapitalisierung von Affekten. Entscheidend für die Verfassung des gegenwärtigen Kapitalismus und die entfaltete Dienstleistungsökonomie sind die Konstitutions- und Verwertungsbedingungen der kognitiven, der intellektuellen wie affektiven Arbeit. Zum einen liegt den kognitiven Kompetenzen der WissensarbeiterInnen ein kollektiver Lern- und Aneignungsprozess zugrunde, bei dem die öffentlichen Erziehungs- und Bildungseinrichtungen (in Europa noch viel stärker als in Nordamerika) eine zentrale Rolle spielen. Der Erwerb und die kreative Neuformierung von Wissen erfolgt darüber hinaus in Netzwerken und in Form projektbasierter Teamarbeit, in (teils globalen) Kommunikationszusammenhängen, wie sie vor allem das Internet ermöglicht, und auf Basis einer massenmedialen Vielfalt an Informationen. Mit einem Wort, »künstlerisches Schaffen und die Entwicklung von Wissen werden stets von kollektiven Prozessen getragen« (Smiers/Schijndel 2009, 44). Wissensgenerierung setzt soziale und kommunikative Kompetenzen voraus und basiert auf affektiven Bezügen wie auf *commitment* und wechselseitigem Vertrauen. Informationen bilden eine wichtige Handlungsressource und Machtquelle, doch ebenso sehr bedingt die persönliche Kontakt- und Anschlussfähigkeit, die Kommunikationsgabe der Menschen, also inkorporierte Handlungsressourcen, die Team- und Projektarbeit sowie insgesamt den Prozess der Wissensbildung. Vassilis Tsianos und Dimitris Papadopoulos weisen nachdrücklich darauf hin, dass die Produktivität im kapitalistischen System nicht aus dem reinen Austausch von Information und Wissen resultiert, sondern aus einem »indeterminierten Überschuss an informellen, affektiven, Welt machenden Verbindungen« (Tsianos/Papadopoulos 2007, 160). »Wissen, das Innovation ermöglicht, entsteht nicht nur durch Spezialisierung«, verdeutlichen Isabell Lorey und Klaus Neundlinger (2012, 45), »sondern auch und vor allem durch nicht hierarchisch geplante *Kooperation.*«

15 Freilich wollen wir an dieser Stelle darauf hinweisen, dass nach wie vor eine Persistenz »of all-too-material forms of labour« existiert, deren Ausbeutungsgrad enorm ist (Gill/Pratt 2008, 9).

Mit dem Aufstieg der kognitiven Arbeit verändern sich zudem die Bedingungen für die kapitalistische Verwertung der Arbeitskraft. Carlo Vercellone (2007) argumentiert, dass im kognitiven Kapitalismus eine Rückkehr von der reellen zur formellen Unterordnung der Arbeit unter die Logik der Kapitalakkumulation stattfindet.[16] Dieser Entwicklung zugrunde liegt »a new qualitative preponderance of the knowledges of living labour over knowledges incorporated in fixed capital and in corporate organisation« (ebd., 32). Die Wertschöpfung im kognitiven Kapitalismus wird durch die »Entwicklung der Produktivkraft der menschlichen Gehirne« charakterisiert (Moulier Boutang 2001, 30). Die Produkte der »lebendigen Arbeit« können nicht wie im Industriekapitalismus abgekoppelt von der Arbeitskraft verwertet werden, sondern bleiben untrennbar – als inkorporiertes Kapital der WissensarbeiterInnen – mit ihr verbunden. »Subjektivität [wird] produziert, wenn das gegenwärtige Regime der Arbeit verkörperte Erfahrung wird«, notieren Tsianos und Papadopoulus (2007, 146) über die Auswirkungen der Transformationen von Arbeit auf die Lohnabhängigen. Sie sprechen daher vom »verkörperten Kapitalismus« (ebd., 145). Morini (2007, 55) wiederum bezeichnet dies als die »biopolitische Dimension« des kognitiven Kapitalismus: »The overall, intimate, individual and different capacities of humans and even emotional and sexual relationships are beginning to become part of the framework of business and economic relationships, both individually and collectively.«

Der Konflikt zwischen Kapital und Arbeit spitzt sich in diesem Punkt auf einen Kampf um die Rechte an immateriellem, geistigem Eigentum zu (Smiers/Schijndel 2009; auch Kraft 2012). Dies bedeutet auch und vor allem, dass immaterielle Arbeit dazu tendiert, sich der industriekapitalistischen Verwertungslogik ein Stück weit zu entziehen. Die Vereinnahmung von affektiver Arbeit für den kapitalistischen Produktionsprozess, so Hardt (1999, 90), heißt nicht, dass das Potenzial der affektiven Arbeit für Subversion und autonome Konstitution verloren sei. Im Gegenteil, Michael Hardt (ebd., 89) begreift »affektive Arbeit« als Arbeit, die Gemeinschaften und Kollektive konstituiert, da sie mit Nähe und mit menschlichem Kontakt verknüpft ist.

16 »Der Arbeitsprozess wird subsumiert unter das Kapital [...] und der Kapitalist tritt in den Prozess als Dirigent, Leiter [...] Dies nenne ich die *formelle Subsumtion der Arbeit unter das Kapital*«, definiert Karl Marx (1970, 44 und 57): »Aber auf dieser Basis erhebt sich eine technologisch und sonstig *spezifische*, die *reale Natur des Arbeitsprozesses* und *seine realen Bedingungen umwandelnde Produktionsweise – kapitalistische Produktionsweise.* Erst sobald diese eintritt, findet statt *reale Subsumtion der Arbeit unter das Kapital*.«

Die Frage in diesem Zusammenhang, die wir auch mit unserer Studie beantworten wollen, ist, ob die immaterielle Arbeit und die »affektiven, Welt machenden Verbindungen« (Tsianos/Papadopoulos 2007, 160) Quellen des Widerstands gegen die neoliberale Invasion (Bourdieu 1998b) und die Entkollektivierungstendenzen im Neoliberalismus (Castel 2011, 302f.) sein können, und unter welchen Bedingungen sie dies sind.

Im Unterschied zu Hochschild liegt bei diesem Diskussionsstrang der postoperaistischen Analytik also das Hauptaugenmerk auf den befreienden Momenten der aus der ökonomischen Postmodernisierung resultierenden affektiven Arbeit und auf neuen Formen der Kollektivität und Solidarität, die durch affektive Arbeit ermöglicht und hergestellt werden. Nicht die völlige Vereinnahmung der Arbeitskraft, sondern eine ermächtigende affektive Subjektivierung, wie sie auf Organisationsebene in der *Labour Process Theory* zur Diskussion steht, wird damit ins Auge gefasst. Die zunehmende Informalisierung von Arbeit, die Aufhebung der zeitlichen und räumlichen Trennung von Arbeit und Leben sowie die affektive Arbeit in Netzwerken eröffnen auch neuartige Chancen der Affizierung gegen kapitalistische Entfremdung sowie neue Räume politischer Affektivität im gemeinsamen Handeln. Kontrastierend dazu ortet Vercellone (2007, 34) in der Entgrenzung von Erwerbs- und Reproduktionsarbeit, die mit der Ausbreitung immaterieller und affektiver Arbeit verbunden ist, auch eine neue, für den kognitiven Kapitalismus bezeichnende Unterwerfung des Lebens unter die Verwertungsinteressen des Kapitals. An diesen Gedanken schließen Gill und Pratt (2008, 15f.) ihre Kritik an der ihrer Meinung nach zu starken Version positiver Effekte von affektiver Arbeit an: Gegen die angenehmen Formen affektiver Arbeit, also »solidarity, sociality, cooperativeness, desire«, fordern sie, auch die negativen Dimensionen stärker in den Blick zu nehmen, nämlich »fatigue, exhaustion and frustration«, »competitiveness […] anxiety, insecurity and individualized shame«. Affekte haben so auch das Potenzial, eine »disciplinary technology« zu werden (ebd., 17). Welche Konsequenzen diese Veränderungen des Kapitalismus und der kapitalistischen Erwerbsarbeit für die Geschlechterverhältnisse haben, werden wir im nächsten Abschnitt diskutieren.

2.3. Affektive Arbeit und Geschlecht

Zwei Verschiebungen im Verhältnis von öffentlich und privat und somit auch im Geschlechterverhältnis, das durch diese Grenzziehung konstituiert wird, sind mit der Zunahme von Wissens- und Affektarbeit angesprochen: zum einen, ähnlich wie schon bei Hochschild, die In-Wert-Setzung bzw. Vermarktlichung von Affekten, die im Fordismus für den privaten Bereich und die Sorgearbeit typisch sind und traditionell mit Weiblichkeit assoziiert werden, und zum anderen die Auflösung klarer zeitlicher Grenzen zwischen verschiedenen Formen von Arbeit, wie sie bereits für die fordistische Lebensweise von Frauen charakteristisch war. »Women have almost always done immaterial and affective labour«, schreiben Rosalind Gill und Andy Pratt (2008, 11) zusammenfassend, »often with little recognition in both fields.«

Anders als in fordistischen Arbeitsverhältnissen, wo affektive Arbeit zwar gefordert, aber oft unbenannt hingenommen wurde und folglich unbezahlt blieb, geht es nunmehr um die Produktion und Mobilisierung solch nützlicher (dienstleistungsaffiner) Affekte zum Zweck ihrer Kommodifizierung und geldlichen Verwertung.[17] Mit dieser Indienstnahme der persönlichen Gefühlswelt für die Kapitalakkumulation und mit dem Verfließen von Arbeit und Freizeit, Produktion und Reproduktion stehen die Grenzregime und Trennungen, die hierarchische Zweigeschlechtlichkeit in westlichen Gesellschaften herstellen, und somit die Konzeptionen von Männlichkeit und Weiblichkeit zur Disposition. »The service sector produces and requires new affective subjectivities in the work place«, fasst Angela McRobbie (2010, 71) den Argumentationsstrang zusammen: »Because men now also do these jobs, so the work itself is less gender-segregated«. Die Regulierung der Affekte in den neuen beruflichen Strukturen, so unsere Vermutung, schreibt sich in den männlichen Habitus ein und erzeugt damit ein neues Bild affektiver Männlichkeit. Doch es ist ebenso zu vermuten, dass die Herstellung von Weiblichkeit durch die neuen affektiven Konstellationen mit veränderten Techniken und Strategien konfrontiert ist.

Auch in postkolonialen feministischen Debatten wird das Konzept affektive Arbeit positiv rezipiert. Encarnacion Gutierrez Rodriguez (2011, 218)

17 Sabine Donauer (2014, 11) berichtet davon, dass Mitte der 1970er Jahre ein Paradigmenwechsel im Personalmanagement stattfand. Der neue aus den USA stammende Human-Resource-Ansatz »empfahl den Unternehmern, die konkreten Arbeitsinhalte als Quelle positiver Gefühle heranzuziehen. Anspruchsvollere Tätigkeiten sollten die ArbeitnehmerInnen herausfordern und sie dadurch leistungswilliger machen.«

begründet die Tauglichkeit des Konzepts damit, dass reproduktive Arbeit oder Hausarbeit nicht allein auf konkrete Ergebnisse der Sorge, also auf Wohlbefinden oder Versorgtsein, abziele, somit nicht nur Arbeit *für* einen anderen Menschen, nicht allein Empathie und Aufmerksamkeit sei, sondern auch »unmittelbare körperliche (Re-)Aktionen auf Energien, Empfindungen und Intensitäten« umfassse, »die sich nicht immer eindeutig in einer Person lokalisieren lassen« (ebd.).[18] Die Autorin macht darauf aufmerksam, dass gerade in westlichen neoliberalen Erwerbsgesellschaften, die Frauen zunehmend in bezahlte Erwerbsarbeit integrieren wollen, Reproduktionsarbeit eine neue Form angenommen hat: Sie wird in Haushalten, die es sich leisten können, von MigrantInnen erledigt. Affekte konstituieren in dieser Konstellation Herrschaftspositionen. Care-Arbeit und klassische Emotionsarbeit wird also begleitet von nicht unmittelbar kognitiv greifbarer affektiver Arbeit (ebd., 221). Gutierrez Rodriguez nennt als Beispiele agonistische Affekte wie Ekel vor der Arbeit (ebd., 222). Daraus entstehen Konflikte am affektiven Arbeitsplatz, in denen die Autorin eine Chance für die Politisierung affektiver Arbeit, nicht zuletzt im Sinne von Verantwortung und Solidarität sieht (ebd., 229).

Doch gab es aus einer Geschlechterperspektive in den vergangenen Jahren auch Kritik am postoperaistischen Konzept der affektiven Arbeit, vor allem am Gestus, das Konzept als Novum einer Kapitalismusanalyse zu präsentieren, ohne auf langjährige feministische Debatten zu Sorge- und Beziehungsarbeit Bezug zu nehmen (Schultz 2006, 77; auch Weeks 2007, 233f.; McRobbie 2010, 60f.). Insbesondere wird in Zweifel gezogen, dass die In-Wert-Setzung von Affekten eine Novität des Neoliberalismus sei. Zwar war Hausarbeit als unbezahlte Arbeit im Fordismus lediglich indirekt in den kapitalistischen Akkumulationsprozess eingebunden, doch als affektive Arbeit immer schon ein fundamentaler Regulationsmechanismus der kapitalistischen Ökonomie. Allerdings, so wird von KritikerInnen der Idee affektiver Arbeit konzediert, führten die neoliberalen Grenzverschiebungen zu neuen Arrangements von affektiver Arbeit, und sie stießen Verschiebungen in den Verhältnissen zwischen Männern und Frauen sowie neue institutionelle Einhegungen der Geschlechterverhältnisse an. Kurzum: Wir können annehmen, dass im affektiven Modus eine »gendered neo-liberal subjectivity« entsteht (McRobbie 2010, 73). Daran schließen wir für unsere Studie mit Angela McRobbie die Frage an, ob dies zur Auflösung von Geschlechterhierarchien

18 Die Autorin bezieht sich explizit auf den *affective turn* in der Tradition Brian Massumis.

oder zu einer Retraditionalisierung von Geschlecht führt (ebd., 74). Selbst wenn »the practice of affective labor and presumably the potential political subjects [...] cuts across the older binary division of both space and gender« (Weeks 2007, 238), so vermutet Kathy Weeks (ebd., 239) eine »reconfiguration of the gender order«, die die geschlechtsspezifische Arbeitsteilung perpetuiert. Affektive Arbeit läuft beispielsweise Gefahr, als Niedriglohnarbeit zu einem Modus der Konstruktion hierarchisierter Zweigeschlechtlichkeit an der Schnittstelle zu Ethnizität und Nationalität zu werden. Neoliberalismus und affektive Arbeit haben also Teil an einer, wie dies Donna Haraway bereits in den 1980er Jahren prognostizierte, »paradoxical intensification and erosion of gender itself« (zit. in Weeks 2007, 239).[19]

Susanne Schultz (2006, 78) kritisiert am Konzept der affektiven Arbeit die Kontinuität linker Vorstellungen, dass Affekte etwas »Nicht-Kapitalisiertes« und Nicht-Kapitalisierbares seien, ganz so wie Frauen in linken Theorien oft als Naturressource betrachtet wurden. In dieselbe Kerbe schlägt auch Weeks (2007, 234) mit ihrer Kritik, dass das Konzept politischen Widerstand in einem Außerhalb ansiedle, »in a reproductive sphere separate from capitalist production proper or in a model of the self prior to its estrangement«. Schließlich kritisiert Schultz (2006, 79) die impliziten traditionellen geschlechtsspezifischen Zuschreibungen, die mit dem Konzept daherkommen, und sie attestiert dem neuen Konzept der affektiven Arbeit »alte Dualismen« einer geschlechtsspezifischen Arbeitsteilung zwischen weiblicher affektiver Beziehungs- und männlicher kreativer Wissensarbeit.

Ganz im Unterschied zu den männlichen Vertretern des Postoperaismus betont Cristina Morini (2007, 41) eine Feminisierung der informationsbasierten Ökonomie bzw. des kognitiven Kapitalismus, nämlich in Form einer hohen Zahl an globalen Niedriglohnbereichen. Kognitive Arbeit stelle daher viel eher eine der »new critical forms of domination« dar (ebd., 42), in der die Ausbeutung von Fähigkeiten wie Affektivität, Relationalität und Sorgefähigkeit zentral sei (ebd.). Bezogenheit und Relationalität im Arbeitsprozess seien zugleich auch Ausweis der Prekarität von Arbeit bzw. der prekären Positionierung von Menschen in diesem Arbeitsprozess (ebd., 44): »In work there is an excess of sense, meaning, symbolic production of which our subjectivity at work is of course a contributor since the economy of current knowledge translates thoughts, desires, impulses and emotions into elements

19 Andreas Reckwitz (2010, 72) geht – unseres Erachtens fälschlicherweise – von einem Prozess des »degendering«, also der Erosion von Geschlecht in und durch den neoliberalen Affektmodus aus.

that can be quantified, measured and expressed in terms of monetary value.« (Ebd., 45) Auch Angela McRobbie (2015) kritisiert »passionate work«, wie sie es nennt, als Ausweis von Prekarität und das ihr zugesprochene emanzipatorische Potenzial als »neoliberale Täuschung«. Dennoch verknüpft Morini mit ihrer pessimistischen Sicht auf affektive Arbeit die Vermutung, dass die simplen und binären Dichotomien von »production/reproduction, male work/female work« ihre Bedeutung verlieren. Dies lasse darauf hoffen, dass wir zukünftig einen »gradual process of the degendering of work« feststellen können (Morini 2007, 44).

Was leisten nun diese Debatten für unsere Studie? Warum sprechen wir trotz aller feministischer Kritik von affektiver Arbeit und nicht von Emotions- oder Gefühlsarbeit? Don Grant u.a. (2009, 332) resümieren in ihrem Überblick über Forschungen zu Emotionsarbeit, dass in den vergangenen Jahren wenig Fortschritte gemacht wurden, um die zwei konfligierenden Perspektiven auf Emotionsarbeit zu versöhnen – nämlich jene, die die Entfremdung durch und Ausbeutung von Emotionsarbeit betonen, und jene, die die positiven identitätsbildenden Aspekte dieser Art von Arbeit ins Zentrum gerückt wissen wollen. Wir schlagen vor, dass mit dem Konzept der Affektarbeit – Grant u.a. (2009, 333) verwenden das Konzept »sentimental work« – diese Kluft überwunden werden kann. Denn unser Konzept von affektiver Arbeit enthält auch eine methodologische Konsequenz: Wir fragen danach, *unter welchen Bedingungen* Affekte es möglich machen, dass *front line*-ArbeiterInnen in Austausch treten, und zwar nicht nur mit den KlientInnen, dem Gegenüber der Affektarbeit, sondern auch mit KollegInnen und Vorgesetzten. Mit unserer Studie wollen wir aus der »evocative metaphor« Affektarbeit ein »theoretical-political construct« machen, das auch analytische Kraft entfalten kann (im Unterschied zu Hesmondhalgh/Baker 2008, 115, die diese Möglichkeit anzweifeln).

Unsere Entscheidung, von affektiver Arbeit zu sprechen, ist schließlich auch darin begründet, dass emotionale Arbeit in der Tradition von Arlie Hochschild die entfremdende, unterwerfende, disziplinierende und ausbeuterische Dimension dieser Form von Arbeit überbetont. Affektive Arbeit scheint uns demgegenüber geeignet, auch die freud- und lustvollen Aspekte von Beziehungsarbeit, die relationalen, die kooperativen und so auch möglicherweise widerständigen und befreienden Dimensionen, die Handlungsfähigkeit von AffektarbeiterInnen auch unter herrschaftlich-kapitalistischen Verhältnissen in den Blick zu nehmen.

Im Unterschied zu Hochschild rekurrieren wir mit dem Affektkonzept zudem nicht auf authentische Gefühle, sondern betonen die stete körperliche Eingebundenheit in interaktive Prozesse mit anderen Menschen. Die Aufhebung der Unterscheidung in authentisch und nicht-authentisch, in *deep acting* und *surface acting*, lässt nach den Bedingungen fragen, unter denen die ›autonomen‹ Affekte vereinnahmt, in Wert gesetzt und ausgebeutet bzw. angeeignet werden, wann sie zur Identitätsbildung, zur Herausbildung eines professionalisierten Selbstbildes, wann sie zur Abgrenzung von Kundschaft und Unternehmensleitung, wann sie zu Widerstand verwendet werden. Dies ermöglicht auch einen Blick auf Veränderungen der Geschlechterverhältnisse unter neoliberalen Machtkonstellationen, auf Veränderungen vorgeblich weiblicher und männlicher Affekte.

Wir sehen also die Stärke des Konzepts affektiver Arbeit darin, dass es die Prozesshaftigkeit der Entstehung und des Einsatzes von Affekten betont, das stetige Werden von Affekten, das immer in einem inner- und interpersonalen Austauschprozess situiert ist. Affekte, auch wenn sie in Personen entstehen mögen, sind immer Teil von inter- und überpersonalen Aushandlungsprozessen (siehe auch Grant u.a. 2009, 333f.). Daher können Affekte hierarchisch zum Beispiel von der Unternehmensleitung eingefordert werden, doch der individuelle Aushandlungsprozess – in der Interaktion mit KundInnen – lässt Raum dafür, Affekte je persönlich zu modulieren. Mit den vorgeschriebenen ›Affektregeln‹ muss nicht unbedingt Entfremdung einhergehen.

Mit dem Konzept der Affizierung und des Affiziertwerdens steht nicht nur die Idee der intentionalen Erzeugung bestimmter Affekte in anderen Personen, den KundInnen, im Zentrum, sondern es können auch die ›überschießenden‹ Stimmungen als Teil der Affektarbeit in den Blick geraten. Das Konzept der Affizierung ermöglicht es beispielsweise, Reflexionsprozesse über die je eigenen Affekte in einem – nicht unbedingt und nicht immer intentionalen – Interaktionsprozess zu denken. Das Konzept affektive Arbeit eröffnet schließlich die Denkmöglichkeit einer Überdeterminiertheit von Affekten: Nicht alle Affekte lassen sich kommerzialisieren und kommodifizieren – weder in der Sorgearbeit in der Familie noch in Erwerbsarbeitsverhältnissen. Affektivität enthält daher gleichsam Spurenelemente von Widerstand. Dies hängt damit zusammen, dass das Konzept Affekte als flexibel und ›autonom‹ denkt, um mit Massumi zu sprechen. Wir sehen diese Autonomie aber nicht als un- oder vorsozial, sondern verorten sie vielmehr in einem sozialen Prozess von Verhandlung und Aushandlung von Affekten und über Affekte in Arbeitsprozessen.

Mit Affektivität lassen sich darüber hinaus auch biopolitische Dimensionen von Arbeit untersuchen, also die Frage neuer Gouvernementalitäten und Steuerungsformen, neuer Regierungsweisen, die weit über die Konzentration alleine auf den Erwerbsprozess hinausgehen. So können wir aktuelle Transformationsprozesse von Arbeit in größeren Zusammenhängen gesellschaftlicher Veränderungen verorten. Affekte in der Ökonomie entfalten auch eine ›Ökonomie der Affekte‹, die als kapitalistische Ökonomie auf Ungleichverteilung und Ausbeutung verweist. Dabei wollen wir Kathi Weeks folgen, die argumentiert, dass »to the extend that the category of affect traverses the divisions of mind and body, reason and emotion, and confounds the ontological containment these dichotomies enable, it can better register the power of the subjectivation effect« (Weeks 2007, Fußnote 7).

Kurzum: Die Stärke des Konzepts affektiver Arbeit im Anschluss an die Postoperaisten, an Weeks und Morini ist es, damit die Verbindung zwischen Produktionsarbeit und Reproduktionsarbeit unter neuartigen neoliberalen Konstellationen untersuchen zu können und dabei zugleich sensibilisiert zu werden für Verschiebungen und Entgrenzungen der beiden Bereiche wie im Geschlechterregime insgesamt.

Das folgende Kapitel trägt unsere bisherigen Überlegungen zum Affektkonzept zusammen und fügt sie zu einer gesellschaftstheoretischen Perspektive, die sowohl Handlungs- wie auch Strukturdimensionen von Affektarbeit thematisiert.

3. Affektives Kapital und Affekte als Regierungstechnik: Eine gesellschaftstheoretische Perspektive

Unsere gesellschaftstheoretische Perspektive auf Affekte will die Theorie der Kapitalien Pierre Bourdieus mit den Konzepten Gouvernementalität und Subjektivierung Michel Foucaults zusammenbringen, um auf diese Weise die jeweiligen Stärken zweier strukturähnlicher Theorien zu nützen. Ziel ist es, eine affekttheoretische Sicht auf Macht- und Herrschaftsverhältnisse unter neoliberalen Bedingungen zu entwickeln. Wir greifen Bourdieus Praxiskonzeption auf (etwa Bourdieu 1977) und diskutieren das aus den subjektiven Handlungsressourcen resultierende Vermögen von Menschen, ihren Alltag und insbesondere ihre berufliche Praxis unter neoliberalen Verhältnissen zu gestalten. Dazu führen wir eine zunehmend wichtiger werdende Kapitalsorte in die theoretische Diskussion ein: ›affektives Kapital‹ als subjektive Voraussetzung und Ressource für immaterielle Arbeitsprozesse und für notwendige Vernetzungen in Zeiten prekärer Beschäftigungsverhältnisse.

Von dieser subjektiven Ebene bzw. Handlungsebene schwenken wir anschließend mit Foucault auf die Betrachtung der gleichsam strukturellen Gegebenheiten moderner Gesellschaften, kapitalistischer Ökonomien und Arbeitsverhältnisse, liberaler Staatlichkeit und Politik. Affekt wollen wir im Foucault'schen Begriffsuniversum als Dispositiv begreifen und im Weiteren als eine Form des Regierens, als Gouvernementalität. Das Konzept der Gouvernementalität bezeichnet das Regieren von Menschen nicht nur durch staatliche AkteurInnen, sondern im weiteren Sinne als Form der Menschenführung durch eine Vielzahl gesellschaftlicher AkteurInnen auch im Erwerbsarbeitsleben und in der Familie. Subjektivierung wiederum ist unmittelbar mit Regieren verbunden: Subjekte entstehen als Effekte von Regierungsweisen. Regieren, Gouvernementalität und Subjektbildung, so wollen wir im Folgenden argumentieren, sind in der bürgerlich-kapitalistischen Moderne durch Affekte moduliert. Um die Bedeutung von Affekten für das Ensemble von Steuerungs- und Regierungstechniken hervorzuheben, sprechen wir von ›affektiver Gouvernementalität‹ bzw. ›affektiver Subjektivierung‹. Wir werden diese Theorieperspektive schließlich ergänzen durch die oben angesprochene Bourdieu'sche Theorie des affektiven Kapitals, die explizit die körperlichen Prozesse, die Inkorporierung bzw. Somatisierung objektiver Strukturen zur Sprache bringt, die Foucaults Begriff der Subjektivierung mit umfasst – dies allerdings eher implizit im Hinblick auf die Formung der Affekte. In beiden Theoriesträngen nehmen wir eine genealogische Perspektive ein, das heißt wir rekonstruieren die historische Formierung des liberalen Affektdispositivs, um dann in den folgenden Kapiteln den Zusammenhang von subjektivem Affektmanagement und Regieren in neoliberale Macht- und Herrschaftsverhältnisse einordnen zu können. Mit unserem theoretischen Werkzeugkasten wollen wir also in den nächsten Schritten begründen, dass Affekte eine wesentliche sowie neue Rolle in neoliberalen Formen des Steuerns und Regierens von Menschen in der Erwerbsarbeit, in der Familie wie auch in der Politik spielen. Die Konzepte sind Erkenntnisinstrumente, mit denen wir zeigen wollen, wie sich die zeitgenössischen Herrschaftsverhältnisse, nicht zuletzt in Form politischer Regulierung und der Organisation und Gestaltung von Dienstleistungsarbeit, in die Subjekte einschreiben und deren Affekte formen, also für den Neoliberalismus bezeichnende affektive Subjektivierungsweisen bedingen.

3.1. Affektives Kapital

Affektives Kapital als Wahrnehmungs- und Bewertungsressource bezieht sich auf die Fähigkeit, Grenzen zu ziehen, Wertungen auszusprechen, ethische Einschätzungen vorzunehmen. Affektives Kapital stellt auch eine Handlungsressource dar, die ins Spiel gebracht werden kann, um Spielregeln zu definieren und Machtansprüche durchzusetzen: »We can think of emotions as a covert resource, like money, or knowledge, or physical labor, which companies need to get the job done«, schreibt Arlie Hochschild (1993, xii) und kommt damit unseren Vorstellungen von Affekten als Kapital sehr nahe. Auch Barbara Sieben und Asa Wettergren (2010, 11f.) begreifen Gefühle als Ressource im Arbeitsprozess: Gefühlsressourcen, so ihr Ansatz, können zum Beispiel Gefühlsregeln, die im Arbeitsleben vorgegeben sind, verändern. Allerdings umfasst unser Kapitalbegriff mehr als die Vorstellung einer bloßen Ressource. Während die Vorstellung der beiden Autorinnen darüber hinaus von einer Trennung zwischen vorgegebenen autoritativen und individuell kontrollierbaren Gefühlsressourcen ausgeht (ebd.), vermeidet unser Konzept des affektiven Kapitals solche Trennungen und hebt das Zusammenspiel von Affektstrukturen sowie individueller Aneignung – in einem affektiven Habitus – hervor.

Wir verstehen in Anlehnung an Pierre Bourdieus Kapitalbegriff (2005a) unter affektivem Kapital subjektive Dispositionen, die auf zwischenmenschliche Beziehungen gerichtet sind. Diese Dispositionen implizieren das Potenzial einer Person, andere Menschen zu affizieren, sie anzusprechen, sie zu berühren bzw. anzurühren, ihre Aufmerksamkeit zu erregen. In diesem Sinne ist das affektive Kapital in der Lage, Solidarität zu stiften, es drückt sich also in Vertrauen, Zuneigung und Einfühlungsvermögen aus. Das affektive Kapital stellt eine Ressource dar, die auf einem Netzwerk des gegenseitigen Kennens und Anerkennens, auf Austauschbeziehungen beruht. Es bildet eine spezifische Form des Bourdieu'schen kulturellen Kapitals, das in der Interaktion entsteht und auf die Bildung von sozialem Kapital oder besser, auf die Konversion in soziales Kapital abzielt. Eva Illouz (2006, 102) siedelt »emotionales Kapital«, wie sie es nennt, an »der Grenze zwischen kulturellem und sozialem Kapital« an. Kulturell ist emotionales Kapital, weil die Bewertungen »einen emotionalen Stil oder eine emotionale Tonlage aufweisen«; sozial ist das emotionale Kapital, »weil Emotionen der Stoff sind, aus dem soziale Interaktionen bestehen. Ist das kulturelle Kapital wesentlich als Statussignal, so ist der emotionale Stil wesentlich für die Frage, wie man in Netzwerke gelangt« (ebd., 103). Die Fähigkeit zur Affizierung – und damit auch zur Wertung, Bewertung und mithin Unterscheidung – umfasst, wie bei der Bildung von Netzwerken generell, auch das Vermögen zur Distinktion und zum Ausschluss. Auch Sara Ahmed (2010b, 38) greift auf Bourdieus Konzepte Kapital und Habitus zurück, wenn sie beschreibt, wie Dinge oder Begebenheiten affektiv aufgeladen werden können: Affektives Kapital oder die affektive Besetzung von Dingen – beispielsweise »happy objects« – können zu Einschluss in eine oder zum Ausschluss aus einer »affective community« führen.

Die Besonderheit des affektiven Kapitals besteht darin, dass es sich weitgehend der rationalen Kontrolle entzieht und eine Art Repositorium, einen körperlichen Tiefenspeicher von Sinneseindrücken darstellt, der die subjektiven Wahrnehmungs-, Bewertungs- und Handlungsweisen strukturiert (siehe auch Ross-Smith/Huppatz 2010, 549). Die körperlich-affektiven Dispositionen erzeugen einen praktischen Sinn, der dafür sorgt, dass wir die Welt als sinnvoll und selbstverständlich – mit ›Alltagsverstand‹ ausgestattet – erfahren und so mit anderen Menschen in Kontakt treten können.[20] Affektives Kapital strukturiert somit soziale Beziehungen und wirkt strukturierend auf die sozialen Felder – das politische Feld, das ökonomische Feld, nicht zuletzt Berufsfelder – ein, in denen es zum Tragen kommt. Beispielsweise bildet affektives Kapital die Grundlage für die Mobilisierung von WählerInnenschaft im politischen Feld und das Charisma – verstanden als politischer Fetisch, »als unfassbarer Reiz und namenloses Geheimnis« (Bourdieu 1985, 39) – politischer WortführerInnen.[21]

Mike Featherstone streicht in diesem Zusammenhang besonders die affizierende Wirkung von Körperlichkeit und die körperlichen Eigenschaften des affektiven Kapitals heraus: »Th[e] power to affect others through body rhetoric, the accumulation of affective force and potential in the body are, as has often been noted, central characteristics of charisma […] Many of the accounts of charisma and stardom point to an additional aspect to body image: *presence* […] It is something you need to *feel*. It is the sense of energy, of a force, of a change of register – an *intensity*« (Featherstone 2010, 196, 198f.). Featherstone spricht mit dem *affective body* eine körperliche Haltung an, die – über das Erscheinungsbild und reine Schönheit hinausreichend – Ausstrahlung besitzt, die weitgehend unbewusst wahrgenommen und sinnlich empfunden wird: eine Körperlichkeit, die durch Affizierung soziale Anerkennung schafft und sich mithin auf zwischenkörperlichem Weg auch in symbolisches Kapital verwandelt. Affektives Kapital, so weiter im Anschluss an Bourdieu, ist insofern eine wichtige Ressource zur Herausbildung von Subjekten und Subjektivität – auch von vergeschlechtlichter Subjektivität (Skeggs 1997).

Affektives Kapital kann wie andere Formen des kulturellen Kapitals akkumuliert werden – sein Umfang hängt von der Ausdehnung des Netzes an Beziehungen ab, die mobilisiert werden können. Darüber hinaus lässt sich affektives Kapital in andere Kapitalsorten, in soziales, ökonomisches und nicht zuletzt symbolisches Kapital konvertieren, wie etwa Liebe in materielle Besitztümer über die Institution der Ehe oder Charisma in politische Führerschaft. Affektives Kapital ist eine körperliche Vorbedingung für soziales und symbolisches Kapital, basieren doch Anerkennung durch andere und

20 Vgl. dazu die Diskussion von Habitus und Emotionen bei Monique Scheer (2012, 2014ff.).

21 Im Unterschied zu Diane Reay (2004, 71) sehen wir affektives Kapital nicht als eine eindimensionale Ressource, die – meist von Frauen – in andere – meist ihre Kinder – investiert wird, sondern als eine mehrdimensionale Form der Subjektbildung.

Beziehungen zu anderen Menschen auf der Fähigkeit der Empathie. Nichtsdestotrotz verläuft die Akkumulation von affektivem Kapital weitgehend unbewusst, so wie es sich bei der Eheschließung in der Regel nicht bloß um eine zweckrationale Vereinbarung, sondern auch um ein sinnliches und romantisches Erlebnis handelt.

Affektives Kapital ist nicht nur als individuelles Vermögen zu verstehen, sondern es ist zugleich durch die objektiven Verhältnisse strukturiert. Die subjektive Gefühlsstruktur bildet sich im Sozialisationsprozess aus – durch Inkorporierung von sozialen Gefühlsregeln[22] und einer Sinnlichkeit, die für bestimmte Milieus und deren Kapitalressourcen, aber vor allem für die Geschlechter, für die sozialen Vorstellungen von Weiblichkeit und Männlichkeit bezeichnend sind. »Die körperliche Hexis ist die realisierte, *einverleibte*, zur dauerhaften Disposition, zur stabilen Art und Weise der Körperhaltung, des Redens, Gehens und damit des *Fühlens* und *Denkens* gewordene politische Mythologie«, schreibt Bourdieu (1993, 129), um darauf hinzuweisen, dass sich der Gegensatz zwischen dem Männlichen und dem Weiblichen darin realisiert, wie man *sich hält*, also in der Körperhaltung und den damit verbundenen Tugenden und Gemütszuständen (ebd.). In Bourdieus Verweis auf die politische Mythologie kommt zum Ausdruck, dass sich die geschlechtsspezifische Affektstruktur und die Akkumulation von affektivem Kapital in Machtverhältnissen vollzieht oder, besser, dass Machtstrukturen das körperlich-affektive Kapital konstituieren und dass in affektiven Praxen wiederum Macht entsteht, aber auch transformiert werden kann. Männliche Herrschaftsverhältnisse und die Trennung in eine männlich kodierte Öffentlichkeit und eine als weiblich geltende Privatsphäre gründen in affektiven Praxen und basieren auf affektivem Kapital, so wie sie zugleich sowohl den Umfang als auch die Komposition des geschlechtsspezifischen affektiven Kapitals prägen. Die Komplementarität dieser Lebensbereiche drückt sich darin aus, dass seit dem 19. Jahrhundert die weibliche Sphäre mit Affektivität assoziiert wurde und noch immer wird und die männliche mit Rationalität, dass Frauen in den als weiblich geltenden Lebenszusammenhängen affektives Kapital anhäufen (das die längste Zeit kaum Anerkennung, geschweige denn Wertschätzung erfährt); doch die Komplementarität zeigt sich auch darin, dass unterschiedliche Affekte mit Weiblichkeit und Männlichkeit ver-

22 Diese gesellschaftlichen Gefühlsregeln werden in der sozialwissenschaftlichen Literatur mit unterschiedlichen Begriffen bezeichnet. Raymond Williams (1977) spricht von *structures of feeling*, Arlie Hochschild (1979) nennt sie *feeling rules*, und bei Stephen Fineman (2008a) heißen sie *emotionologies*.

bunden werden, wie etwa Mütterlichkeit und Fürsorglichkeit im Gegensatz zu Mut und Aggressivität. Die Konvertierung des affektiven in symbolisches Kapital erfolgt ebenfalls entlang dieser geschlechtsspezifischen Vorstellungen. Soziale Anerkennung ist durch die Zurschaustellung jener affektiven Tugenden zu gewinnen, die für Frauen und Männer als angemessen gelten, wobei die Beherrschung der männlichen Affekte oft als Leistung interpretiert wird, während die weiblichen affektiven Kompetenzen als natürliche Eigenschaften erscheinen.

Das Prinzip des Handelns »beruht auf dem Zusammenspiel zweier Zustände des Sozialen, der zum Körper gewordenen und der zum Ding gewordenen Geschichte [...], wodurch zwischen den beiden Verwirklichungsformen der Geschichte eine Beziehung fast magischer Teilhabe entsteht« (Bourdieu 2001a, 193). Die objektive Limitierung des weiblichen Lebens auf den häuslichen Bereich erzeugte subjektive Dispositionen und affektive Tugenden, die wie geschaffen dafür erschienen und zugleich Weiblichkeit bezeichneten, sodass die Zusammenhänge vermeintlich der Natur der Sache entsprachen. Die Trennung von Produktion und Reproduktion in der bürgerlichen Gesellschaft führte somit nicht nur zu unterschiedlichen Arbeitsbereichen der Geschlechter, sondern konstituierte auch eine spezifische Affektivität und Weiblichkeit bzw. weibliche Affektivität und affektive Weiblichkeit. »Der Körper ist in der Welt, aber die soziale Welt steckt auch im Körper«, resümiert Bourdieu (ebd., 194). Affektives Kapital ist somit auch Teil affektiver Zurichtung und Disziplinierung von Frauen, und zwar unabhängig davon, ob sie Mütter waren und in der Familie verbleiben sollten oder ob sie sich – auch im 19. Jahrhundert – in Erwerbsarbeit verdingen mussten.

Diese Passung wiederholte sich mit dem Vordringen der Frauen in die Arbeitsmärkte des Fordismus: Die stärkere berufliche Integration von Frauen findet genau in jenen sozialen Feldern statt, für die sie sich aufgrund ihrer Affektivität wie von Natur aus zu eignen scheinen, vornehmlich in Dienstleistungsberufen wie zum Beispiel in sozialen, gesundheitlichen und pädagogischen Berufsfeldern. Bis heute existiert eine deutliche horizontale Segregation auf den Arbeitsmärkten entlang geschlechtsspezifischer Grenzziehungen: Frauen arbeiten vor allem in jenen Bereichen, die als weiblich gelten und die den Arbeitskräften Affektivität abverlangen (wobei die affektiven Kompetenzen nach wie vor zumeist als ›naturgegeben‹ vorausgesetzt werden), und Männer in den ›männlichen‹, den naturwissenschaftlichen, den technischen und handwerklichen Berufen, die zugleich finanziell einträglicher und prestigereicher sind und die vermeintlich keine affektiven Kompetenzen, dafür aber umso mehr rationales Know-how erfordern. Allerdings gewinnt in den Ländern des kapitalistischen Nordens mit dem Aufschwung der Dienstleistungsökonomie, der neoliberalen Integration möglichst vieler Frauen in den Erwerbsarbeitsmarkt und der Mobilisierung von Affekten im Arbeitsprozess das weibliche affektive Kapital an Bedeutung und wird zu einem Wettbewerbsvorteil, womit sich die Machtbalance zwischen den Geschlechtern, wie wir weiter unten noch ausführen werden, zumindest verschiebt. Denn weiblich konnotiertes affektives Kapital, wie Einfühlungsvermögen, Geduld und Kontaktfreudigkeit oder auch die Attraktivität des eigenen Erscheinungsbildes, wie in den Ansätzen zu *aesthetic labor* diskutiert (s.o., zudem Penz 2010), entwickelte sich in den letzten Jahrzehnten zu einer wesentlichen Komponente der immateriellen Arbeit und gehört damit auch zum Anforderungsprofil vieler männlicher Professionen im Dienstleistungsbereich.

Zusammengefasst verstehen wir affektives Kapital als somatisiertes kulturelles Kapital, strukturiert insbesondere durch die Geschlechterverhältnisse und die familiäre Arbeitsteilung und strukturierend im Hinblick auf die Erwerbsarbeitsverhältnisse und den Arbeitsmarkt, auch und vor allem in der neoliberalen Dienstleistungsökonomie. Affektives Kapital bezeichnet eine körperliche Handlungsressource, die gesamtgesellschaftlich, nicht zuletzt im Erwerbsarbeitsleben, stark an Bedeutung gewinnt und neue Fragen nach affektiver Selbstbestimmung und herrschaftlicher Regulierung der Gefühle aufwirft. Im Anschluss an Anne Ross-Smith und Kate Huppatz (2010) wollen wir die geschlechtsspezifischen Ambivalenzen des affektiven Kapitals betonen: In ihrer Auseinandersetzung mit »female« und »feminine capital«[23] gehen die beiden Autorinnen davon aus, dass diese Kapitalien maskulinistische Felder destabilisieren können, dass sie oft genug aber Frauen in bestimmten Feldern benachteiligen. Kurz: »Women's gender capital is a tangible asset […] it is a limited currency« (ebd., 563).

Wir versuchen nun im folgenden Abschnitt darzulegen, wie die Strukturierung des affektiven Kapitals, das von Bourdieu (2001a, 193) angesprochene »Zusammenspiel zweier Zustände des Sozialen«, also die verkörperlichte und die strukturbezogene Dimension, theoretisch genauer konzipiert werden kann. Zu diesem Zweck führen wir Foucaults Konzepte Dispositiv,

23 Kate Huppatz (2009, 50) unterscheidet folgendermaßen zwischen »female capital« und »feminine capital«: »Female capital is the gender advantage that is derived from being perceived to have a female […] body; whereas feminine capital is the gender advantage that is derived from a disposition or skill set learned via socialization«.

Gouvernementalität und Subjektivierung ein. Auch in diesem Abschnitt gehen wir genealogisch vor und verorten moderne Techniken der Regierung mittels Affekten historisch in liberalen Machtverhältnissen, um die Transformation hin zu neoliberalen Konstellationen herausarbeiten zu können. Diese Methode der Darstellung ist nicht zuletzt der Foucault'schen Herangehensweise der Genealogie geschuldet: Gouvernementalität ist eine neuartige Theoretisierung des Staates, des Steuerns von Gesellschaft und Ökonomie sowie des Zugriffs auf Menschen und Arbeit; Gouvernementalität bezeichnet aber zugleich auch eine neue Epoche der Staatlichkeit, nämlich jene moderner, liberal-bürgerlicher Staatlichkeit seit dem 18. Jahrhundert. Der folgende Abschnitt erweitert somit unser theoretisches Analysewerkzeug, zugleich bildet er die historische Grundlage für unsere weiteren Schritte in der Analyse neoliberaler Konditionen. Es soll also nicht zuletzt die zeitdiagnostische Bedeutung einer affekttheoretischen Perspektive kenntlich werden.

3.2. Dispositiv, Gouvernementalität und Regieren

Affekte sind – so lässt sich in Analogie zu Foucaults (1983, 128) Sexualitätsdispositiv formulieren – die Bezeichnung für ein historisches Dispositiv, also eine kontextbezogene Machtkonstellation, die die innere Logik von Praxen, Normen, Institutionen und Symbolen prägt und damit individuelle Motivationen und Wertungen unter die Kontrolle von Institutionen, nämlich von affektiven Institutionen stellt (Sauer 1999). Affekte als Dispositiv zu begreifen, impliziert, dass die Analyse des Gefühls- und Affektlebens immer auch Macht- und Herrschaftsanalyse ist bzw. sein muss. Ein solches Konzept von Affekten unterstreicht noch einmal unsere Prämisse, dass wir von keiner vordiskursiven Logik des Zusammenhangs von Arbeit, Ökonomie, Politik, Geschlecht und Affektivität ausgehen können. Vielmehr ist die Ordnung von Affekten stets Element einer historisch entstandenen »Politik der Gefühle« (Sauer 1999), also des Regierens von Affekten und mit Affekten.[24] Affektives Kapital ist, wie oben dargelegt, die habitualisierte, gleichsam verkörperte Sei-

24 Das schon erwähnte Konzept Stephen Finemans (2008a) der *emotionologies* bringt – ähnlich wie das Konzept des Affektdispositivs – zum Ausdruck, dass es gesellschaftliche Gefühlsweisen gibt, die die Vorstellungen (»ideologies«) über soziale Verhältnisse, über gesellschaftliche Tatbestände und Menschen vorgeben. Emotionsforschung müsse daher, so Fineman (2010, 27ff.), Machtanalyse sein.

te dieser institutionellen Anordnungen. Um diese Konstellationen begrifflich-theoretisch präziser zu fassen, wollen wir das Dispositivkonzept mit den Konzepten der Gouvernementalität und der Subjektivierung im Spätwerk Foucaults erweitern. Uns erscheint es lohnenswert, diese beiden Konzepte zu analytischen Werkzeugen einer macht- und herrschaftskritischen Untersuchung von Affekten auszuarbeiten. Unsere Affektperspektive und das Konzept des ›affektiven Kapitals‹ lassen sich, so die Idee, durch die Einbettung in das Foucault'sche Denken, durch seine Sicht auf Regieren, Steuern und Subjektbildung gesellschaftstheoretisch fundieren. Wir werden daher auf den folgenden Seiten die Begriffe ›affektive Gouvernementalität‹ und ›affektive Subjektivierung‹ aus der Foucault'schen Genealogie herleiten.[25] Foucault selbst hat zwar Emotionen, Gefühlen und Affekten in seinen Untersuchungen über Sexualität und Körper erstaunlich wenig Aufmerksamkeit geschenkt,[26] doch lassen sich seine Überlegungen um die Affektdimension ergänzen und erweitern.

Das Konzept der Gouvernementalität erarbeitete Foucault in seinen Vorlesungen am Collège de France Ende der 1970er Jahre. Damit erweitert und präzisiert er seine Machtanalyse, indem er die Mikrophysik der Macht durch einen Blick auf größere, staatliche Machtzusammenhänge ergänzt und zugleich sein Augenmerk deutlicher auf »das Subjekt« richtet (Foucault 2005, 271). Gouvernementalität ist Foucaults Bezeichnung für veränderte Machttechnologien, für neue Möglichkeiten und Fähigkeiten des Regierens sowie für eine moderne Rationalität, eine neue Legitimation des Regierens.

Foucault führt Gouvernementalität als ein Konzept ein, um die Transformation (staatlicher) Steuerung in der Moderne zu verstehen. Das Konzept erweist sich in mehrfacher Hinsicht als hilfreich, um auch die soziale, ökonomische und politische Bedeutung von Affekten machttheoretisch zu konzeptualisieren. Gouvernementalität, deren Entstehen Foucault im 18. Jahrhundert ansiedelt, rückt nämlich Formen staatlichen Regierens in den Blick, die weit über das staatliche Monopol physischer Gewaltsamkeit, also über Strafen und Disziplinieren hinausgehen. Diese neuen Techniken des Regierens umfassen, wie wir im Weiteren erläutern werden, Sicherheitstechniken, bio-

25 Auch Andreas Reckwitz (2012b, 42) verwendet den Begriff der »affektiven Subjektivierung«, ohne ihn allerdings analytisch zu schärfen.

26 Wir folgen mit diesem Befund Alexandra Rau (2015, 192), die sich intensiv mit Foucaults Werk zur Entstehung von, wie sie es nennt, rezenter Psychopolitik befasst hat; sie weist darauf hin, dass Foucault die Gefühle als zentrales Element neuartiger »Ich-Technologien« im Psychoboom der 1970er Jahre zumindest erwähnt.

politische Techniken und insbesondere Techniken des Selbst, also Formen der Selbststeuerung der Menschen, die regiert werden.

Gouvernementalität fokussiert, im Gegensatz zu alten Formen des Regierens, die das Territorium im Blick hatten, auf die Bevölkerung (Foucault 2004a, 162), auf deren Komposition, deren Lebens- und Arbeitsformen und deren Wohlergehen, also auch auf die »wechselseitigen Beziehungen und Bindungen« der Menschen, ihre »Sitten und Gepflogenheiten, ihre Handlungs- und Denkweisen« (Demirović 2015, 69). Und wir können ergänzen: Gouvernementalität zielt auch auf die Affekte der Menschen. Diese ›Entdeckung‹ der Bevölkerung bezeichnet Foucault mit dem Begriff der Biopolitik. Regieren ist somit kein abstrakter Herrschaftsgestus, sondern eine Praxis, die auf eine bestimmte »Anordnung« der Menschen abzielt, auf das »Führen« von Menschen (Foucault 2004a, 145f.). Die Ursprünge dieser modernen Regierungsform als »Führung der Führung« siedelt Foucault (2004a, 218; 241; 268f.) in der Verweltlichung der Pastoralmacht an, eine Macht, die ›sanft‹ beeinflusst und lenkt. Dazu zählen ohne Zweifel seit der Aufklärung vernünftige Argumente, aber durchaus auch der Appell an Emotionen und affektive Formen der Gemeinschaftsbildung. Die neuen pastoralen Regierungstechniken umfassen schließlich nicht mehr nur »Normierung« von Verhalten, beispielsweise eine zwingend vorgeschriebene Form der Äußerung von Affekten oder ihre Unterdrückung, sondern auch Prozesse der »Normalisierung«, also einer selektiven und arbiträren Anerkennung von Gefühlen. Sind sie funktional für bestimmte Zwecke, dann sind sie erlaubt. Freilich war der Umgang mit Affekten im Prozess der Gouvernementalisierung des Staates seit dem 18. Jahrhundert von starken Normierungsprozessen geprägt.

Die Verdrängung von Affekten aus dem öffentlichen Raum und ihre Verlagerung in die Individuen – als individuelle Charaktereigenschaften – bzw. in eine konstruierte Privatheit – als emotionalisierte Sphäre – hinein, wie dies Norbert Elias (1978) als Element des Prozesses der Zivilisation beschreibt, beginnt mit der Kultivierung des individuellen Gefühlslebens im 18. Jahrhundert (Sauer 1999, 209). Elias (1978, 319ff.) verbindet diesen Übergang von den »Fremd- zu den Selbstzwängen« mit der Entstehung des staatlichen Gewaltmonopols, das »den eigenen Leidenschaftsausbruch, die Wallung, die [...] zum körperlichen Angriff eines anderen treibt« zurückdrängt. Die Individualisierung der bürgerlichen Gesellschaft basierte somit auf der Emotionalisierung der Menschen und mithin der ›Individualisierung‹ und zugleich der ›Privatisierung‹ von Affekten. *Bourgeois*, also der Wirtschaftsbürger, und *citoyen*, der Staatsbürger, zeigen die Trennung des männlichen Bürgers an in einen privatwirtschaftlich agierenden expressiven Akteur und in einen staatlich-öffentlichen rationalen Akteur. Diese Trennung wird gleichsam aufgehoben durch eine weitere Abspaltung, nämlich das privat-intime, expressive und affektive weibliche Wesen. Kurzum: Affekte werden zu individuellen natürlichen Eigenschaften der Menschen erklärt, die sie in der Öffentlichkeit zu kontrollieren haben bzw. nur kontrolliert äußern dürfen, zum Beispiel im ökonomischen Wettbewerb oder im Krieg. In der Sphäre der Privatheit hingegen haben Affekte ihren natürlichen Platz; daher gelten Frauen als von Natur aus emotional.

Die öffentliche Kontrolle und Normierung von Leidenschaften und ihre Kanalisierung in Interessen, wie dies Albert O. Hirschman (1977) eindringlich nachvollzieht, ist also Teil einer liberalen Regierungstechnik, mit der sich das Bürgertum seit dem 18. Jahrhundert die Bedingungen seiner Entstehung bzw. Reproduktion schuf. Die liberale affektive Gouvernementalität erlaubte nämlich die leidenschaftslose Regulierung und Realisierung von ökonomischen Interessen in einem eigentlich gefühlsdurchtränkten, kompetitiv-aggressiven wirtschaftlichen Raum. Der Staat sollte jene neutrale, affektfreie Institution sein, die die Gefühle nicht nur moderiert, sondern moduliert und gegebenenfalls diszipliniert und zugleich die Privatsphäre als affektiven Bereich kreiert und schützt. »Politik wird mit dem Kopfe gemacht, nicht mit anderen Teilen des Körpers oder der Seele« (Weber 1992, 62f.). So formulierte Max Weber im Jahre 1919 das Verhältnis von Politik, Vernunft und Gefühl. Die moderne Idee der nationalstaatlichen Bürokratie und des staatlichen Gemeinwohls symbolisiert dieses leidenschaftslose Interesse: Staatlich-bürokratisches Handeln solle rational, transparent und nachvollziehbar, vor allem aber jenseits von individuellen Interessen und subjektiven Motiven sein (Barbalet 2008). Sowohl innerhalb staatlicher Behörden wie auch zwischen Behörde und Publikum solle »formalistische[n] Unpersönlichkeit« (Weber 1980, 129) herrschen: »[S]ine ira et studio, ohne Haß und Leidenschaft, daher ohne ›Liebe‹ und ›Enthusiasmus‹, unter dem Druck schlichter Pflichtbegriffe; ›ohne Ansehen der Person‹, formal gleich für ›jedermann‹, d.h. jeden in gleicher faktischer Lage befindlichen Interessenten, waltet der ideale Beamte seines Amtes« (ebd.).

Hinter dieser interesselosen Neutralität gefühls- bzw. affektfreier Institutionen sollten die Bedürfnisse und das Begehren, aber auch die ökonomischen Interessen der Menschen verborgen bleiben. Sie wurden in die Privatheit bzw. Intimität und mithin einen feminisierten Raum verbannt. Kurzum: Während in der Privatheit der vernunftbegabten Individuen Affekte erlaubt bzw. unvermeidlich sind, galten sie in der Sphäre der Öffentlichkeit und des staatlichen Handelns als unerwünscht.

Des Weiteren betont das Foucault'sche Konzept der Gouvernementalität den ständigen Prozess der Staatswerdung (Sauer 2015, 97): Staatlichkeit bzw. Regieren ist ein Prozess »von endlosen Transaktionen« (Foucault 2004b, 115). Oder anders gesagt: Regieren kann als ein stets unabgeschlossener Prozess gesehen werden, an dem Menschen beteiligt sind und in dem auch Affekte als ein Element des prozesshaften Regierens Bedeutsamkeit erlangen. Diese Fähigkeit des gouvernementalisierten Staates zeigt sich für Foucault in einer weiteren Herrschaftstechnik, nämlich im staatlichen Vermögen, stets von Neuem definieren zu können, »was in die Zuständigkeit des Staates fallen darf und was nicht, was öffentlich und privat ist, was staatlich ist und was nicht staatlich ist« (Foucault 2004a, 164). Dies ist nicht allein für Geschlechter-, sondern auch für Affektregime von Relevanz: Fragen, wie, wann und wo Affekte gezeigt werden dürfen und wann und wo nicht, welche Bedeutung Affekte im Arbeitsleben haben, wer wen affizieren darf oder auch nicht, werden zu zentralen Fragen der Ordnung und Steuerung von Gesellschaft, vermittelt über den Modus der Trennung von öffentlich und privat. Die neue gouvernementale Rationalität resultierte darin, dass Affekte und Rationalität als gegensätzliche Erfahrungs- und Wahrnehmungsmodi begriffen sowie Privatheit und Politik als dichotome gesellschaftliche Sphären konzeptualisiert wurden. Affekt, Wissen und Vernunft wurden so zu einander ausschließenden Erfahrungs- und Wahrnehmungsformen und ebenso wie Öffentlichkeit und Privatheit voneinander geschieden.

Das Konzept der Gouvernementalität verknüpft schließlich staatliche Steuerung von Gesellschaft und Ökonomie ganz unmittelbar mit den Subjekten, den Menschen und verweist damit auf den Zusammenhang von Subjektivierung, der Herausbildung von Individualität und Identität, mit Macht- und Unterwerfungsformen (Foucault 2000, 50; Foucault 2004a und b). Die Gouvernementalisierung des Staates, also die liberale Gouvernementalität des 18. Jahrhunderts, entsteht auf der Basis eines veränderten Subjektverständnisses: Regieren und Staatlichkeit sind keine von den Menschen abgehobenen Prozesse, sondern in diesen Regierungsprozessen entstehen überhaupt erst Subjekte – als Untertanen, aber auch als freie Subjekte, die in gewisser Weise über sich selbst, auch über ihre Affekte, verfügen können. Daher können wir sagen, dass das moderne liberale Subjekt als ein affektives Subjekt entsteht. Auch diese Sicht auf Regieren macht deutlich, dass den Affekten im Foucault'schen Entwurf eine zentrale Bedeutung zukommt:

Affekte werden Teil der Regierung der Bevölkerung und der Hervorbringung eines ganz bestimmten Typs von Subjekten. Diese theoretische Perspektive eröffnet den Blick auf die neuen Machtformen der Moderne, die nicht allein repressiv sind, sondern kreativ das Individuum ›produzieren‹ und dabei Affekte als ein wichtiges Charakteristikum dieses Subjekts ab- oder auch aufwerten, sie aber in jedem Falle in neue Machtdynamiken einfügen. Daraus entsteht, um wiederum mit Bourdieu zu sprechen, eine neuartige Formung des affektiven Kapitals: Nur moderne (unterworfene und gleichzeitig freie) Subjekte sind in der Lage, affektives Kapital zu akkumulieren oder zu verlieren.

Macht nimmt nach Foucault in der Moderne sowohl totalisierende als auch individualisierende Formen an. Als totalisierende Form oder Biopolitik beeinflusst sie, wie oben dargelegt, die Bevölkerung, als individualisierende Macht oder Biomacht, als »anatomische Politik« die Subjekte (Foucault 2005, 277; siehe Sauer 2015, 101). Staatlichkeit und Politik geraten somit als Dimensionen von Subjektivierungsprozessen, als ›führende‹ (und nicht nur oder vornehmlich disziplinierende) Agenturen in den Blick. Anatomische Politik bezeichnet das Einwirken auf das Individuum in dem Sinne, dass es sich selbst steuert bzw. regiert. Dieses »Selbstregieren« der Individuen (Foucault 2004a, 297), die sogenannten Selbsttechnologien enthalten ein weites Repertoire, wie die Menschen auf sich selbst einwirken, wie sie sich ›optimieren‹ können. In jedem Fall aber umfassen sie affektive Technologien wie das Wahrnehmen, Steuern und das Management der eigenen Affekte. Die Foucault'sche Sichtweise erlaubt es nun, diese Techniken nicht nur als individuelle oder individualisierte Steuerungs- oder Disziplinierungsleistungen zu betrachten, sondern sie als notwendige Elemente eines gesamtgesellschaftlichen Steuerungsprozesses, einer Regierungstechnik, also als Teil eines biopolitischen Projekts und einer gouvernementalen Rationalität zu sehen. Affekte sind demnach Selbstpraktiken, sie sind aber auch Machtpraktiken. Mit dem Konzept der ›affektiven Subjektivierung‹ wollen wir deutlich machen, dass eine neue Form der ›Führung‹ und der Regierung von Menschen mit Gefühlen und durch Gefühle, nämlich das »affektive Selbstregieren«, in der Moderne institutionalisiert wurde (Sauer/Penz 2014). Affekte werden nicht nur normiert, sondern auch normalisiert, und die steigende Bedeutung von Affekten in der immateriellen Arbeit wie auch in neoliberalen postdemokratischen Konstellationen ist Ausweis für die Normalisierung der einst als Störfaktor empfundenen Affekte.

Macht entsteht nach Foucault somit als »Kräfteverhältnis strategischer Führungsverhältnisse und Regierungsweisen«, die das Handeln der Menschen zu beeinflussen suchen (Rau 2015, 191). Im Prozess der Subjektivierung sind Machttechniken und Technologien des Selbst gleichsam miteinander vermittelt (ebd., 195). Affekte institutionalisieren damit Machttechniken in den Menschen, nämlich die Unterwerfung unter neue Formen und Erfordernisse der Organisation des Lebens, Zusammenlebens und Arbeitens. Mit der Idee der Selbsttechnologien, ja gleichsam der Selbstkonstituierung des Subjekts will Foucault schließlich auch deutlich machen, dass das Subjekt nicht als völlig determiniert und diszipliniert gedacht werden kann. Selbsttechnologien eröffnen Handlungsspielräume, da die Menschen – als freie Subjekte – an ihrer Art, regiert zu werden, selbst beteiligt sind: »Sich zu regieren bedeutet neben der Unterwerfung immer auch, sich zu gestalten und zu ermächtigen« (Ludwig 2015, 166). Affekte als Regierungstechnik und Modus der Subjektbildung stellen somit auch den Ausgangspunkt möglicher Widerstandsformen des »Nicht-so-Regiert-Werden-Wollens« dar (Foucault 1990). Anders gesagt: Affekte eröffnen auch Motivation für Solidarität in der Arbeit, für Engagement und politische Partizipation. Affekte sind nicht nur eine gewissermaßen gekidnappte und instrumentalisierte Ressource und somit ein Modus herrschaftlicher Unterwerfung, sie sind vielmehr auch ein notwendiges Element des Politischen im Sinne Hannah Arendts (1993), nämlich gemeinsam etwas zu beginnen und gemeinsam zu handeln. Dieses Gemeinsame beruht auf Affizierung, auf Betroffensein, auf Beziehung und Relation, auf Zugewandtheit und Empathie – freilich in einem stets antagonistischen und neoliberal überformten Kontext.

Foucault weist mit seinen Arbeiten ganz ähnlich wie Bourdieu darauf hin, dass die Objekte des Regierens – die zugleich auch Subjekte sind – einen Körper haben, dass also Körperlichkeit und Sexualität ganz zentral für Steuerungs- und Regierungsprozesse sind (Demirović 2015; Ludwig 2015, 163). Anatomische Politik sei, so Foucault, die »wahrhafte Verkörperung der Macht in dem Sinne […], dass sie bis zu den Körpern der Individuen, ihren Gesten, ihren Haltungen und ihren alltäglichen Verhaltensweisen reichen soll« (Foucault 2003, 204). Auch hier können wir wieder Affekte ins Spiel bringen, lässt sich doch schlussfolgern, dass beim Regieren der Bevölkerung der Umgang mit den Affekten im Zentrum steht – sei es die Zügelung von negativen, zerstörerischen Affekten, sei es die Hervorbringung solcher Affekte, die – wie Foucault schreibt – die Ökonomie und das Wohl der Bevölkerung stärken. In der Moderne wurde freilich von männlicher Körperlichkeit abstrahiert, männlich-bürgerliche Identität wurde die längste Zeit nicht über Körperlichkeit hergestellt, um zugleich allein den weiblichen Körper als gefühlvoll zu konstruieren. Der weibliche Körper wurde so zum Schlachtfeld moderner Grenzziehungen und Abgrenzungen.

Das moderne Individuum, das in der Neuzeit ›entworfen‹ wird, braucht eine spezifische Affektausstattung, damit es zu einem guten Mitglied der Gesellschaft werden kann. Gundula Ludwig (2015, 172ff.) weist in ihren Schriften darauf hin, dass Foucault damit – wenn auch nur implizit – die Frage nach dem Geschlecht der Subjekte aufwirft. Liberale Gouvernementalität und die moderne biopolitische Rationalität, schreibt Ludwig (ebd., 181), erfordern gleichsam hierarchische Zweigeschlechtlichkeit, brauchen eine spezifische Form der (rationalen) Männlichkeit und eine davon klar unterscheidbare Form von Weiblichkeit. Diese Entwürfe einer vergeschlechtlichten modernen Gesellschaft, die nicht zuletzt integraler Teil der kapitalistischen Ökonomie und der bürgerlichen Gesellschaft sind, sind Ausgangspunkt und zugleich Effekt modernen Regierens. Das vor allem im 19. Jahrhundert ausgearbeitete liberale zweigeschlechtliche Subjekt, so Ludwig (ebd., 162) weiter, ist trotz aller Transformationen bis heute die »dominante Subjektivierungsfigur«. Für uns ist wichtig festzuhalten, dass die Produktion dieser zweigeschlechtlichen verkörperten Subjekte auch über eine spezifische Geschlechterökonomie der Affekte erfolgt. Die Herausbildung eines zweipoligen Modells von Geschlecht und Affekt ist also zeitgleich im Kontext der Formierung des bürgerlichen Staates, der kapitalistischen Gesellschaft und der Konstitution der bürgerlichen Klasse entstanden (Foucault 1983, 130f.).

Und umgekehrt: Dieser Modus der Steuerung von Affekten machte moderne Staatlichkeit und Gesellschaft überhaupt erst möglich – nicht zuletzt auf der Grundlage von Geschlechtertrennung und geschlechtsspezifischer Arbeitsteilung. Denn in derselben Denk- und Argumentationsbewegung, in der Affekte normiert wurden, wurden auch die Geschlechter hierarchisiert und polarisiert: Affektkonzeptionen sind in der Moderne auch immer Geschlechtervorstellungen (Lutz 1996). Oder anders gesagt: Gefühle und Geschlecht markieren die modernen Grenzziehungen, die die gesellschaftlichen Widersprüche der kapitalistischen Vergesellschaftung prozedieren sollen, damit Markt und Kapitalakkumulation funktionieren können. Die Unterdrückung bestimmter Gefühle in der öffentlichen Sphäre ist zugleich eine Bedingung ihrer Hervorbringung in der Privatheit sowie ein Mechanismus der Aufrechterhaltung der Sphären- und Geschlechtertrennung.

Das bürgerlich-liberale Affektdispositiv unterwirft Frauen der männlichen Kontrolle – im Raum des Privaten wie auch im Raum des Öffentlich-Politischen. Doch auch bürgerlich-liberale Männlichkeit kann damit in Schach gehalten und diszipliniert werden – als produzierender Arbeiter und Kapitalist, als *bourgeois* und als *citoyen*. Der Effekt der liberalen Ökonomie bzw. Politik der Affekte (Ahmed 2004b, 44ff.) ist die Affektkontrolle beider Geschlechter als Grundlage männlich-patriarchaler Herrschaft. Auch die Subjektwerdung des bürgerlichen Mannes erforderte Herrschaft über sich selbst, über seine innere Natur, seine Triebe, Emotionen und sexuelle Lust (Maihofer 1995, 113). Männliche Wut, Aggression und Gewalttätigkeit in der Privatsphäre waren in regulierter Weise erlaubt, aber im öffentlich-politischen Raum sollten sie verboten bleiben. Ist das liberale Affektdispositiv *produktiv* für die Realisierung ökonomischer Interessen der bürgerlichen Klasse und für die Gestaltung bürgerlichen Daseins, so ist es *repressiv* in der Beschränkung des Mannes auf die leidenschaftslose Interessenverfolgung und in der Beschränkung der Frau auf die ›Gefühlsrolle‹. Affektive Gouvernementalität organisiert also Hierarchie, Unterordnung und Subalternität im sozialen und politischen Raum und verteilt sie nach Geschlechtern. Affekte indizieren somit in der liberalen Regierungsrationalität (geschlechtsspezifische) Herrschaftspositionen. Zentrale Aspekte der bürgerlich-liberalen Gouvernementalität der Gefühle sind zusammengefasst erstens die Binarisierung von Gefühl und Vernunft, zweitens die Verinnerlichung und Vernatürlichung von Affekten sowie drittens die Kodierung von Affekten nach dem Geschlecht, das heißt die Zuschreibung von weiblicher Affektivität und männlicher Vernunft qua Natur.

Die paradoxe Trennung von Politik und Gefühlen, so lässt sich zusammenfassend sagen, ist ein politischer Herrschaftsmechanismus, der politische Handlungsräume begrenzt und es ermöglicht, spezifische Gruppen und deren Interessen aus dem Raum des Politischen zu exkludieren. Die Trennungsnorm ist zugleich aber auch eine Gelegenheitsstruktur für die Tabuisierung oder auch Forcierung bestimmter Affekte, beispielsweise in Form der kriegerischen Aggression gegen ›Andere‹ jenseits nationalstaatlicher Grenzen.

Foucault betont in seiner Gouvernementalitätstheorie weiterhin, dass Wissen eine zentrale Ressource des Regierens moderner Gesellschaften darstellt. Die wichtigen Wissensformen moderner Gouvernementalität, die er ausmacht, sind die Statistik, also das Vermessen und Berechnen der Bevölkerungsentwicklung, sowie die Ökonomie. Alexandra Rau (2010; 2015, 194f.) hat herausgearbeitet, dass auch die Psychologie seit dem 18. Jahrhundert –

neben der Biologie und der Medizin – zu einer bedeutsamen Wissenschaft wurde, die sich mit den Menschen beschäftigt, dass also psychologisches Wissen zu einer wichtigen Quelle des Wissens im Prozess des Regierens wurde – nicht zuletzt im Kontext des Regierens von Männlichkeit und Weiblichkeit. Aus einer Affektperspektive gilt Ähnliches: Auch Emotionen, Gefühle und Affekte entwickelten sich zu einem wichtigen Element staatlichen Wissens einerseits und der Selbsttechnologien andererseits. So scheint es nur logisch, dass staatliches Wissen auf Berechenbarkeit und Messbarkeit beruhen sollte, also auf Rationalität, die unbeeinflusst von unkontrollierbaren Affekten bleiben sollte. Weber begründete dieses neue Bürokratiewissen folgendermaßen: Der dominante Modus des modernen Staates soll Rationalität sein; der »Leidenschaft« adliger Herrschaft wird das »vernünftige« bürgerliche Interesse entgegengesetzt, das politisch planbar, berechenbar, regelbar und vor allem in Geld ausdrückbar war. Dies setzte voraus, dass die »Verwaltungsbeamten und Verwaltungsarbeiter« von den »sachlichen Betriebsmitteln« getrennt sind, ganz so wie die Arbeiter im kapitalistischen Betrieb von den Produktionsmitteln. Dieser politische Enteignungsprozess ermögliche interesse- und leidenschaftsloses staatliches, sprich: rationales Handeln (Weber 1992, 13ff.). Weber normierte somit ein Beamtenethos der Unparteilichkeit, nach dem alle BürgerInnen ohne Ansehen ihres Standes und unabhängig von persönlicher Zu- oder Abneigung gleich sind.

Zusammenfassend möchten wir die Machtdimension von Affekten mit zwei Begriffen bzw. theoretischen Konzepten ›einfangen‹ und erklären: ›Affektive Gouvernementalität‹ und ›affektive Subjektivierung‹ sind neue, moderne Formen der ›Führung‹ von Menschen, wurden doch Emotionen, Gefühle und Affekte ganz unmittelbare Bestandteile moderner Regierungstechnologien. Unser Konzept der ›affektiven Gouvernementalität‹ verweist somit auf den Zusammenhang von politisch-staatlicher Steuerung des Lebens der Menschen und der Herausbildung von Individualität und Identität, also der Subjektivierung im doppelten Sinne der Subjektwerdung und der Unterwerfung unter Macht und Herrschaft im Modus der Affekte. Affektive Arbeit und affektive Subjektivierung, also die Notwendigkeit, sich selbst als affektbezogene Person zu entwerfen, sind schließlich Elemente eines biopolitischen Arrangements bzw. einer neuen biopolitischen Regierungsweise, die über Affizierung auf das Leben der Menschen zugreift. Im Kontext einer Theorie der Gouvernementalität und der Subjektivierung können Affekte daher nicht nur als menschlich-individuelle Charakteristika gesehen werden, die im Prozess der Rationalisierung in der Moderne gleichsam automatisch bedeutungsloser wurden, an manchen gesellschaftlichen Orten und zu manchen Zeiten ganz verschwanden, an anderen aber produziert werden sollten. Vielmehr müssen Affekte stets als ein Element neuartiger Regierungstechniken, als Techniken der ›Führung‹ bzw. der ›Regierung‹ von Menschen verstanden werden. ›Affektive Gouvernementalität‹ und ›affektive Subjektivierung‹ bezeichnen keine Epoche des Regierens, die in den vergangenen Jahren angebrochen wäre, sondern vielmehr jene lange Zeit der bürgerlich-kapitalistischen Moderne, die neue Technologien des Regierens entworfen hat, zugleich aber auch ständigem Wandel unterworfen ist.

Im Bourdieu'schen Sinne verweisen diese Konzepte auf Formen der »symbolischen Gewalt« (Bourdieu 1977, 190ff.), der Etablierung von gesellschaftlicher Selbstverständlichkeit, nicht nur durch Zwang, sondern durch Formen mentaler, psychischer und eben auch affektiver Führung. Auch für Bourdieu besitzt der Staat wie im Denken Foucaults nicht nur oder vornehmlich das Monopol auf physische Gewalt, sondern er verfügt legitimerweise auch über das Monopol auf den Gebrauch der symbolischen Gewalt, die sich in der Rechtsprechung eines Nationalstaates, im Bildungssystem und im Ernennungsmonopol oder im Steuerwesen manifestiert und, so wollen wir ergänzen, in der Ökonomie der Affekte. »Wenn der Staat in der Lage ist, symbolische Gewalt auszuüben, dann deshalb, weil er sich zugleich in der Objektivität verkörpert [...] und in der ›Subjektivität‹ oder, wenn man so will, in den Köpfen, nämlich in Form von mentalen Strukturen, von Wahrnehmungs- und Denkschemata. Einmal eingeführt, lässt die Institution [...] in Vergessenheit geraten, dass sie aus einer langen Reihe von Setzungsakten hervorgegangen ist, und präsentiert sich mit allem Anschein der *Natürlichkeit*« (Bourdieu 1998a, 99; Wacquant 2004). Auf analoge Weise wie im Verhältnis Staat – Bevölkerung funktioniert die symbolische Gewalt im Geschlechterverhältnis und trägt damit zur Naturalisierung der männlichen Herrschaft bei: »Die Beherrschten wenden vom Standpunkt der Herrschenden aus konstruierte Kategorien auf die Herrschaftsverhältnisse an und lassen diese damit als natürlich erscheinen« (Bourdieu 2005b, 65). Die Zuschreibung von Rationalität an das männliche Geschlecht und die Assoziation von Emotionalität mit Weiblichkeit ist symptomatisch für diesen Prozess. Übereinstimmung mit und Zustimmung zu gegebenen Bedingungen wird also durch praktische Anerkenntnis, durch sanfte Formen der Macht und ›Führung‹ hergestellt.

»Um die unmittelbare Unterwerfung unter die staatliche Ordnung wirklich zu verstehen, muss man mit dem Intellektualismus der neukantianischen Tradition brechen und erkennen, dass die kognitiven Strukturen nicht Formen des Bewusstseins, sondern Dispositionen des Körpers sind«, betont Bourdieu (1998a, 118). Affektives Regieren ist eine Machtform, die durch Selbsttechnologien in die Körper der Menschen hineinreicht. Affektives Kapital wiederum ist Effekt dieses Regierens, eine Disposition zu handeln und zu wirken – gegenüber sich selbst wie auch gegenüber anderen.

Das folgende Kapitel ergänzt unsere genealogische Sicht auf affektive Macht durch einen Blick auf aktuelle Transformationen zentraler gesellschaftlicher Bereiche.

4. Neoliberale affektive Gouvernementalität: Wandel zentraler gesellschaftlicher Felder

4.1. Neoliberalismus als Regierungsrationalität

Die in Kapitel 1 bereits angesprochene wissenschaftliche, aber auch die öffentliche und politische Aufmerksamkeit für Emotionen, Gefühle und Affekte sowie die Bedeutung von affektiver Arbeit in modernen Dienstleistungsgesellschaften sind, so unsere Annahme, symptomatisch für weitreichende Transformationsprozesse in Gesellschaft, Ökonomie, Staat und Politik im globalen Norden. In diesen Transformationen werden Affekte im Leben und Arbeiten von Menschen wie auch in ihrem politischen Handeln neu formatiert, bzw. erhalten sie einen neuen Stellenwert sowie eine neue Bedeutung. Kurzum vermuten wir, dass die liberale ökonomische, gesellschaftliche und politische Affektkonstellation einem grundlegenden Wandel unterworfen ist. Oder anders formuliert: Die aktuelle Rede über Gefühle, Emotionen und Affekte ist ein Aspekt einer neoliberalen ›Gouvernementalität der Affekte‹. Sie ist außerdem zugleich ein Movens neuer Selbstverhältnisse und Identitätsentwürfe wie auch neuer *politischer* Subjektivierungsweisen, das heißt veränderter Vorstellungen von *citizenship* und eines veränderten Verhältnisses von BürgerInnen und Staat.

Dieses Kapitel will aktuelle Transformationen, nämlich den Wandel westlicher Industriegesellschaften hin zu Dienstleistungs- und Wissensökonomien sowie die Reorganisation des Verhältnisses von Staat, Markt, Ökonomie und Privatheit skizzieren, um damit die Bedingungen der Herausbildung einer neoliberalen Affekttechnologie, wie sie vor allem in der Dienstleistungsarbeit ausgearbeitet und durchgesetzt wird, darzustellen. Auf diese Weise wollen wir gleichsam die aktuellen Gebrauchsweisen des Affektkonzepts herausarbeiten und schließlich auch unseren gesellschaftstheoretischen Zugang zu Affekten und affektiver Arbeit in neoliberalen Verhältnissen kontextualisieren und präzisieren.

Die beiden gesellschaftlichen Bereiche, die wir genauer unter die Lupe nehmen, weil wir sie als zentral für die affektiven Transformationen von (Erwerbs-)Arbeit, also gewissermaßen als die Rahmenbedingungen für einen Wandel von (Erwerbs-)Arbeit begreifen, sind einerseits Staat und Politik sowie andererseits Ökonomie und Konsum. Die Skizzen dieser Bereiche sind von Fragen geleitet, wie die Rolle von Affekten in diesen Spannungsfeldern einzuschätzen ist, vor allem auch welche Bedeutung die affektmodulierte Geschlechterdifferenz bzw. die Geschlechterverhältnisse in diesen gesellschaftlichen Bereichen haben. Insbesondere wollen wir sichtbar machen, was wir als ›typisch‹ für neoliberale Konditionen, auch in den Affekt-Arrangements, seit den 1990er Jahren sehen.

Trotz der Hegemonie des Ökonomischen darf Neoliberalismus unseres Erachtens nicht als bloß ökonomischer bzw. fiskalisch induzierter Prozess verstanden werden, schon gar nicht als ein Marktautomatismus. Neoliberalismus ist vielmehr ein politisches Projekt, an dem zahlreiche gesellschaftliche und ökonomische, aber auch staatliche und politische AkteurInnen beteiligt sind. Neoliberalismus bezeichnet nach unserem Verständnis die Entgrenzung und Neubegrenzung der gesellschaftlichen Bereiche Markt, Staat und Familienökonomie zwischen Arbeit und Freizeit, Produktion und Reproduktion, öffentlich und privat. Die Grenzziehungen und Trennlinien zwischen diesen Sphären waren in europäischen Wohlfahrtsstaaten seit dem Zweiten Weltkrieg durch vielfältige – nicht zuletzt geschlechtsspezifische – Institutionen, Normen und Leitbilder abgesichert (Sauer 2010). Mit diesen Be- und Entgrenzungsdynamiken geht auch eine Neuformatierung der jeweiligen Logiken und Werte dieser gesellschaftlichen Sphären, gleichsam der Austausch von Wertorientierungen von einem zum anderen Feld, einher.

Die Entgrenzung zwischen Ökonomie und Staat resultiert in einer Deregulierung von Märkten sowie in ihrer Tendenz, nationalstaatliche Grenzen zu überschreiten. Der Staat reduziert also partiell Interventionen in das Marktgeschehen, überlässt Arbeits-, aber auch Waren- und Dienstleistungsmärkte der *invisible hand* bzw. neuen Regulatoren wie Banken und Finanzagenturen (mitunter auch neuen öffentlichen Institutionen zur Förderung des Wettbewerbs) mit dem Ergebnis einer Finanzialisierung des Kapitalismus. Neue Grenzziehungen zwischen Staat und Familien- bzw. Reproduktionsökonomie haben zur Folge, dass sich der Wohlfahrtsstaat aus der Absicherung des Lebens und der Organisation der Reproduktion zurückzieht. Diese werden, soweit dies möglich ist, dem Markt überantwortet, sei es in Form privater Kranken- und Rentenversicherungen oder von Pflegemärkten. Das sozialstaatliche Netz in europäischen Wohlfahrtsstaaten erodiert somit zusehends, und die Sorge um die Zukunft wird in die Hände der selbstverantwortlichen Individuen gelegt. Die Grenzverschiebung zwischen Staat und Ökonomie lässt auch die staatliche Bürokratie nicht unbeeinflusst; sie wird von der Idee ökonomischer Effizienz erfasst, wenn nicht gar ganze Segmente des Staates privatisiert und aus der staatlichen Verwaltung ausgegliedert werden, wie wir in Kapitel 6 am Beispiel der österreichischen Post untersuchen werden. Damit verbunden ist eine weitere Grenzverschiebung, nämlich zwischen Markt und Privatheit, die zu einer zeitlichen wie auch räumlichen Entgrenzung von Erwerbsarbeit, das heißt zu neuen Herausforderungen und Zwängen am Arbeitsplatz führt. In diesen Grenzverschiebungen liegt die geschlechtsspezifische Grammatik des Neoliberalismus begründet (ebd., 184), darin werden aber auch neue affektive Dimensionen freigesetzt, wie wir später anhand unseres Fallbeispiels zeigen werden.

Der Staat ist eine ganz zentraler Akteur dieser ökonomischen und sozialen Veränderungen, der sich freilich in diesem Transformationsprozess zu einem, wenn man mit Loïc Wacquant (2012, 67) sprechen will, »neoliberalen Leviathan« wandelt. Der neoliberale Leviathan ist nicht der ›schwache‹, ausgehöhlte oder gar erodierende Staat, der lediglich dem Imperativ des Marktes und der Ökonomie folgt (kritisch ebd., 68f.). Neoliberalismus ist vielmehr als ein Set kontingenter politischer, ökonomischer und kultureller Transformations*diskurse* und *-praktiken* zu konzeptualisieren, also als ein offener, komplexer und vielfältiger Prozess (ebd., 70), in dem (National-)Staaten nach wie vor als Organisatoren von sozialer Ordnung, von gesellschaftlichem Konsens und von hegemonialen Vorstellungen eine aktive Rolle zukommt.

Hegemoniale neoliberale Diskurse und Praktiken konstruieren neue ›Notwendigkeiten‹ oder Sachzwänge: Sie konfigurieren soziale, politische und symbolische Räume auf lokaler, nationaler und internationaler Ebene neu und rahmen die aktuellen Restrukturierungsprozesse in einem wettbewerblichen, effizienz- und effektivitätsbezogenen, also ökonomischen und marktförmigen Horizont. Der Markt wird zum organisierenden Prinzip von Staat, Politik und Gesellschaft. Ökonomie, Wirtschaftlichkeit, Effektivität und Berechenbarkeit werden zu Leitideen aller gesellschaftlichen und politischen Institutionen. Damit verbunden sind neue Orientierungen des Regierens und Gestaltens von Gesellschaft, nicht zuletzt die Ausrichtung gesellschaftlicher und staatlicher Institutionen am Modell des Privatunternehmens, gleichsam die Korporatisierung aller Organisationen und Institutionen. Carolyn Hardin (2012, 215) spricht daher von der neoliberalen Logik des *corporism*.

Diese Veränderungen bilden den Kontext für den aktuellen Affektdiskurs, freilich auch für die steigende Bedeutung von affektiver Arbeit. Sie korrespondieren mit einer erneuten Reaffektualisierung einst als gefühlsfrei gedachter Sphären – nämlich der Ökonomie und der Arbeitswelt, sie werden gewissermaßen zu ›affektiven Körperschaften‹. Einstig als privat betrachtete Beziehungsarbeit bzw. affektive Arbeit ist nicht mehr auf die Intimsphäre begrenzt, vielmehr verlangt die Entgrenzung von Arbeit und Freizeit (sowohl in Bezug auf Zeiten wie auch auf Räume und Orte) – nicht nur, aber vornehmlich – im Dienstleistungsbereich die ›ganze Person‹ im Arbeitsprozess mit ihren körperlichen, kognitiven wie auch affektiven Fähigkeiten. Menschen sollen ihre Gefühle, ihre Leidenschaften und ihr Engagement als Humanressource in den Arbeitsprozess einbringen. Dies führt zu einer Restrukturierung des geschlechtsspezifischen affektiven Kapitals bzw. der Bedingungen seines Erwerbs und seines Einsatzes im Erwerbsarbeitsleben. Reaffektualisierung bedeutet mehreres: zum einen eine stärkere Wahrnehmung und Betonung von Affekten als Teil von Dienstleistungen und zum anderen die verstärkte Mobilisierung und Instrumentalisierung von Affekten als Voraussetzung für die Teilnahme an der Erwerbswelt. Schließlich wird auch die politische Sphäre in neuer Weise affektualisiert, nämlich durch eine mehr als ambivalente Nutzung der Ressource Affekt für politische Mobilisierung.

Wie alle hegemonialen Diskurse impliziert der Neoliberalismus überdies eine Umbildung des Alltags und die Neuregelung der Zusammenhänge sozialer Erfahrung. Neoliberale Konstellationen gründen also in sozialen und politischen Praxen, in denen Menschen Identitäten und Interessen (re-)produzieren sowie neue Normen und Institutionen ausbilden. Neoliberalismus impliziert daher auch spezifische Denkmuster und Glaubenssysteme, die tief in den Köpfen und Körpern der Menschen verwurzelt sind, die die Welt deuten und erklären und die neuartigen Konstellationen der Subjektbildung ausmachen. Kern der neuen kapitalistischen Subjektivierungsstrategie ist die Erhaltung und Steigerung der Beschäftigungsfähigkeit (*employability*) der Individuen mit dem Ziel der Erhöhung ihrer Wettbewerbsfähigkeit, aber auch jener der Unternehmen. Menschen werden als kreative und selbstverantwortliche Individuen angerufen, die in der Lage sind, die notwendigen Disziplinierungsleistungen quasi selbst gewollt und freiwillig zu erbringen. Mit Foucault lässt sich Neoliberalismus als eine Rationalität des Regierens bezeichnen, die auf einen neuen Zuschnitt der Bevölkerung abzielt und neue Strategien des Regierens, zum Beispiel die Responsabilisierung der Menschen sowie ihre Verunsicherung, ihre Prekarisierung enthält (Foucault 2004b, 260ff.).

In der Figur des »unternehmerischen Selbst« (Foucault 2004a, 314) wird eine typische Selbstregierungsform des Neoliberalismus sichtbar. Dieses Selbst zeichnet sich durch individuelle Leistungsorientierung sowie durch eine Betonung der Selbstverantwortung und -sorge aus. Diese unternehmerische Haltung ist mit dem moralischen Imperativ verbunden, der Gesellschaft nicht zur Last zu fallen. Ulrich Bröckling (2007) weist darauf hin, dass diese Regierungstechnologie des Unternehmertums, des »Selbstunternehmers« gleichzeitig zum Wiedererscheinen des von Illouz (2006) und Rau (2010) konstatierten *homo psychologicus* aufgerufen wurde. Die neoliberale Regierungsrationalität zielt also auf ein Selbstverhältnis der Subjekte, »according to principles of competition, efficiency and utility« (Dardot/Laval zit. in Wacquant 2012, 70).

Dieses unternehmerische Selbst muss, um wettbewerbsfähig und erfolgreich zu sein, auch auf seinen Affekthaushalt einwirken. Die unternehmerische Subjektkonstitution erfordert eine neuartige Anrufung von ›affektiven Subjekten‹, denn auch Affekte werden im Zuge neoliberaler Entgrenzungen in neuartiger Weise ›entgrenzt‹. Die neoliberale affektive Bewirtschaftung instituiert neuartige Techniken der affektiven (Selbst-)Steuerung, also der Indienstnahme von Affekten für das neoliberale Projekt ökonomischer Hegemonie. Die Affektualisierungsleistung des unternehmerischen Selbst besteht in der höchst ambivalenten Disziplinierung und Hervorbringung von Gefühlen. Wir gehen davon aus, dass der *homo oeconomicus* ergänzt wird, nicht ersetzt, durch den *homo affectus*. Sighard Neckel (2005, 422f.) hat dies in seiner Analyse von Persönlichkeitsratgebern als »emotionales Selbstmanagement« bzw. als »emotion by design« bezeichnet. Wir werden im Laufe unserer Studie das Konzept des ›affektiven Selbstunternehmertums‹ bzw. des ›Affektunternehmers‹ weiter erläutern.

Alexandra Rau (2010) identifiziert mit Bezug auf Foucault neue Politiken des Selbst, eine, wie sie es nennt, neu entstehende »Psychopolitik« als Signum neoliberaler Bedingungen. Sie geht davon aus, dass sich am Ende des 20. Jahrhunderts »eine neue Weise der Regierung herausgebildet [hat], die ausgehend von der Psyche Techniken bereitstellt, durch die Menschen sich selbst führen und geführt werden« (Rau 2015, 197). Eva Illouz (2006, 45) hat dies in ihrer Studie für die vergangenen 30 Jahre am Beispiel des Booms an Psychotherapien deutlich gemacht. Sie wies damit, so würden wir argumentieren, vor allem auf die Veränderung eines spezifischen Wissensbestands über die Psyche im Neoliberalismus hin, der dann neue Formen des Selbstregierens ermöglichte. Daraus bildeten sich neue Selbsttechniken, die vor allem in der Erwerbsarbeit an Wichtigkeit gewannen, so beispielsweise in der Organisationsberatung, aber auch in der KundInnenaffizierung oder in der Burn-out-Prävention.

Vassilis Tsianos und Dimitris Papadopoulos (2007) sprechen, wie bereits in Kapitel 2 angeklungen, vom »verkörperten Kapitalismus«. Damit meinen sie, dass kapitalistische Wertschöpfung zunehmend durch den Körper hindurch und mit dem Körper möglich ist, sei es in der Reproduktionsmedizin, sei es im Einsatz der ganzen Person für die Erwerbsarbeit. »The novelty we are witnessing is the centrality of living labour that is not consumed and not reduced to dead labour in machinism«, erläutert Yann Moulier Boutang (2011, 54). Tsianos und Papadopoulos (2007, 160) fügen dem hinzu, dass das konstitutive Moment des gegenwärtigen Systems der Produktion seine verkörperte Verwirklichung ist. Daraus folgernd bezeichnen die beiden Autoren Affektivität als eine der Haupteigenschaften des Regimes des »verkörperten Kapitalismus«: zur Herstellung jener Körper, die im immateriellen Produktionsprozess zur Arbeit fähig sind. »Körper werden durch ihre Fähigkeit hergestellt, ihren eigenen Existenzmodus dadurch zu verändern, dass sie andere affizieren und von anderen affiziert werden, nicht durch reine linguistische oder verbale Kommunikation. Der verkörperte Kapitalismus arbeitet mit Körpern, nicht mit Geistern« (ebd., 160f.). Zur Disposition steht damit ein neues Eigentumssystem, das eher die Produkte der Subjektivitäten der immateriellen ArbeiterInnen als die Produktionsmittel kontrolliert (ebd., 158), wie die Diskussion um *open access* und Urheberrechte zeigt. In diesem Kontext definieren Tsianos und Papadopoulos (ebd., 147) Prekarität als Ausbeutung des »Kontinuums des Alltags, nicht nur der Arbeitskraft«. Zu dieser körperlichen Ausbeutung bzw. Prekarität zählen sie Arbeitsflexibilität, konstante Verfügbarkeit, die Notwendigkeit ständiger Bezogenheit auf Arbeit über Zeiten und Räume hinweg, also eine ständige Mobilitätsanforderung, und die Enteignung von Zeit (ebd., 152f.).

Kurzum: Im ökonomischen Feld, in der staatlichen Organisation, in demokratischen Arrangements, aber beispielsweise auch im Konsum und in familiären Kontexten zeigen sich ähnliche Subjektivierungsprozesse wie in der Dienstleistungsarbeit, das heißt Momente eines Affektdispositivs, die in die gleiche Richtung wirken wie die Kontrolle der Arbeitskräfte, ohne direkt mit dem Erwerbsarbeitsbereich verbunden zu sein. Um diese neoliberale Konstellation in den Worten Bourdieus zu rekapitulieren: Neoliberale Macht- und Herrschaftsverhältnisse bewirken eine spezifische Formung des affektiven Kapitals und damit des Habitus insgesamt, und zwar so, dass die objektiven Verhältnisse und die körperlichen Dispositionen wie von Natur aus und auf produktive Weise zusammenpassen. Alle affektiven Bereiche und Modi wiederum sind Elemente von Machtstrukturen wie auch Ausgangspunkte für Widerstand, für Veränderung und Erneuerung durch Affizierung und somit auch für solidarisches Handeln.

Die neoliberale Regierungsweise hat schließlich auch Konsequenzen für die Geschlechterverhältnisse. In dem Maße, wie die sozialen und politischen Institutionen der Moderne erodieren – nämlich Familie und männliches Ernährermodell, Nationalstaaten, sozialstaatliche Sicherung und kontinuierliche Erwerbsarbeitsverhältnisse –, werden auch die darin eingehegten geschlechtsspezifischen Gefühlsarrangements neu geordnet: Gefühle können nicht mehr in die traditionelle familiäre Privatsphäre abgedrängt und dort durch eine allein dafür zuständige Person, in der Regel eine Frau, »befriedigt« werden (so auch Flam 2002, 12f.). Vielmehr ist durch die Politisierung der Gesellschaft und der Privatheit, dadurch, dass Geschlechter- und Intimverhältnisse verhandelbar wurden, eine Intensivierung von Gefühlen, ein Mehraufwand an affektiver Arbeit für Frauen und Männer in der Privatsphäre, aber, wie wir eben deutlich zu machen versucht haben, auch im Erwerbsleben feststellbar. Die Beziehungs- bzw. Care-Arbeit wird nicht mehr nur unbezahlt und ›aus Liebe‹ erbracht, sondern sie wird zu einer bezahlten, in der Regel prekären Arbeit an der Schnittstelle von Geschlecht und Ethnizität bzw. Nationalität (Gutierrez Rodriguez 2010). Freilich hat dies eine neuartige Form von Affektmanagement am Arbeitsplatz Familie zur Folge, nämlich zwischen familiären Dienstgeberinnen und Dienstnehmerinnen – in der Regel stets Frauen. Zudem sind es weibliche Fähigkeiten oder besser Zuschreibungen, die nun zur Grundlage von kapitalistischer Wertschöpfung werden, wie wir dies bereits in Kapitel 2.3 skizziert haben.

Im Folgenden werden wir die Spezifika dieser neoliberalen Transformationsprozesse in ihrer Bedeutung für die Steuerung von Affekten an zwei ›Regierungsbereichen‹, und zwar den Bereichen Staat und Politik sowie Ökonomie und Konsum, herausarbeiten. Ziel soll es sein, die Analyse des im Zentrum unseres Interesses stehenden Bereichs, nämlich der affektuellen Transformationen von Dienstleistungsarbeit, vorzubereiten bzw. diese Analyse zu kontextualisieren.

4.2. Staat, Politik und Affekte

Um die affektive Transformation von Arbeit historisieren und kontextualisieren zu können, scheint es uns notwendig, Praktiken und Institutionen des Regierens, also von Staatlichkeit und Demokratie, im Prozess ihrer Veränderung darzulegen. Historisch war in den Staatsapparat, wie Eva Kreisky (1995) dies nennt, »Männlichkeit als System« eingeschrieben. Diese »versachlichte« Männlichkeit staatlicher Institutionen (Sauer 2001, 54) entstand, wie oben bereits ausgeführt, aus einem vermeintlich rationalen, entemotionalisierten Regelsystem, an das eine geschlechtsspezifische hierarchische Arbeitsteilung innerhalb der staatlichen Bürokratie ebenso geknüpft war wie persönliche Netzwerke von Männern, deren affektiver Zusammenhalt freilich geleugnet wurde. Diese Vorstellung von Rationalität im Sinne von Zweckmäßigkeit, Sachlichkeit und Interesselosigkeit wurde im Anschluss an Webers Idealtypus mit Emotionslosigkeit gleichgesetzt. Gute, allgemein verbindliche Entscheidungen, Wissen um und Einsicht in die Ordnung der Gesellschaft standen Gefühlen und Affekten diametral entgegen. Mit diesem Rationalitätsideal hatte das Weber'sche Bürokratiemodell starke Geschlechterpolarisierungen eingeführt, nämlich die Entemotionalisierung von Männern, den Trägern des Staates, und die Hyperemotionalisierung von Frauen, und damit die Affektivität zwischen Männern aus dem Raum des Denkbaren innerhalb der staatlichen Verwaltung verbannt bzw. externalisiert, beispielsweise in den Bereich der männlich-aggressiven Außenpolitik.

Nicht nur der bürgerlich-liberale Staat des endenden 19. und beginnenden 20. Jahrhunderts, auch der Wohlfahrtsstaat, wie er in der zweiten Hälfte des 20. Jahrhunderts in Westeuropa etabliert wurde, gründete in einem sozialen Kräftefeld, das ein spezifisches Affekt- wie auch Geschlechterregime institutionalisierte, nämlich die Marginalität von Gefühlen wie auch von Frauen. Doch weder der liberale Staat noch der Wohlfahrtsstaat – und auch nicht, wie im Weiteren noch deutlich werden wird, der neoliberale Staat – sind einheitlich agierende Institutionen mit *einer* Logik, und sie können weder als kohärente Agenten einer spezifischen gesellschaftlichen Gruppe, seien dies Kapitalisten oder Männer, noch mit Intentionalität agieren. Der Staat ist vielmehr ein relativ autonomer Akteur, der in einem umkämpften Feld gesellschaftlicher Kräfte und Gruppen entsteht. Aus dem Staat können sich daher auch stets neue Kräftekonstellationen entwickeln, die Veränderung ermöglichen, ja erzwingen (ausführlich Sauer 2001, 155ff.).

So modifizierten die Wohlfahrtsstaaten des 20. Jahrhunderts (liberale) Marktverhältnisse durch soziale Sicherungen und durch gemäßigte Umverteilung materieller und kultureller Ressourcen, um zunächst die männliche Arbeiterschaft, dann aber auch Frauen qua Erwerbsarbeit in den Staat zu integrieren. T. H. Marshall (1992) bezeichnete diese Erweiterung des liberalen Projekts als »soziale Staatsbürgerschaft«. Das Sozialstaatsprojekt relativierte den Vertragsgedanken zur Garantie von Freiheit und Eigentum – die zivile StaatsbürgerInnenschaft – und betonte die Verantwortung des Staates gegenüber den Bürgern und – wenn auch nur eingeschränkt – gegenüber den Bürgerinnen. Bis in die 1970er Jahre konnten so in tripartistischen Aushandlungen die Löhne sukzessive erhöht, die Arbeitszeiten verkürzt, die Sozialversicherungen ausgebaut werden. Kurzum, der Markt wurde zugunsten von ArbeitnehmerInnen reguliert. Mit dem Wohlfahrtsstaat war schließlich die Notwendigkeit der Fürsorge partiell aus dem Zusammenhang der Familie in den öffentlich-politischen Raum transferiert worden.

In diesem Zusammenhang lässt sich gleichsam von einer partiellen Feminisierung des Staates sprechen, weil der Wohlfahrtsstaat ganz offensichtlich die vermeintlich festgefügte Geschlechtergrenze zwischen Öffentlichkeit und Privatheit porös machte, die einstige Privatsphäre zum staatlich zu regulierenden Terrain erklärte und darüber hinaus auch sukzessive Frauen in seine Institutionen integrierte. Partiell blieb die wohlfahrtsstaatliche Feminisierung deshalb, weil der männerzentrierte Verlauf dieser Grenze zwischen öffentlich und privat nicht prinzipiell, sondern geschlechtsselektiv infrage gestellt wurde: Frauen wurden – ebenso wie auf dem Erwerbsarbeitsmarkt – auch in (sozial-)staatliche Regelungen zunächst nur als ›Zuarbeiterinnen‹ mit vom Ehemann abgeleiteten sozialen Rechten einbezogen. Der ernährerzentrierte Wohlfahrtsstaat regelte vornehmlich Erwerbsarbeit, ließ Haus-, Betreuungs- und Pflegearbeit aber tendenziell ungeregelt und führte die Tradition des männlichen Familienversorgers und der ökonomisch von ihm abhängigen Ehefrau fort. Auch der deutsche und österreichische fordistische Wohlfahrtsstaat nach dem Zweiten Weltkrieg blieb lediglich eine modifizierte Variante des paternalistischen Sozialstaatsmodells: ein korporatistischer Ausgleich männlicher, i.e. erwerbsbezogener Interessen, in den Frauen lediglich unter männlichen Vorzeichen integriert wurden.

Das männliche Familienernährermodell wurde vor allem durch sozialdemokratische Regierungen seit den 1970er Jahren sukzessive durch eine am Individuum orientierte Sozialpolitik ersetzt. In der Regel erfolgte diese Individualisierung über Erwerbsarbeit; und indem Frauen erwerbstätig wurden und sozialstaatliche Politiken es ihnen ermöglichten, Familien- und Berufsarbeit – wenn auch eher schlecht als recht – zu vereinbaren, konnten sie eigenständig soziale Ansprüche, zum Beispiel in der Altersversorgung, erwerben. Beziehungsarbeit und interaktive affektive Arbeit in der familiären Privatsphäre blieb aber in diesen Jahren eine weibliche Domäne, ja bis in die 1990er Jahre fungierte das Bild der gefühlvollen Frau als ein Mechanismus, um die patriarchale Hegemonie in allen gesellschaftlichen Bereichen, auch und vor allem in der Erwerbsarbeit, aufrechtzuerhalten.

Doch weitere staatliche Entwicklungen sind für unsere Frage relevant. Wie eben bereits dargelegt, blieben (National-)Staaten bedeutsam für die Organisation und die Durchsetzung des neoliberalen Projekts in Europa. Freilich veränderten sich in diesem Prozess auch die Staaten selbst, sowohl ihre Staatsprojekte, also zum Beispiel die Wohlfahrtsorientierung, wie auch ihre bürokratischen Apparate und die Kräfteverhältnisse im staatlichen Feld. Daraus ergaben sich auch Transformationen des demokratischen Kampfes um staatliche Gestaltungsmacht, wie wir weiter unten erläutern werden. Loïc Wacquant (2012, 68) bezeichnet diese Umformung von Staatlichkeit als das eigentlich Neue am Neoliberalismus.

Der »neoliberale Leviathan« (ebd., 67) ist durchaus gekennzeichnet durch einen Bedeutungs- und Gestaltungsverlust gegenüber der Ökonomie. Doch Staaten werden nicht funktionslos, sie sind auch nicht bloß die dem ökonomischen Prozess gegenüber handlungsbeschränkten Akteure, sondern im Gegenteil: Staaten besitzen eine je spezifische Fähigkeit zur Anpassung an das neue globale Setting, und sie besitzen den Gestaltungswillen sowie die Kapazität, beispielsweise ökonomische Internationalisierungsprozesse zu steuern. Neoliberalismus heißt also nicht nur Steuerungs*verlust* nationalstaatlicher Politik infolge ökonomischer Globalisierung und Marktprivatisierung, sondern vornehmlich Steuerungs*verzicht* nationalstaatlicher Politik bzw. *Verlagerung* politischer Steuerung. Vor allem traditionell starke Staaten, zu denen auch Österreich und Deutschland zählen, werden zu Agenten und keineswegs zu Opfern neoliberaler ökonomischer Restrukturierung. Strategien der Deregulierung von Arbeit und Markt, der Privatisierung staatlich-öffentlicher Dienstleistungen und der Finanzialisierung bzw. Kapitalisierung von gesellschaftlichen Bereichen sind von Reregulierungen insbesondere durch Agenturen mit staatlicher Gewalt begleitet.

Der Staat erodiert nicht, er wird nicht zerstört, sondern der Staatsapparat vollzieht einen »Formwandel in der Architektur« (Altvater/Mahnkopf 1996, 116), er erhält ein neues Bauprinzip. Das einst beschworene Ende des

(National-)Staates ist also treffender als die Anpassung von Staaten an die neue ökonomische Doktrin zu bezeichnen: Staatliche Institutionen werden mit neuen Strukturen und Funktionen ausgestattet, und der (National-)Staat bleibt bis in die Gegenwart das wichtigste institutionelle Zentrum der wirtschaftspolitischen Regulation. Der neoliberale Staat transformiert allerdings sein Staatsprojekt: In dem Maße, wie der Glaube an eine glückliche Hochzeit zwischen Wohlfahrtsstaat und Kapitalismus zu schwinden beginnt, brechen die westeuropäischen Staaten mit unterschiedlichen Geschwindigkeiten und diversifizierten Auswirkungen mit der Nachkriegsordnung (Jessop 1994, 68). Mit dem Wandel vom Vorsorgestaat zum »postfordistischen Wettbewerbsstaat« (Hirsch 2005, 145) bzw. vom keynesianischen Wohlfahrts- zum schumpeterianischen Leistungsstaat (Jessop 1994) stellt der Nationalstaat vornehmlich optimale Verwertungsbedingungen für das ansässige, aber mobile Kapital – die sogenannte ›Standortattraktivität‹ – her, damit dieses zum leistungsstarken *player* im internationalen Wettbewerb wird (Hirsch 2005, 103). Nationalstaatliche Politik soll sich – überspitzt gesagt – zum Gleitmittel für weltweite kapitalistische Produktion formieren, und der Staat verschiebt somit seine Funktionen in Richtung Konkurrenzregulation anstelle des fordistischen Staatsinterventionismus. Weil der sich internationalisierende Kapitalismus nach einer adäquaten, internationalen politischen Infrastruktur verlangt, versucht er, sich seiner nationalstaatlichen Eierschalen zu entledigen, so, wie der nationale Kapitalismus sich in der Mitte des 19. Jahrhunderts die adäquate Form des Nationalstaats schuf. Um international wettbewerbsfähig zu bleiben bzw. zu werden, so das neoliberale Narrativ, müsse das Kapital von staatlichen Fesseln befreit werden. Dass dies nicht gelingen kann, zeigen die ökonomischen Krisen seit dem Jahr 2008.

Der Umbau nationalstaatlicher Steuerungsleistungen erfolgt nicht für alle Verwaltungseinheiten gleich, sondern ist *sektoral*. Einst wesentliche staatliche Aufgaben und Bereiche werden kommodifiziert oder privatisiert. In Westeuropa bedeutet neoliberale Restrukturierung einen Abbau des Sozialstaats, wie er sich seit dem Ende des Zweiten Weltkriegs herausgebildet hat. Der Wohlfahrtsstaat wird als Anachronismus des vormals nationalen Kapitalismus präsentiert. Diese sozialstaatliche Reduktion wird ergänzt durch eine »disziplinierende« Sozialpolitik oder, wie Wacquant (2012, 72) weiter schreibt, durch »corrective workfare«. Dies läuft darauf hinaus, dass Integration durch Erwerbsarbeit die einzig legitime Existenzweise in westlich-europäischen Staaten wird. Zudem lässt sich eine Rekonfiguration des Verhältnisses zwischen dem privaten und dem öffentlichen Sektor, lassen sich also neue Public-Private-Partnerschaften feststellen. Dieses neue Verhältnis zielt darauf ab, »den Staat von der Wahrnehmung bisher als öffentlich verstandener Aufgaben zu entbinden, letztere also zu ›kommodifizieren‹« (Brock 1998, 280f.). Das neoliberale Mantra lautet Deregulierung, Privatisierung und Inwertsetzung staatlicher Betriebe und Leistungen.

Trotz nationaler Unterschiede lässt sich für *alle* neoliberalen staatlichen Umbauten ein *geschlechterspezifisches* Restrukturierungsmuster ausmachen. Der residuale Sozialstaat soll nur noch bei Versagen der Marktmechanismen oder beim Zerbrechen familiärer Sicherungsstrukturen einspringen. Diane Sainsbury (1996) kommt zum Ergebnis, dass dadurch Frauen in allen Wohlfahrtsregimen deutlich benachteiligt sind, weil die Handlungs- und Entscheidungsspielräume insbesondere von verheirateten Frauen und Müttern eingeschränkt werden. Dem neoliberalen Staatsprojekt und seinen Reprivatisierungsstrategien fallen zudem wohlfahrtsstaatliche Maßnahmen zum Opfer, die ein Minimum an sozialer Umverteilung, erweiterte Bildungsmöglichkeiten für Frauen und die Chance frauengerechter Erwerbsbeteiligung schufen. Die Begrenzung des Wohlfahrtsstaats hat mithin eine Redefinition der Privatheit von Frauen zur Folge: Diese wird gleichsam entgrenzt – Frauen müssen nun ein Vielfaches an Mehrarbeit erbringen.

Einige staatliche Verwaltungen erhalten im neuen nationalen korporatistischen Verhandlungsgeflecht aber auch mehr Macht. Dies sind jene Teile des Staates, die die globale Ökonomie regulieren. Der staatliche Formwandel bedeutet also eine Stärkung der Wirtschaftsbürokratie. Wacquant (2012, 79) weist darauf hin, dass die »Wiederkehr der sozialen Unsicherheit« (Castel 2009) mit dem Ausbau eines neuen Sicherheitsdispositivs verbunden ist. Mit wenigen Ausnahmen in Europa, darunter Deutschland und Österreich, so hebt Wacquant (2012, 79) hervor, hat die Neoliberalisierung des Staates eine Stärkung der strafenden staatlichen Infrastruktur zur Folge, also zum Beispiel den Ausbau von Gefängnissen und die Ersetzung von Sozial- durch Kriminalisierungspolitik. Kontroll- und Überwachungstechniken, wie die Vorratsdatenspeicherung, aber auch Veränderungen des Strafrechts (wie der »Mafia-Paragraf« 278a StGB in Österreich), tragen dazu bei, die neuen Selbstregierungstechniken der BürgerInnen in ökonomisch produktive Bahnen zu lenken. Isabell Lorey kommt zum Schluss, dass im Prozess der neoliberalen Modernisierung »Freiheit und Unsicherheit« die neuen Eckpfeiler der Gouvernementalität bilden, indem »innenpolitische Sicherheitsdiskurse mit normalisierter sozialer Unsicherheit korrelieren« (Lorey 2011, 81).

Der minimale Staat soll also zugleich ›stark‹ sein. Mit der Orthodoxie des Marktes korrespondiert ein Politikverständnis, das Autorität, Elite und Führung betont. Die Verschlankung des Staates ist somit keinesfalls seine bloße Reduktion auf einen Nachtwächterstaat, sondern auch seine Aufwertung als Gewaltstaat. Gerade innerstaatlich »herrschaftsmächtige Institutionen« verkümmern keineswegs, wie Wolf-Dieter Narr und Alexander Schubert (1994, 131) schon in den frühen 1990er Jahren vermerkten. Die Feindbilder der internationalen organisierten Kriminalität, der Terroristen und Schläfer sind nicht erst seit den Anschlägen vom 11. September 2001 unmittelbarer Ausdruck dieser staatlichen Reorganisation und der neuen Regulierungsform des internationalen Kapitals.

Pierre Bourdieu spricht von der Verlagerung der Staatstätigkeit von der linken, sorgenden Hand, der »SozialarbeiterInnen« im weitesten Sinn, hin zur rechten Hand des Staates, der ökonomischen und rechtsstaatlichen Akteure in den Finanz-, Wirtschafts- und Justizministerien (Bourdieu 1998b, 17). »Using this scheme, one can diagram neoliberalism as the systematic tilting of state priorities and actions [...] *from the protective (feminine and collectivizing) pole to the disciplinary (masculine and individualizing) pole of the bureaucratic field.* This proceeds through [...] the colonisation of welfare, healthcare, education, low-income housing, child services, etc., by the panoptic and disciplinary techniques and tropes of the right hand«, schließt Loïc Wacquant (2012, 73f.) im Anschluss an Bourdieu. Interessant und widersprüchlich ist, dass Prozesse des Ausbaus staatlicher Gewaltinstitutionen von einer Vermarktlichung staatlicher Sicherheit, zum Beispiel durch das *outsourcing* von Sicherheitsleistungen an private Sicherheitsdienste oder durch die Privatisierung von Gefängnissen, begleitet sind. Die neoliberale Restrukturierung des Staates impliziert also neue Public-Private-Kooperationen, in denen der Staat vornehmlich eine Moderatorenrolle innehat.

Diese Umschichtung ist wiederum geschlechter- und gleichstellungspolitisch relevant: Jene Sektoren, die historisch eng mit Männlichkeit verknüpft waren – nämlich Militär und Polizei, aber auch bevölkerungspolitisch relevante Institutionen und Politiken –, werden zuungunsten der historisch später integrierten, gleichsam feminisierten Apparate[27] wie Bildung und soziale Dienste gestärkt. Insgesamt unterstreichen diese Verschiebungen die

27 Der Begriff ›feminisiert‹ hat eine doppelte, ja ambivalente Bedeutung: Einerseits meint feminisiert, dass der Frauenanteil in Institutionen ansteigt; andererseits zielt der Begriff aber auch auf den häufig feststellbaren Bedeutungs- oder Machtverlust von Einrichtungen, die einen hohen Frauenanteil aufweisen.

Bedeutung von Arbeit, von *workfare* als wichtiges Element des neoliberalen Regierens.

Außerdem werden traditionelle Aufgaben der öffentlichen Hand, wie die Telekommunikation oder der Schienenverkehr, aus der staatlichen Hoheitsverwaltung ausgegliedert und der privatwirtschaftlichen Konkurrenz unterworfen, womit sich auch die Arbeitsprozesse innerhalb dieser Organisationen dramatisch im Sinne der kapitalistischen Verwertungslogik verändern. Mit der Neoliberalisierung von Staatlichkeit ist schließlich auch die Reorganisation der staatlichen Verwaltung, das heißt ein Abbau bürokratischer Steuerung und Hierarchien, die Verpflichtung der Bürokratie auf Transparenz und BürgerInnenfreundlichkeit, freilich auch auf Sparsamkeit, Effizienz bzw. ökonomische Rationalität verbunden. New Public Management, die Zauberformel der Bürokratieerneuerung und Ergebnis einer Reihe von Verwaltungsreformen in den führenden Industrieländern seit den 1980er Jahren, umfasst neue Steuerungsmodi, die auf flache Hierarchien, auf *controlling* und *benchmarking* sowie auf wettbewerbliche Praxis abzielen. New Public Management soll »government more businesslike« machen, »to save money, increase efficiency, and simultaneously oblige public bureaucracies to act more responsively towards their citizen-users« (Pollitt/Bouckaert 2011, 6). Diese Welle der Verwaltungsreformen, schreiben Christopher Pollitt und Geert Bouckaert (ebd.) über deren Entstehungsgeschichte, »seems to be connected to the global economic disturbancies of the 1970s, and the spreading belief that governments had become ›overloaded‹ and that Western welfare states had become unaffordable, ineffective, and overly constraining on employers and citizens alike«. Die Lösung dieser staatlichen Probleme wird in der Implementierung marktförmiger Mechanismen gesehen. Der Wettbewerb zwischen Verwaltungseinheiten, die Messung der Verwaltungstätigkeit und -ergebnisse, aber auch eine neue Sichtweise der StaatsbürgerInnen als KlientInnen, oder besser noch: Kundschaft, soll die Arbeit im öffentlichen Dienste verbessern, effektiver und serviceorientierter machen.

Mit dieser Neuformatierung der Bürokratie ist historisch, aber auch systematisch ihre Feminisierung verbunden. Nicht nur die Integration von mehr Frauen in die staatliche Verwaltung im Zuge der Ausdehnung des Wohlfahrtsstaats bis in die 1970er Jahre, auch die neue Idee der ›Aktivierung‹ und dadurch neuer Funktionsweisen staatlicher Bürokratie beförderten eine affektive Wende zumindest in Teilen der Staatsverwaltung (Penz u.a. 2015).

Dem »Post-Wohlfahrtsstaat« (Nadai/Nollert 2015) ist nämlich eine weitere Komponente zu eigen: die Aufgabe, Menschen in neuartiger Weise zu erreichen, sie zu ›aktivieren‹, also zur Selbsttätigkeit zu lenken und zu führen. War in der liberalen Gouvernementalität die Anleitung zur Selbstführung tendenziell getrennt von disziplinierend-strafenden Maßnahmen, so fließen im Aktivierungsparadigma Selbstführung und Fremdführung, auch in Form von Disziplinierung und Strafen, viel stärker ineinander. Davina Cooper (2011) spricht daher vom *touching state*, der die Menschen berühren, sie als ganze Personen erfassen soll. Zum Beispiel forcieren die Arbeitsmarkt- und Sozialpolitiken diesen unmittelbaren Zugriff auf Menschen, auch auf ihre affektiven Qualitäten und Fähigkeiten als ökonomische Ressource, indem sie Arbeitslose als Schuldner positionieren, die für öffentliche Sozialleistungen Gegenleistungen zu erbringen haben, um damit ihre moralische Schuld an der Gesellschaft zu tilgen. Das Misstrauen des Postwohlfahrtsstaats, BezieherInnen von Sozialleistungen könnten auf Kosten der Gesellschaft leben, erzeugt ein moralisches Schuldgefühl bei den Betroffenen, das zur Arbeit am Selbst verpflichtet, um gleichsam sozial kreditwürdig zu bleiben.

Doch nicht nur die BürgerInnen, auch die StaatsdienerInnen sollen aktiviert werden, sollen sich selbst aktivieren, um wiederum die neue Regierungstechnik angemessen vermitteln zu können. Eine einst ausgeschlossene ›emotionalisierte‹ Form von Weiblichkeit muss daher gewissermaßen zum zentralen Handlungsmodus staatlicher Institutionen und Prozesse werden. Auch vormalig als ›StaatsdienerInnen‹ subjektivierte BeamtInnen müssen nun eine unternehmerische Haltung bzw. ein unternehmerisches Selbst in einem affektiven Modus entwerfen, um funktionierendes Element eines aktivierenden oder eines berührenden Staates zu werden.[28]

Der neoliberale Staat ist, so können wir weiter folgern, auch durch seine gestiegene Bedeutung in Bezug auf die Disziplinierung von Menschen sowie seinen veränderten Zugriff auf Subjekte, also durch ein neuartiges Verhältnis von Staat und BürgerInnen im Rahmen einer neoliberalen Neuordnung des Verhältnisses von Markt, Staat, Gesellschaft und Privatheit charakterisiert. Zentrale Aufgabe des minimalisierten Staates ist der Schutz der Freiheit der Marktindividuen, die eher als KundInnen denn als BürgerInnen, höchstens als WirtschaftsbürgerInnen betrachtet werden. In diesem Zusammenhang postuliert Aldo Legnaro (2000, 202), dass Freiheit vor allem die Freiheit der »marktförmig organisierten Vertraglichkeit« ist, die nun aber als ökonomische Vertragsfreiheit in allen Bereichen des Lebens Gültigkeit erlangen soll.

---

28 Diese Dimension der Transformation zum staatlichen affektiven Selbstunternehmer werden wir in Kapitel 6 am Beispiel der österreichischen Post genauer ausführen.

Die Metapher der Freiheit enthält dafür Versprechungen »auf multiple Optionen, vielfältige Chancen, den *thrill* des Sich-Selbst-Unternehmens« (ebd., 203). *Entrepreneurship*, die Befreiung der Individuen aus den Klauen des fürsorglichen und bevormundenden Staates, gleichsam die ›zweite Befreiung‹ aus der selbst verschuldeten Unmündigkeit, sind Assoziationen, die der neoliberale Freiheitsdiskurs anstößt. Ein zweites – aber anderes – Projekt der Moderne und der Aufklärung soll auf den Weg gebracht werden. Neoliberalismus ist, so verstanden, die »Transformation von Freiheit in Herrschaft« (Segal 2006, 324).

Soziale StaatsbürgerInnenschaft wird in diesem Prozess redefiniert, indem deren universalistischer Anspruch sukzessive zurückgenommen wird: StaatsbürgerInnenschaft, also Zugang zu sozialen und politischen Rechten, soll aus dem individuell, autonom und vor allem ökonomisch definierten Lebenszusammenhang entstehen und kein kollektives Gut mehr sein, das auf Umverteilung und Verteilungsgerechtigkeit beruht. Nur der/die erfolgreiche, wettbewerbsorientierte BürgerIn wird als gute/r StaatsbürgerIn anerkannt. Das neue Paradigma für StaatsbürgerInnen lautet Effektivität und Konkurrenz. Die neue ›Normalbürgerin‹ und der neue ›Normalbürger‹ sollen keine sozialen Rechte mehr vom Staat einfordern, sie gelten vielmehr als selbstverantwortliche Individuen, und Selbstverantwortung ist wiederum an Erwerbstätigkeit geknüpft. Dieses Konzept von *citizenship* betrachtet BürgerInnen vornehmlich als KonsumentInnen, KlientInnen und KundInnen. Die Vorstellung von sozialen Rechten wird damit tendenziell obsolet. Daraus folgt, dass StaatsbürgerInnenschaft individualisiert wird und zunehmend von Faktoren wie Bildung, Einkommen und Region bzw. Mobilität abhängt – Ressourcen, die nicht zuletzt entlang einer Geschlechterlinie verteilt sind.

Dieser Neuzuschnitt von *citizenship* verweist auf die oben angesprochenen neoliberalen Subjektivierungsweisen. Daraus können wir schlussfolgern, dass das neue Selbstverhältnis als BürgerIn affektiv moduliert ist. Die neuen Lebensweisen im Modus der Affekte werden zur Voraussetzung für den Zugang zu bzw. den Ausschluss aus staatsbürgerlichen Rechten: Denn wer die Kunst des affektiven Selbstunternehmertums nicht beherrscht, läuft Gefahr, nicht nur aus Arbeitszusammenhängen, sondern auch aus politischer Teilhabe und von politischen Rechten ausgeschlossen zu werden. Nur wer seine Gefühle meistert und moderiert – sie punktgenau einsetzen kann – ist ein/e gute/r neoliberale/r BürgerIn. Die Forderung, die eigenen Affekte zu managen und vor allem produktiv im Erwerbsleben einzusetzen, läuft somit Gefahr, Menschen zu entmächtigen und sie aus dem politischen Gemeinwesen, aus der politischen Öffentlichkeit auszugrenzen. Affektregime formen neue Zugehörigkeiten, freilich auch neue Ausschlussformen und Grenzziehungen gegenüber als ›anders‹ konstruierte Menschen, wie beispielsweise MigrantInnen oder LGBT(*lesbian, gay, bisexual* und *transgender*)-Menschen.

Geschlechterverhältnisse sind eine zentrale Dimension dieser Reorganisation von Regieren qua *citizenship* im Rahmen eines neuen Affektdispositivs bzw. neuer affektiver Regierungs- und Subjektivierungsweisen. Zwar wird Frauen heute das Wahlrecht nicht mehr mit Verweis auf ihre Affektivität verweigert, doch der Umgang mit den eigenen Gefühlen und dem eigenen Körper ist nach wie vor und möglicherweise erneut in ganz essentialistischer Weise ein Marker für geschlechterdifferenzierende Zugehörigkeit. Die Neoliberalisierung des Affektregimes ist geschlechtsspezifisch aufgeladen, wird doch die Fähigkeit zur effektiven und wohlstandsmehrenden Modulation von Affekten vornehmlich weißen Männern der Mehrheitsgesellschaft unterstellt. Frauen aus Minderheiten, aber auch spezifischen marginalisierten Männlichkeiten, beispielsweise migrantischen jungen Männern, wird diese Fähigkeit abgesprochen. Junge Migranten gelten als aggressiv, Migrantinnen als submissiv – ihre Affektausstattung passe nicht zur westlich-europäischen Welt. So produziert der Affektdiskurs immer noch BürgerInnen zweiter Klasse. Vergeschlechtlichte Körper sind Marker, die diese neuen Herrschafts- und Beherrschungsverhältnisse im Affektmodus dar- und herstellen. Kurzum, affektive Gouvernementalität als Fremd- wie auch als Selbstregierung ist also eine Form von Herrschaft, die zur Entmächtigung, zu einem Verlust von Handlungs- und Entscheidungsmöglichkeit und mithin von Demokratie führen kann. Die Bedeutung neoliberaler Transformationen und Affektregime für demokratische Konstellationen werden wir im Weiteren verfolgen.

Max Weber hatte demokratische Politik im Unterschied zum Staatshandeln als durchaus gefühlvolles Unterfangen konzeptualisiert. Politische Mobilisierung und politisches Engagement sah er als notwendig leidenschaftlich: Politisches Handeln basiere nicht nur auf Wissen, es ziele nicht nur auf Wahrheit und eine gute Ordnung, sondern es brauche Antrieb und Motivation. Das Kennzeichen eines guten Politikers sei »Parteinahme, Kampf, Leidenschaft – ira et studium« (Weber 1992, 32). Weber kommt hier aktuellen Theorien recht nahe, die Politik als Affizierung begreifen (u.a. Berlant 2010). Den wahren Politiker, so Weber weiter, zeichne daher die Qualität aus, »heiße Leidenschaft und kühles Augenmaß miteinander in derselben Seele« zusammenzuzwingen. Derjenige wiederum, der zu »Leidenschaft im Sinne von Sachlichkeit« geeignet ist (Weber 1992, 61), müsse »in einem sehr schlichten Wortsinn – ein Held sein« (ebd., 82f.). Was Weber als feinen Schnitt im Gefühlsleben der Politikerperson ausmacht, korrespondiert freilich mit dem groben Schnitt durch die Geschlechter. Solche charakterliche Stärke besitzen vornehmlich Männer: Politik ist »Ritterlichkeit« (ebd., 67) und »alter Weiber Art« entgegengesetzt (ebd., 66).

Die Weber'sche politische Anatomie des Körpers bildet den Kern des Politikbegriffs des 20. Jahrhunderts. Politik blieb männlich kodiert. Und mehr noch: In Westeuropa – und vor allem in Deutschland und Österreich als Folge manipulativ-emotionaler politischer Inszenierungen im Nationalsozialismus – galt die Trennung der Politik von Gefühlen als normative Voraussetzung der Demokratie. Gefühle und Affekte, so die gängige Meinung, stellen eine Gefahr für die Demokratie dar. Weder die Versprechen und Programme von PolitikerInnen, noch die Wahlentscheidung der BürgerInnen sollten emotionsgeleitet, sondern vielmehr rational unterfüttert sein. PolitikerInnen haben sich am Gemeinwohl, freilich auch an der Mehrung der Wahlstimmen, die WählerInnen wiederum an der Realisierung der eigenen Interessen durch die Partei ihrer Wahl zu orientieren. Vor allem aber sollen politische Entscheidungen der BürgerInnen wie auch der PolitikerInnen auf Information und Informiertheit, also auf Wissen basieren. Wissen und Affekte hatten sich, wie schon in Kapitel 1.1 erwähnt, in der Politik der zweiten Hälfte des 20. Jahrhunderts als nicht-vereinbare Gegensätze etabliert, sodass beispielsweise die Emotionalisierung von Wahlkämpfen lange Zeit weder in Deutschland noch in Österreich eine verfügbare Strategie war – ganz im Unterschied zu den USA. Erst in den 1970er Jahren formulierten die neuen sozialen Bewegungen unter dem Motto »das Persönliche ist politisch« und mit dem Gestus der Betroffenheit eine Kritik an der Trennung von öffentlich und privat und damit einen affektiven Politikstil. Dieser Politikmodus blieb aber lange aus dem politischen System exkludiert und fand erst mit den Grünen Parteien Eingang.

Am Beginn des neuen Jahrtausends wird die Trennung zwischen demokratischer Politik und Gefühlen im politischen Alltag zunehmend suspendiert (Bargetz/Sauer 2010). Wir können daraus schließen, dass auch politische Mobilisierung in (post-)demokratischen Konstellationen Momente neuer Regierungsformen sind, die neue Subjektverhältnisse entstehen lassen. Die gegenwärtige Form der »Mediokratie« (Meyer 2001) ist geradezu geprägt durch eine Grenzüberschreitung zwischen einerseits Politik als rationaler, wissensbegründeter Handlungsform staatlicher AkteurInnen sowie andererseits Politik als Leidenschaft und Engagement. Die Medien leben in ihren politischen Segmenten seit geraumer Zeit von einer Kombination aus Gefühl und Politik, und auch PolitikerInnen greifen immer häufiger auf Gefühle als Legitimationsbasis und als Ressource von Identitätspolitik zurück. Sachbezogene Argumentation wird in den kurzen Medienbites zunehmend unattraktiv, denn wer als PolitikerIn glaubwürdig sein will, muss Betroffenheit oder privat-familiäre Empathie als Ausweis von Authentizität demonstrieren.

Die visuellen Massenmedien, insbesondere das Fernsehen, spielen dabei eine zentrale Rolle. Donald Horton und Richard Wohl (1956, 216) wiesen im US-amerikanischen Kontext bereits frühzeitig darauf hin, dass sich zwischen Medienpersönlichkeiten (*personae*) und Publikum regelmäßig sogenannte »para-soziale Beziehungen« entwickeln, die die Illusion einer direkten, intimen Bekanntschaft der Persönlichkeiten beim Publikum erwecken: »They ›know‹ such a persona in somewhat the same way they know their chosen friends: through direct observation and interpretation of his appearance, his gestures and voice, his conversation and conduct in a variety of situations«. Im politischen Diskurs führt dies dazu, dass die vertrauenswürdige Inszenierung und der persönliche Stil bei Fernsehauftritten oder, besser: das mediatisierte Zusammenspiel von politischer Meinung und persönlicher Ausstrahlung von PolitikerInnen zu entscheidenden Kriterien ihres politischen Erfolgs werden. »Politicians are now judged not only on the basis of their ›talent‹ but also on the basis of their personalities«, argumentiert Joshua Meyrowitz (1985, 119) in den 1980er Jahren über die Herstellung politischer Autorität in den USA. »Here we can think of the ›feel good‹, avuncular impression conveyed by politicians such as Ronald Reagan«, nennt Mike Featherstone (2010, 199) ein markantes Beispiel, »which helps to establish the feeling that they are ›trusted‹ leaders«.

War also das politisch-staatliche Feld in Westeuropa, im Unterschied zu den USA, bis in die 1990er Jahre affektiv restriktiv geordnet und waren nur gewisse Affekte an bestimmten Orten bzw. zu bestimmten Zeiten zugelassen, so wird nun die Veröffentlichung von vormals als privat oder intim erachteten Details von PolitikerInnen, eben auch die öffentliche Demonstration von Affekten, im Zeitalter der Personalisierung von Politik geradezu erwartet. Andreas Dörner (2001) hat dies treffend als »Politainment« bezeichnet. Weniger die politische Programmatik, denn Sympathie oder Antipathie und die affektiven Bezüge zu politischen Persönlichkeiten bzw. deren öffentliche Inszenierungen von Affektivität spielen also eine bedeutsame Rolle bei der Mobilisierung politischer Interessen. Vor allem Wahlkämpfe wurden zunehmend zu Hochzeiten leidenschaftlichen politischen Agierens, in denen mit stets neuen Mitteln und Techniken eine potenzielle WählerInnenschaft mobilisiert werden soll, um so die eigenen Stimmen – vor allem durch Stimmung – zu maximieren. Gefühle und Affekte gelten nun als zentrale Ingredienzien von Wahlkampagnen – eine Binsenwahrheit, die die politikwissenschaftliche Wahlforschung aber erst allmählich zur Kenntnis nimmt (Hofinger 2011). Die Anrufung von »Hoffnung« Barack Obamas im Wahlkampfjahr 2008 war ein solches Spiel mit Gefühlen als Scheck auf die Zukunft – und er war damit erfolgreich.

Allerdings ist diese affektive Politikstrategie nach wie vor eher Politikern und weniger Politiker*innen* zugänglich. Für Frauen in der Politik ist die Ressource Affekt nach wie vor prekär. Die Geschlechterdifferenz blieb in westlich-liberalen Demokratien ein Modus, um die Grenze zwischen Politik und Gefühl, zwischen Wissen und Affekt, nicht nur sichtbar zu machen, sondern auch aufrechtzuerhalten. Wie seit der Frühzeit der politischen Moderne wird die Trennung von Körper und Geist, von Affekt und Vernunft durch Frauen repräsentiert, ja sogar verkörpert. Frauen gelten als emotionaler und deshalb als weniger für die Politik geeignet. Politikerinnen wird nach wie vor eine stärkere Leidenschaftlichkeit und deshalb eine geringere Distanziertheit im Politikgeschäft als Makel unterstellt. Sie müssen sich im Unterschied zu Politikern daher bewusst emotionslos geben. So war Angela Merkel nach ihrem Wahlsieg bei der Bundestagswahl 2005 und selbst gegenüber einem unflätigen Gerhard Schröder in der sogenannten TV-Elefantenrunde am Wahlabend immer bemüht, keine Gefühle zu zeigen. Erst jüngst entgegnete die bundesdeutsche Kanzlerin im Internet-Interview mit LeFloid auf die Frage, ob denn ihr Bauchgefühl und ihre Weiblichkeit Politik beeinflussen, folgendermaßen: »Nun bestehe ich nicht nur aus Bauchgefühl, sondern habe auch ein Kopfgefühl«,[29] um hervorzuheben, dass sie auch als Frau rational agiert. Auch Hillary Clintons Gefühlsleben als US-Außenministerin war immer wieder Medienthema, sei es, dass ihr Emotionslosigkeit vorgehalten wurde, sei es, dass ihr unterstellt wurde, ihre Tränen medial inszeniert zu haben.

Wie lässt sich diese neue demokratische Affektkonstellation erklären? Wir gehen davon aus, dass mit den neoliberalen Staatstransformationen eine Repräsentationskrise liberaler Demokratien, freilich auch neue politische Auseinandersetzungen und Kämpfe um staatliche Macht einhergehen, die mit

29 Angela Merkel am 13.07.2015, zu sehen auf https://www.youtube.com/watch?v=5OemiOryt3c; Zugriff am 10.08.2015.

dem Schlagwort »Postdemokratie« (Rancière 2002; Crouch 2004) auf den Begriff gebracht wurden. Mit den neoliberalen Umbauten stellt sich die demokratische Frage neu. So wurde bereits vielfach herausgearbeitet, dass der Abbau von Sozialstaatlichkeit und die Reduktion staatlicher Souveränität im Zuge von politischer Internationalisierung eine Gefährdung der (nationalen) Demokratie bergen. Phänomene wie sinkende Wahlbeteiligung, fehlendes Vertrauen in politische RepräsentantInnen und wachsende Unzufriedenheit mit der Leistungsfähigkeit demokratischer Institutionen sowie Entsolidarisierung, kurz: die viel beklagte Politik- bzw. Parteienverdrossenheit sind Indizien für ein Demokratie- und Legitimationsdefizit westlicher Staaten.

Politisierung erfolgt heute nicht mehr nur oder gar vornehmlich über den sogenannten öffentlichen Bereich und die dazugehörenden Organisationen wie Parteien und Gewerkschaften, und auch nicht vornehmlich in Bezug auf Partizipation im politisch-staatlichen System. Die Interessenvermittlung durch Parteien und Gewerkschaften funktioniert immer weniger. Auch die klassisch-liberale und repräsentative Form der Mobilisierung über Ideologien, wie dies die Parteien traditionell tun, ist kaum noch erfolgreich. Dies liegt nicht zuletzt daran, dass sich im Zuge neoliberaler Neugestaltung des staatlichen Kräftefeldes Politik, politisches Verhandeln und Entscheiden, in den Substrukturen von Verhandlungsnetzwerken des außer- bzw. vorparlamentarischen Raums informalisierte. Im Verhandlungsstaat verlieren demokratisch legitimierte Institutionen ihr Monopol auf politische Problemdefinition, auf das *agenda setting*, auf Problemlösungsstrategien und -entscheidungen an korporatistische Netzwerke zwischen staatlicher Administration und gesellschaftlichen Gruppen wie Industrie und Gewerkschaften, Kirchen, Medizin und Wissenschaft. Das Verhandlungsgeflecht schwächt aber traditionelle Repräsentationsorgane und Aushandlungsprozesse wie beispielsweise Parlamente und Wahlen. Wir können also eine Stillstellung der demokratischen Dynamik, ja eine Sklerose liberal-demokratischer Verfahren konstatieren.

Diese Prozesse der Privatisierung bzw. Informalisierung von Politik sind auch geschlechterpolitisch ambivalent zu beurteilen, ziehen doch nationale, freilich auch internationale Verhandlungsregime eine Remaskulinisierung nach sich. Die Entscheidungsfindung in Verhandlungssystemen erfolgt notwendig unter Ausschluss der Öffentlichkeit. Mit dieser Arkanisierung von Politik ist in der Regel auch eine Homogenisierung des Arkanums verbunden, vor allem eine geschlechtliche Homogenisierung. Die intensivere Form der informellen Verflechtung zwischen Interessenverbänden, Bürokratie und privaten Akteuren erhöht tendenziell den Männereinfluss und erschwert erfolgreiche Interventionen institutioneller Frauen- und Gleichstellungspolitik.

Die Informalisierung von Politik schränkt nicht nur den Raum des politisch Gestaltbaren ein, sondern minimiert auch die Möglichkeiten demokratischer Gestaltung der individuellen Lebenspraxen. Das heißt, die BürgerInnen sehen immer weniger Chancen, auf politische Entscheidungen Einfluss zu nehmen. Doch zugleich weisen auch die oben beschriebenen Subjektivierungsweisen von *citizenship* darauf hin, dass das neoliberale Projekt systematisch andere Handlungsorientierungen, eben unternehmerische, stärker präferiert und anruft als politisch-öffentliche. Hier setzen nun die neuen affektiven Politiken ›von oben‹, also Politiken einer Repolitisierung durch Gefühle und Affekte an. Diese affektiven Techniken der Mobilisierung, der Regierung und der Selbstführung möchten wir im nächsten Schritt diskutieren.

Mit der postdemokratischen Konstellation sind neue Formen politischer Mobilisierung ›von oben‹ verbunden. Ulrich Bröckling (2005, 22) spricht vom »Imperativ der Partizipation« im Neoliberalismus. BürgerInnen sollen, ja müssen sich gleichsam politisch engagieren und gemeinsam etwas tun, vornehmlich im sogenannten bürgerschaftlichen Engagement. Affekte sollen aktiv hervorgebracht und auch zu Ressourcen in der Demokratie werden, sie sollen die Entgrenzung von öffentlich-politisch und privat moderieren. Dem Prozess steigender parteipolitischer Interesselosigkeit und Entfremdung, dem demokratischen Legitimationsverlust soll durch neue Gefühlstechniken, das heißt durch die Mobilisierung von Affekten, durch Affizierung zum Beispiel im nachbarschaftlichen Engagement, entgegengetreten werden. Zivilgesellschaftliche politische Partizipation, die affektive Mobilisierung der BürgerInnen wird so aber in neuartiger Weise auch Teil von Herrschaft. Sie mutieren zu Konzepten, mit denen nicht zuletzt »an die ›Eigenverantwortung‹ der Bürger/innen im Gemeinwesen appelliert wird« (Wöhl 2007, 112), um sozialstaatlichen und demokratischen Abbau zu kompensieren oder zu kaschieren. Diese Mobilisierung zeigt ein weiteres Charakteristikum des (neoliberalen) Staates: Er zeichnet sich durch die Fähigkeit zur Integration von Protestimpulsen, von überschießender affektiver Politik aus. Antonio Gramsci bezeichnete diese Fähigkeit als »passive Revolution«, als einen Aspekt der hegemonialen Konsensbildung (zit. in Ludwig 2007).

Trotz solcher affektiver Redemokratisierungsversuche wird die Bedeutung von Affekten in der Demokratie und für Demokratie nach wie vor mit Misstrauen betrachtet. In Deutschland fand diese Skepsis jüngst ihren

Ausdruck im vieldeutigen Begriff des ›Wutbürgers‹. Als pejorativer Begriff fand er Eingang in die mediale Debatte durch einen *Spiegel*-Essay von Dirk Kurbjuweit über die BürgerInnenproteste gegen den Stuttgarter Bahnhof im Herbst 2010. Wutbürger, der Begriff wurde von der Gesellschaft für deutsche Sprache zum Wort des Jahres 2010 gekürt, bezeichnet, so auch Gerhard Matzig (2011), eine bürgerliche Mitte, die ihre Contenance verloren habe und nun ihren Gefühlen freien Lauf lasse, ohne Rücksicht auf den Schaden, den das Allgemeinwohl durch diese Untemperiertheit nehme. Der Vorwurf Matzigs (ebd., 25), »Wut ist ein Vorrecht von Kindern und Fußballfans«,[30] nimmt die Spaltung in Vernunft und Affekt, in Politik und Privatheit bzw. Freizeit wieder auf.

Allerdings zeigen affektive politische Mobilisierungsstrategien in europäischen Demokratien seit den 1990er Jahren in der Tat auch bedrohliche Seiten: Ganz offenbar sind in das postdemokratische ›Sinnvakuum‹ der Parteipolitik, das durch die radikale neoliberale Transformation des Alltags der Menschen wie auch des politischen Raumes geschaffen wurde, populistische Parteien vorgedrungen. Darüber hinaus laufen die instrumentelle Mobilisierung von Gefühlen für politische Identitätsbildung und zur Etablierung von Angstregimen, sei es Angst vor Fremden oder vor Terroristen (Massumi 2010), aber auch die Affektualisierung zur Steigerung der Legitimität öffentlicher Sicherheitsregime Gefahr, den Boden für populistische antiegalitäre und ausschließende Gefühlspolitiken zu bereiten. Durch die Zeichnung von Bedrohungsszenarien soll Angst gegenüber ›Anderen‹, vornehmlich gegenüber MigrantInnen, wahlweise auch gegen MuslimInnen, LGBT-Menschen oder Feministinnen mobilisiert werden (Ahmed 2004b, 71ff.). Affektpolitik kann also durchaus auch Angstpolitik sein. Der rechts-populistische, nationalistische und rassistische Gefühlsdiskurs kann daraus, aber auch aus dem Deutungsmuster der ›Natürlichkeit‹ des Volkes, also ›uns da unten‹, und der Verhärtung und Kälte der politischen Klasse, ›denen da oben‹, politisches Kapital schlagen.

Mit Bourdieu (2001b, 51) lässt sich sagen, dass ein neues Teilungsprinzip auf dem politischen Feld etabliert wird, InländerInnen versus AusländerInnen, das die Teilung in Reiche und Arme zum Teil ersetzt und eine ungeheure Mobilisierungskraft entfaltet. Populistische Affektpolitik kreiert beispielsweise das Phantasma der nicht-integrationswilligen und nicht integrierbaren ›Anderen‹, und auch dies wieder ›dargestellt‹ durch Frauen, nämlich durch

30 Früher hätte ein Essayist vermutlich vom ›Vorrecht der Frauen‹ geschrieben.

verhüllte muslimische Frauen. Mit diesem populistischen Deutungsmuster ist schließlich die Figur des Retters, also eines ›starken Führers‹ verbunden.

Dennoch öffnen affektive Subjektivierungsweisen auch Möglichkeiten neuer emanzipativer Politikformen (Bargetz 2015). Affekte sind nämlich ganz grundlegende Elemente des öffentlich-politischen Raums. Oder anders gesagt: Politik als ein Raum des gemeinsamen Handelns ist notwendigerweise ein affektiver Raum, ein Raum der Sorge um sich und um andere, ein Raum der Solidarität bzw. der Entsolidarisierung. Nicht zuletzt die sozialen Bewegungen der 1970er Jahre machten die Entgrenzung von Gefühlen zum Programm und haben damit die heutigen Verhältnisse in gewisser Weise vorbereitet. So können Betroffenheit und Affekte zum Ausgangspunkt für politische Mobilisierung werden, die dementsprechend nicht mehr auf spezifische Räume und Zeiten begrenzt ist. Das heißt, der Raum des Politischen – der eben nicht als distinkte Sphäre gedacht werden sollte – entsteht als ›affektive politische Subjektivierung‹, und umgekehrt produziert er diese. Affekte sind so denkbar als widerständige, als ermöglichende Praxis, erlauben sie doch das Miteinander mit anderen, bieten sie doch die Chance, die grundlegende menschliche Angewiesenheit auf andere, die eigene Verletzbarkeit wie auch jene der anderen wahrzunehmen und zum Ausgangspunkt politischen Handelns zu machen (Butler 2011; Gutierrez Rodriguez 2011).

So praktizieren zum Beispiel die Occupy-Bewegungen oder die Refugee-Camps diese neuen Formen der politischen Mobilisierung auf der Basis alltäglicher Erfahrungen, auf der Grundlage von Nähe – nämlich des Zusammen-Campierens –, also auf der Basis von Affektivität. Auch in der aktuellen Care-Debatte wird die Bedeutung von Affekten für Politik wieder mit der Frage politischen *empowerments* durch Gefühle diskutiert. Chantal Mouffe (2002; 2008) machte im Rahmen ihres agonistischen Politikmodells einen Vorschlag der emanzipativen Aneignung von Leidenschaften. Sie bezieht sich dabei auf das Potenzial der affektiven Identifikation in notwendig konflikthaften politischen Auseinandersetzungen. So können Affekte für eine Repolitisierung im Sinne einer ›affektiven Demokratie‹ bzw. einer affektbewussten Konzeptualisierung von Politik nutzbar gemacht werden. Das Verhältnis von Affekten und Politik bezeichnet in diesem Verständnis nicht nur einen politischen Stil – zum Beispiel den Populismus –, nicht nur eine durch populistische Parteien an die Lebenswelten der Menschen herangetragene Form der Politisierung und nicht nur eine Form der Manipulation zum Zweck des politischen Ausschlusses der als ›anders‹ Identifizierten. Auch der und die WutbürgerIn erscheint in dieser Denkbewegung nicht notwendig als ein Feind der Demokratie, sondern Wut »entsteht als Reaktion auf Unterdrückung, zugleich aber beinhaltet sie die Möglichkeit, der Herrschaft etwas entgegenzusetzen« (Purtschert 2008, 3). Lauren Berlant (2010, 116) spricht treffend vom »cruel optimism«, also einem optimistischen Versprechen der Demokratie des gemeinsamen Handelns, das ständig in Gefahr ist, gebrochen oder unterdrückt zu werden.

Zusammenfassend wollen wir hervorheben, dass die Transformation des Staatsprojekts wie auch des Staatsapparates von zentraler Bedeutung für den Zuschnitt der Lebensverhältnisse und sozialen Sicherheit unter neoliberalen Konditionen sowie für das Selbstverständnis der BürgerInnen als Erwerbsarbeitende ist. Trotz zunehmender Prekarisierung der Arbeit, die wir weiter unten noch ausführlicher diskutieren werden, zielt die biopolitische Strategie auf eine Subjektivierung der Menschen als eigenverantwortliche Individuen. Auch die demokratische Organisation des Kampfes um (staatliche) Macht ist vom neoliberalen Staatsumbau beeinflusst. Hier zeigt sich die ambivalente Instrumentalisierung von Affekten, aber auch ihr transformatorisches Potenzial – beides Charakteristika, die auch für den Wandlungsprozess von Dienstleistungsarbeit Relevanz besitzen. Im nächsten Kapitel werden wir den Wandel von Ökonomie und Konsum als Rahmen für die Veränderungen der Arbeitswelt darstellen.

4.3. Ökonomie, Konsum und Affekte

Mit der Entstehung der bürgerlich-kapitalistischen Gesellschaft wurden *Interessen* im Gegensatz zu traditionellen *Normen* und *Leidenschaften* zentrale Vergesellschaftungsmechanismen und Handlungsorientierungen. Albert O. Hirschman (1977) wies darauf hin, dass der staatliche Raum frei von Gefühlen und Interessen zu sein hatte, um die Interessenrealisierung in der Sphäre der Ökonomie organisieren zu können. Der Kapitalisierungs- und Rationalisierungsprozess konnte nur ganz bestimmte Emotionen und Leidenschaften gebrauchen – nämlich solche, die die kapitalistische Entwicklung beförderten. Gewisse Emotionen (Gier, Hab- oder Gewinnsucht) wurden deshalb zu »guten« Interessen, »schlechte« Emotionen (sexuelle Begierden) wurden zur Natur erklärt und in die Privatheit gedrängt. Hirschman bezeichnet dies als die »wundersame Metamorphose von destruktiven ›Leidenschaften‹ in Tugenden« (ebd., 41) im Zuge des Kapitalisierungsprozesses. Adam Smith weist er in diesem Prozess eine zentrale Rolle zu: »Smith dealt with a wide spectrum of human feelings and passions, but he also convinced himself that [...] the principal human drives end up motivating man to improve his material well-being« (ebd., 109; über soziale Affekte vgl. Smith 2010, 58ff.). In der Volkswirtschaftstheorie beginnt damit die Gleichsetzung von Leidenschaften, nicht zuletzt des Begehrens nach sozialer Anerkennung, mit ökonomischen Interessen, und sie leistet damit der einseitigen Betrachtung des Menschen als rationalem *homo oeconomicus* ebenso wie der ›Entzauberung‹ der Welt Vorschub – Vorstellungen, die lange Zeit die wissenschaftlichen Diskurse über die gesellschaftliche Entwicklung prägen werden.

Das bürgerlich-kapitalistische Affektdispositiv ist insofern ›produktiv‹ und nicht allein ›repressiv‹, weil es zunächst einmal die ›leidenschaftslose‹ Regulierung und Realisierung von ökonomischen Interessen erlaubte. Kurz: Regulierte ökonomische Konkurrenz in einem nicht-gewalttätigen Rahmen sollte die bürgerliche Gesellschaft kennzeichnen. John Maynard Keynes machte in den 1930er Jahren darauf aufmerksam, dass dieses vorgeblich leidenschaftslose Verfolgen ökonomischer Interessen von irrationalen »animalischen Instinkten« (*animal spirits*) befeuert wird. In seiner *Allgemeinen Theorie der Beschäftigung, des Zinses und des Geldes* (1936) legte Keynes, wenn auch nur in wenigen Passagen, dar, dass die Investitionsentscheidungen von Unternehmern zum Teil von unreflektierten Antrieben abhängen, etwa wenn er schreibt: »Individual initiative will only be adequate when reasonable calculation is supplemented and supported by animal spirits [...] It is our innate urge to activity which makes the wheels go round, our rational selves choosing between the alternatives as best we are able, calculating where we can, but often falling back for our motive on whim or sentiment or chance« (Keynes 1936, 162f.). Mit dem Siegeszug der neoklassischen Theorie in den folgenden Jahrzehnten (Harvey 2007, 19ff.) verliert sich die Thematisierung der affektiven Züge des ökonomischen Feldes, und an die Stelle des leidenschaftlich-intuitiven Unternehmers tritt die (Modell-)Figur des zweckrationalen Vernunftmenschen, der durch rein rationale Entscheidungen seinen ökonomischen Nutzen zu optimieren sucht.

Die diskursive Reemotionalisierung der (männlichen) ökonomischen Praxis und der öffentlichen Sphäre der Ökonomie in den 1990er Jahren und dann verstärkt im folgenden Jahrzehnt setzt an der Kritik dieses *homo oeconomicus* an, dem vorgeblich hyperrationalen Akteur der neoklassischen Ökonomie. Gary Becker, dem vielleicht wichtigsten Vertreter der Humankapital-Theorie zufolge, bildet die ökonomische Rationalität nichts weniger als ein allgemeingültiges Erklärungsprinzip menschlicher Verhaltensweisen. Anfang der 1980er Jahre argumentiert er in *A Treatise on the Family* (zit. in Bourdieu 1998c, 196) beispielsweise folgendermaßen: »Die ökonomische Herangehensweise [...] nimmt jetzt an, dass die Individuen ihren Nutzen anhand grundlegender Präferenzen, die sich in der Zeit nicht rasch verändern, maximieren und dass das Verhalten unterschiedlicher Individuen durch explizite oder implizite Märkte koordiniert wird [...] Die ökonomische Herangehensweise ist nicht auf materielle Güter und Wünsche oder Märkte mit monetären Transaktionen beschränkt [...] Die ökonomische Herangehensweise [bietet] einen Rahmen, der auf jedes menschliche Verhalten anwendbar ist – auf alle Typen von Entscheidungen und auf Personen in allen Lebenslagen«. Pierre Bourdieu (ebd., 199f.) kritisiert in Folge, dass bei diesem Erklärungsversuch »das gelehrte Subjekt, das eine perfekte Kenntnis der Ursachen und Chancen besitzt, in den handelnden Akteur hineinprojiziert [wird], dem man unterstellt, er sei rational geneigt, die Chancen, die ihm die Ursachen bieten, als Ziele zu setzen«. Und er verweist in diesem Zusammenhang auf die Bedeutung von Neigungen und Gewohnheiten, die sowohl historisch als auch lebensgeschichtlich geprägt sind, für vernünftige Entscheidungen und das subjektive Erfassen von Chancen.

Mit der Krisenhaftigkeit der ökonomischen Entwicklung im globalen Norden und der Rückkehr sozialer Unsicherheit wird in den ökonomischen Diskursen seit den 1990er Jahren die Kritik an *Rational Action*-Ansätzen lauter. Auf die neuerdings zentrale Kategorie des Vertrauens wurde eingangs schon hingewiesen, aber auch die Sympathie beginnt wieder eine prominentere Rolle zu spielen, vor allem in der Diskussion von Transaktionen, die – obwohl eingeschlossen in die kapitalistische Wirtschaft – ganz offensichtlich nicht der Rationalität und Rechenhaftigkeit von Märkten gehorchen, wie die innerfamiliäre Ökonomie (die weitgehend auf einer affektiven Logik basiert) oder der Austausch von Gaben unter Freunden (z.B. Offer 1997; Bourdieu 1998a, 173ff.). Paul DiMaggio (2002) argumentiert zudem – wie auch George Akerlof und Robert Shiller (2009) unter Rückbezug auf Keynes' *animal spirits* –, dass für ökonomische AkteurInnen bei Entscheidungen unter Unsicherheit Sympathie eine zentrale Rolle spielt und dass generell ökonomisches Vertrauen, aber auch der Wille zu riskanten Entscheidungen das Ergebnis emotionaler Prozesse sind. Bauchgefühle und die Intuition nehmen einen ganz prominenten Platz in der zeitgenössischen Diskussion ökonomischer Entscheidungen ein (z.B. Elster 1996 oder Bandelj 2009), nicht zuletzt im Hinblick auf die Frage, wie Entscheidungen auf den Finanzmärkten getroffen werden: »Anyone who has directly observed financial market actors knows that emotions and their verbal and physical expression are a daily part of these activities«, beschreibt beispielsweise Jean-Pierre Hassoun (2005, 103) das Treiben an den Börsen (vgl. zudem Pixley 2004). Jon Elster (1998, 73) weist in diesen Zusammenhängen auf Verbindungen von Bauchgefühl und Nutzenmaximierung hin, um insgesamt auf eine »dual role of emotions« aufmerksam zu machen, der zufolge Gefühle sowohl die subjektiven Entscheidungen als auch die Belohnungen prägen. In einer ersten Übersicht zum Thema *Emotions and the Economy* kommt Mabel Berezin (2005) zum Schluss, dass sich die Erkenntnis über die Bedeutung von Gefühlen in ökonomischen Prozessen auszubreiten scheint: »The growing realization that emotions matter for economic life is fueling a resurgence of interest in emotion in the social sciences« (ebd., 122). Und sie spricht dabei speziell zwei Untersuchungsbereiche an, die einiges zur Erklärung darüber beitragen können, wie Affekte ökonomisches Handeln beeinflussen und bestimmen: Erkenntnisse über die Kommodifizierung emotionaler Dinge, wie etwa die Liebe, sowie Forschungsergebnisse über den Konsum, die in jüngster Zeit vor allem um das Thema *affective economics* kreisen, einen neuen Marketingdiskurs über die affektive Verbundenheit von KonsumentInnen mit Markenartikeln (Jenkins 2006, 319). Wir wenden uns im Folgenden diesem in der Ökonomie über lange Jahre vernachlässigten Handlungsbereich zu und versuchen, die Geschichte des Konsums und Kaufbegehrens zu rekonstruieren, nicht zuletzt deshalb, weil dort jene KundInnenhaltung entsteht, die den gegenwärtigen Dienstleistungen und damit auch den Anforderungen an affektive Dienstleistungsarbeit zugrunde liegt.

Die Konsummärkte – im Unterschied zu den anderen, vorgeblich rationalen ökonomischen Märkten, wie dem Arbeitsmarkt – sind ganz offensichtlich jener Teil der kapitalistischen Ökonomie, der historisch am frühesten von Affekten durchdrungen wird. Die beginnende Massenproduktion von Konsumgütern im 19. Jahrhundert, von Hüten, Schuhen, Herrenanzügen oder auch der Konfektionskleidung für die Frau, führt zu einem grundlegenden Wandel des Einkaufsverhaltens und zu einer Neubewertung der Güter, in der der materielle Gebrauchswert oder der Nutzen der Dinge immer stärker in den Hintergrund rückt, während zunehmend symbolische und affektive Werte (Ahmed 2004a; 2010b) das Kaufbegehren bestimmen.

Auf der einen Seite sind zwölf- bis sechzehnstündige Arbeitstage, auch für Frauen und Kinder, für die Fabrikarbeit des 19. Jahrhunderts und damit nicht zuletzt für die Massenfabrikation von Konsumgütern bezeichnend –

manuelle Arbeit, mit der die Arbeitskräfte gerade das Lebensnotwendige erwirtschaften und die insgesamt mit elenden Wohn- und Lebensverhältnissen verbunden ist. Auf der anderen Seite entsteht auf dem Rücken der Lohnarbeiterschaft eine neuartige Welt des Konsums, ein vielfältiges, schillerndes Warenangebot, das zum Kauf verlockt und die oberen Klassen der Gesellschaft dazu befähigt, ihren sozialen Status demonstrativ zur Schau zu stellen. Thorstein Veblen (1998) spricht in diesem Zusammenhang vom »nützlichen Werkinstinkt« der niedrigen Klassen, der dem »räuberischen Instinkt« der müßigen Klasse zum Opfer fällt, die im Zeitalter der maschinellen Industrie Natur wie Menschen ausbeutet. Sowohl der demonstrative Müßiggang als auch der demonstrative Konsum dieser »feinen Leute« hat den Zweck, Prestige oder symbolisches Kapital anzuhäufen, also soziale Anerkennung durch neiderfüllten Vergleich zu gewinnen. Die beginnende Konsumkultur schafft erstmals die Voraussetzungen dazu, soziale Vergleiche über den Kauf von Dingen herzustellen, und zwar deshalb, weil die Dinge von sozialen Verhältnissen und vom Begehren und Hoffen der Menschen zu sprechen beginnen und diese konstituieren: durch die Inszenierung der Konsumgüter in den neu entstehenden großen Warenhäusern und durch die Versprechen der Werbung.

In den urbanen Zentren der westlichen Welt beginnen ab der Mitte des 19. Jahrhunderts Einkaufspaläste, mit den heutigen *malls* oder *urban entertainment centres* vergleichbar, aus dem Boden zu schießen, die eine noch nie da gewesene Vielfalt an Waren zur Schau stellen. Das *Bon Marché* in Paris und *Harrods* in London spielen eine Vorreiterrolle in dieser Entwicklung, die bis zum beginnenden 20. Jahrhundert alle Metropolen auf beiden Seiten des Atlantiks erfasst. Im Vergleich zum vormodernen Einkaufsverhalten, einem persönlichen Verhandlungsprozess über Qualität und Preis zwischen Ladenbesitzer oder Verkaufspersonal und Kundschaft, müssen die Waren in den Einkaufspalästen für sich selbst sprechen, und dies bei fixen Preisen. Beides bedingt völlig neuartige Inszenierungen oder Ausstellungstechniken mit dem Ziel, vergleichsweise billige Massenware wie Luxusgüter aussehen zu lassen. Die Verschiebung der Kommunikation im angehenden Massenkonsum, nämlich hin zu einem Zwiegespräch zwischen Ware und KonsumentIn, zieht eine symbolische Aufladung der Güter nach sich, die in der Folge Distinktionsgewinne der KäuferInnen ermöglicht. Insbesondere der Mittelklasse eröffnen sich damit, das heißt durch relativ preiswerte Konsumgüter mit luxuriösem Anschein bzw. hohem Prestige, Distinktionschancen, die den symbolischen Wettstreit um den richtigen Geschmack vorantreiben:

»In seinem Bedürfnis, sich nach unten gegen das Proletariat abzugrenzen, indem es nach oben das (reiche) Großbürgertum [...] nachahmt, benötigt das Kleinbürgertum geeignete Status-Symbole. In Übereinstimmung damit bieten die Warenhäuser ihre Waren als Symbole an« (Haubl 1996, 221).

Darüber hinaus erfordert das rapide anwachsende Warenangebot neue Strategien der Verkaufsförderung. Moderne Werbung beginnt genau zu jener Zeit zu florieren, in der bei zunehmender Warenvielfalt immer weniger der Gebrauchswert, sondern vielmehr der angesprochene symbolische Nutzen und affektive Wert über den Konsum entscheidet. Ausgehend von den Vereinigten Staaten entwickelt sich jene Form der Anzeigen- und Plakatgestaltung, die heutzutage als Lifestyle-Werbung bezeichnet wird. Die Innovation im Vergleich zu älteren Werbeformen besteht darin, dass nunmehr symbolische Reize zum Konsum verführen oder, genauer gesagt, dass diese Werbung den symbolischen Wert von Massengütern kreiert, den sich die KonsumentInnen durch den Kaufakt aneignen können. Dabei geht es nicht um rationale Argumente, die potenzielle KonsumentInnen von der Qualität der Ware überzeugen sollen, sondern zum einen um die Ästhetisierung der Waren und die affektive Aufladung von Konsumgütern mit sozialen Merkmalen, die faszinieren, etwa indem sie Reichtum und Luxus ausstrahlen, sowie zum anderen um die Affizierung der KonsumentInnen mit diesen Glücksversprechen. Während die Vorformen der modernen Werbung über die Nützlichkeit von Konsumgütern sprechen, macht sich der neue Werbestil das wachsende Begehren nach Distinktion zu eigen und redet von Eleganz, Schönheit, Sex-Appeal und Dynamik – von prestigeträchtigen Eigenschaften, durch die sich die Konsumgüter auszeichnen. In der Verbindung von prestigereichem Ambiente und Markenname, die die Werbung herstellt, zeigt sich jener symbolische Gewinn, der durch den Konsum des Produkts erzielt werden kann. Und diese Beziehung von Marke und Ambiente gehorcht keinen logischen Regeln, sondern beruht auf affektiver Nähe (vgl. die Beispiele in Goodrum/Dalrymple 1990). Die Variationen des symbolischen Mehrwerts oder Glücksversprechens verweisen dabei auf unterschiedliche Interessenlagen und Lebenswelten der KonsumentInnen und gewährleisten gleichzeitig, dass sich diese durch Werbung persönlich, nämlich dem eigenen Begehren und Gewohnheiten entsprechend, angesprochen fühlen. Werbung wendet sich, anders ausgedrückt, immer an eine anonyme Masse an KonsumentInnen, aber auf solche Art und Weise, dass sie jeweils persönlichen Gewinn verspricht. Überspitzt formuliert lässt sich sagen, dass die Werbung ›individuelle Industrieprodukte‹ herstellt. Qua Werbung werden Massengüter mit individuellen Dispositionen verkoppelt und damit zum Ausdruck des persönlichen Begehrens. Mit dem Erwerb von Waren (als Statussymbole) verbindet sich ein individueller symbolischer Nutzen. Damit führt die Massenproduktion von Konsumgütern paradoxerweise zu einer stärkeren Akzentuierung von Individualität, gleichsam zur Individualisierung, indem sie zur Herausbildung persönlicher Stile oder unverwechselbarer Persönlichkeiten beiträgt.

Zu den zentralen symbolischen Werten, welche die moderne Werbung im 19. Jahrhundert aufgreift, gehören die weibliche Schönheit und Sexualität. »Die Konsumkultur machte das Begehren zum Zentrum der Subjektivität, während sich die Sexualität in eine Art allgemeine Metapher des Begehrens verwandelte«, schreibt Eva Illouz (2011, 84), um über die Verbreitung von weiblichem Sex-Appeal hinzuzufügen: »Filmstudios, Frauenzeitschriften, Werbefachleute und Plakatwerbung machten die neuen Möglichkeiten, den Körper zu propagieren und zu erotisieren sowie das Gesicht zu betonen, populär [...] Frauen wurden durch das Ideal der sexualisierten Schönheit als triebhafte und sexuelle Akteurinnen in die Konsumkultur integriert, ein Ideal, das verschiedene Branchen gemeinsam aggressiv bewarben: Mode, Film, Werbung, Musik und Kosmetik« (ebd., 85f.). Die Gründe für diese Konstruktion und Ansprache der Weiblichkeit verweisen neuerlich auf gesellschaftliche Machtverhältnisse. Zu den wesentlichen Aufgaben der bürgerlichen und kleinbürgerlichen Frau dieser Zeit zählt die Haushaltsführung, womit sie auch hauptverantwortlich für den familiären Konsum ist. Dazu gehören neben der Auswahl von Nahrungsmitteln, Speisefolgen und Getränken auch die repräsentative Ausstattung der Wohnräume oder die Wahl geschmackvoller Kleidung, die zur Veranschaulichung des sozialen Ranges im privaten wie im öffentlichen Leben dienen. Den Frauen wird mit einem Wort die tragende Rolle bei der Ausbreitung der Konsumkultur zugewiesen, und bis heute dominieren Frauen – zu einem guten Teil aufgrund familiärer Pflichten – in vielen Konsumbereichen, vor allem auf dem Gebiet der Körperpflege und Verschönerung. Es lässt sich also aufgrund der Glücksversprechen der Konsumkultur, die insbesondere Frauen adressieren, von einer affektbestimmten Kommodifizierung der weiblichen Haus- und Sorgearbeit im 19. Jahrhundert sprechen, und zugleich verändern die neuen Diskurse, insbesondere die Visualisierungen der Werbung, das Bild von Weiblichkeit in Richtung sexualisierter Körperlichkeit.

Dieser geschlechtsspezifischen Ausprägung des Konsums liegt jenes Machtungleichgewicht zwischen den Geschlechtern zugrunde, das sich in der Vorherrschaft des Mannes im öffentlichen Leben, nicht zuletzt auf dem vorgeblich rationalen ökonomischen Feld, zeigt, während Leben und Verantwortlichkeit der (klein-)bürgerlichen Frau auf die private Sphäre beschränkt bleiben: »Ein gesellschaftliches Individuum, Mann oder Frau, ist durch die Wahrscheinlichkeit charakterisiert, im öffentlichen Raum zu sein, einen Beruf, eine sozial anerkannte Stellung zu haben usf. Hier liegt der primäre Unterschied zwischen den Männern und den Frauen«, konstatiert Pierre Bourdieu (1997, 222). Im weiblichen Konsum drückt sich insofern die soziale Unterordnung der Frau aus, eine Unselbstständigkeit, die bereits Georg Simmel (1995) um 1900 ausführlich diskutiert, indem er darauf hinweist, dass für das weibliche Geschlecht bloß eine »relative Individualisierung« möglich sei, etwa durch modische Mittel. Aufgrund dieser Konstellation sind die Frauen auch von Anfang an Hauptadressatinnen der Werbung – und die Werbung beginnt im 19. Jahrhundert, den symbolischen Profit von Waren mittels Frauendarstellungen zu veranschaulichen. Der luxuriöse Charakter von Markenseifen, Erfrischungsgetränken (etwa Coca-Cola) und dergleichen mehr lässt sich an der Schönheit und am Sex-Appeal der Models ablesen. Umgekehrt verspricht das vorbildliche Aussehen der dargestellten ›Modellkonsumentinnen‹ symbolische Erfolge und soziale Anerkennung beim Kauf der Ware.

Frauen der Ober- und Mittelklasse werden über den Konsum in die ökonomische Welt integriert, über einen Handlungsbereich, der hochgradig von Affekten bestimmt wird, die nicht zuletzt die Konsumentscheidungen lenken. Frauen scheinen nicht nur für die Kinderbetreuung und Hausarbeit besser geeignet, sondern auch mehr Gefühl für die modische Inszenierung und das häusliche Dekorum zu besitzen. Die großen Warenhäuser und die moderne Werbung treiben die Kommerzialisierung der Haushaltsführung und der familiären Aufgaben voran, und damit auch die Durchdringung des privaten Bereichs mit warenförmigen Gefühlen. Zugleich eröffnen sich aus der Zuständigkeit für die privaten Lebensbereiche und das familiäre Wohlbefinden neue öffentliche Räume für Frauen. Die Einkaufspaläste stellen Orte dar, an denen Frauen legitimerweise, nämlich aufgrund der familiären Arbeitsteilung, ohne männliche Begleitung verweilen können. Das spektakuläre Warenangebot, dessen Sichtung Zeit benötigt, *window shopping* oder Attraktionen wie Modeschauen laden zu längeren Aufenthalten ein und tragen dazu bei, die alte Ordnung außer Kraft zu setzen, in der die wohlgesittete Frau einzig an der Seite des Ehegatten am öffentlichen Leben teilhat. Das große Warenhaus »provided a spectacular environment in which to stroll aimlessly, to be a *flâneuse*, to observe people, to admire and parade new fashions. This was a context which legitimized the desire of women to look as well as to be looked at«, schreibt die Kulturwissenschaftlerin Mica Nava (1997, 72). Neben den Einkaufspalästen nennt Nava (ebd., 61) »great exhibitions, galleries, libraries, restaurants, tearooms and hotels« als angemessene Plätze für Frauen ohne Begleitung im ausklingenden 19. Jahrhundert.

Die deutliche Trennung in eine männlich kodierte öffentliche Sphäre und eine als weiblich geltende Privatsphäre existiert bis in die 1970er Jahre nahezu ungebrochen fort, wenngleich die konsumtive Integration des weiblichen Geschlechts ins öffentliche Leben, insbesondere entlang der hegemonialen männlichen Vorstellungen vom ›schönen Geschlecht‹, im Laufe der Geschichte deutlich zunimmt. Das männliche Alleinverdienermodell erlebt im Fordismus der 1950er bis 1970er Jahre einen letzten Höhepunkt, indem es zum Ideal für die Familiengemeinschaften aller Klassen der Gesellschaft wird, bevor die zunehmende weibliche Integration ins Erwerbsarbeitsleben zur Erosion dieser Art von Beziehungen führt. Die Konsumlogik der großen Warenhäuser erreicht in dieser Zeit den Lebensmittelhandel – die ersten Selbstbedienungsläden entstehen, wo die Waren für sich selbst sprechen müssen und die Vielfalt an Markennamen zunimmt. Generell setzt eine wesentlich stärkere Differenzierung vormals standardisierter Massenwaren – von der Bekleidung über den Kühlschrank bis zum Auto – ein, wie sich vor allem an der Zunahme von Markenprodukten und Logos ablesen lässt, die mithilfe der Marktforschung genauer als zuvor für ganz bestimmte Lebensstilgruppen konzipiert sind und zur symbolischen Konstitution dieser Milieus beitragen. Die kommerzielle Affizierung der Bevölkerungsklassen erfolgt also gezielter. Der immaterielle, symbolische und affektive Wert der materiellen Produkte wächst, und die Möglichkeiten, über den Konsum von Artefakten Einzigartigkeit zu signalisieren, nehmen zu, obgleich die stilistischen Unterscheidungsmerkmale in diesem Prozess auch feiner werden (Bourdieu 1982).

In seiner bahnbrechenden Publikation *Kritik der Warenästhetik*, die 1971 erstmals erscheint, zieht Wolfgang Fritz Haug den Schluss, dass der Gebrauchswert von Konsumartikeln rasant an Bedeutung verliert und der Tauschwert (oder das »Gebrauchswertversprechen«) gegenüber dem Gebrauchswert dominiert, dass also die Konkurrenz der Markenartikel »sich weitgehend auf die Ebene der Erscheinungsbilder verlagert« (Haug 2009, 50). Fluchtpunkt dieser Entwicklung sind Waren, die überhaupt keinen Gebrauchswert, sondern nur noch einen Verkaufswert besitzen, und ein Konsumverhalten, das nicht mehr auf den Gebrauch der Waren abzielt – bei dem es vielmehr allein um den Besitz der Markenartikel geht. In den 1990er Jahren knüpft Gernot Böhme (1995, 62ff.) an diese konsumkritischen Überlegungen an und entwickelt daraus eine neuartige Konzeption und Kritik der »ästhetischen Ökonomie«. Mit dieser Ökonomie ist jene kapitalistische Entwicklungsphase gemeint, in der die ästhetische Arbeit, die der Inszenierung von Waren dient, einen großen Teil der gesamtgesellschaftlichen Arbeit ausmacht. Damit wird Böhme zufolge ein spezifischer Gebrauchswert von Waren hergestellt, ein »ästhetischer Wert« oder »Inszenierungswert«, der sich darin zeigt, dass Konsumgüter gerade in ihrer szenischen Funktion gebraucht werden: als Bestandteil eines Stils oder zur Erzeugung von Atmosphären (ebd., 46; Böhme 2008, 29). Durch diese Inszenierung der Alltagswelt wird Macht ausgeübt, gibt Böhme zu bedenken, eine ökonomische Macht, »die sich durch die Erregung der Emotionen und durch das Erzeugen von Begehrlichkeiten den einzelnen Menschen unterwirft« (Böhme 1995, 45).

In der kapitalistischen Konsumsphäre vollzieht sich also ein Wandel, der sich darin manifestiert, dass die immaterielle Seite von Produkten bzw. der Konsum von immateriellen Produkten zum zentralen Faktor der Wertschöpfung wird. Appelliert wird ans Begehren, es soll geweckt und nicht zuletzt durch ästhetische Werte gesteigert werden. Die Waren und ihre Inszenierung wirken auf die Befindlichkeit der Menschen ein oder, wie Sara Ahmed (2010a, 34) schreibt, »objects become ›happiness means‹«: »The promise of happiness takes this form: that if you have this or have that or do this or do that, then happiness is what follows« (ebd., 41). Nigel Thrift (2010) bezieht sich ebenfalls auf die immense Bedeutung von *practices of aesthetics* in der Charakterisierung des gegenwärtigen Kapitalismus, wenn er, wie Böhme (1995, 18), von einer »Welt des Ausdrucks«, von einem *expressive age* spricht, »in which aesthetics is both a key social moment and a key means of generating economic value« (Thrift 2010, 293f.). »In the era of aesthetic economy, our structures of feeling [...] are increasingly shaped by the look and feel of corporate capitalism«, schließen Philip Hancock und Melissa Tyler (2008, 216) aus der Unterwerfung des Begehrens unter die kommerziellen ästhetischen Kodes. Werbung und Marketing erzeugen also Affekte und bestimmen damit über den Erfolg oder Misserfolg von Konsumgütern, wie am Beispiel des Energy Drinks *Red Bull* geradezu paradigmatisch nachvollziehbar ist, der durch seine Assoziationen mit Gefahr, Risiko, Körpereinsatz und Mut, somit einer starken Aufladung mit männlichen Affekten, zu einem globalen Verkaufserfolg wurde. Die gleichzeitige Individualisierung mittels der

Getränkemarke erfolgt durch Verweise auf Fun- und Risikosportarten, in denen der einzelne Sportler (manchmal auch die Sportlerin) über die Natur oder die sportliche Konkurrenz triumphiert und solcherart zur Identifikation mit diesen Erlebnissen einlädt.

Darüber hinaus besteht heute die Möglichkeit, die Materialität von Industrieprodukten so zu personalisieren, dass sie den konkreten Wünschen des/r zukünftigen Kunden/in entspricht, womit das persönliche Begehren direkt in den Produktionsprozess etwa von Genussmitteln und Modeartikeln, aber auch von Automobilen einfließen kann. Was die KundInnen bereits begehren, die Gewohnheit, wird so zum Ausgangspunkt für zukünftiges Glück, das sich in Gestalt der Ware, in deren Gegenwart sie sich glücklich fühlen, materialisiert: »The promise of happiness is what sends happiness forth« (Ahmed 2010a, 35). Die (immaterielle) Informatisierung der Produktion mithilfe cyber-physischer Systeme und Netzwerke der *smart factory* (BM für Bildung und Forschung o.J.) wird solcherart mit den Vorlieben und Sehnsüchten der KonsumentInnen kurzgeschlossen, nämlich in Richtung individualisierter Produktion. Insgesamt lässt sich von einem rapiden Wachstum – beschleunigt vor allem durch die Etablierung des Internets – des immateriellen Konsums im verkörperten Kapitalismus sprechen, nicht nur in Verbindung mit dem Kauf von Dingen, sondern auch im Konsum von Dienstleistungen, von Unterhaltung, Kultur oder auch Wissen, eines Konsums also, der in weiten Teilen affektiv bestimmt ist oder direkt auf bestimmte Affektlagen und Stimmungen abstellt wie zum Beispiel Erotisierung und Sexualisierung durch die Werbung oder Entspannung, Balance und Wohlbefinden durch Yoga und andere östliche Körpertechniken.

George Ritzer (1999) weist in Anlehnung an Marx vor allem darauf hin, dass der Konsum der *means of consumption*, also der Konsumtionsmittel, enorm zunimmt. Damit ist die Ausbreitung neuer Kathedralen des Konsums gemeint, wie *mega malls*, Bahnhöfe, Fußballstadien oder Museen mit einem breiten Angebot an Konsummöglichkeiten, die den Menschen auf unterhaltsame Weise, etwa in Form von *eatertainment* oder *retailtainment*, ein Konsumverhalten aufzwingen. »Those who control the cathedrals of consumption have devoted themselves to making consumption fun« (ebd., 194). Mit Bourdieu gesagt, geht es dabei um die symbolische Gewalt des Konsumismus, eine sanfte Gewalt im Interesse der Konsumtionsmittel-BesitzerInnen, die über Affekte wie Spaß funktioniert, konsumtive Einstellungen fördert und damit Kontrolle über die KonsumentInnen ausübt und diese ›führt‹: »People are not, in the main, being coerced into [buying and spending]«, schreibt auch Ritzer (1999, 75), »but are quite eager to behave in these ways.« Diese Art Konsum wird somit Teil einer neoliberalen affektiven Subjektivierung bzw. neuartiger affektiver Selbsttechniken des (konsumierenden) Individuums.

In dieser Konsumkultur verschwimmen zum einen die Grenzen zwischen Produktion und Konsum, zwischen immaterieller Arbeit und immateriellem Konsum, wie die Bezeichnung *prosumer* (*production by consumers*; Toffler 1980) bzw. die gängige Praxis, Teile der Produktion an die Kundschaft ›auszulagern‹, nahelegen. Gefordert ist die aktive Teilnahme der KonsumentInnen an der Herstellung von Dienstleistungen, etwa im Selbstbedienungsrestaurant, im Versandhandel, bei Partnerschaftsbörsen im Internet, aber auch bei Online-Finanzdienstleistungen und beim Austausch von Wissen im Netz. Zum anderen fließen die (erwarteten) Erwartungshaltungen der KonsumentInnen in die Kompetenzprofile für interaktive Dienstleistungsarbeit ein, wie die Diskussion über *aesthetic labor* (nunmehr – im Unterschied zu Gernot Böhme – im Sinne des ästhetischen Selbstmanagements und der Selbstinszenierung; z.B. Warhurst/Nickson 2009) seit einigen Jahren belegt. Die lange Geschichte der Sexualisierung des Frauenkörpers in der Werbung geht einher mit der Vermarktlichung von körperlicher Schönheit, Attraktivität und Sex-Appeal im Arbeitsprozess von Dienstleistungsbranchen wie der Gastronomie oder dem Einzelhandel: »(Aesthetic) labour refers to the hiring of workers with corporeal capacities and attributes that favourably appeal to the senses of the customer and which are then organizationally mobilized, developed and commodified through training, management and regulation to produce an embodied style of service«, beschreiben Chris Warhurst und Dennis Nickson (2009, 388) diese Tendenz der immateriellen Arbeit, die auf Affizierung und Bezauberung der KonsumentInnen durch körperliche Inszenierung ausgerichtet ist.

Jüngste Studien zu *affective economics*, die ihren Ausgang von Henry Jenkins' viel diskutierter Arbeit *Convergence Culture* (2006) nehmen, in der der Autor anhand der US-Fernsehshow *American Idol* das »emotionale Kapital« diskutiert, das die Zuseherschaft in die Sendung investiert (Jenkins 2006, 59ff.), werfen nochmals ein neues bezeichnendes Licht auf die heutige Bedeutung von Affekten für die kapitalistische Wertschöpfung: »Interactive marketers are turning to the measurement of sentiment, opinion and emotion on an unprecedented scale: that of the Internet«, stellt Marc Andrejevic (2011, 610) fest. Dies geschieht durch sogenannte *sentiment analysis*, das Abschöpfen großer Datenmengen aus dem Netz, um auf aggregierte Gefühlslagen und Wahrscheinlichkeiten von Konsumwünschen schließen zu können. »Commercial control over the infrastructure and thus the data that it generates lies at the heart of this version of affective economics«, warnt der Kultur- und Medienwissenschaftler (ebd., 615), um darauf hinzuweisen, dass mit den wachsenden kommunikativen Möglichkeiten der Menschen, Einfluss auf die Konsummärkte zu nehmen, auch die Überwachungs- und Kontrollmöglichkeiten ihres Verhaltens und ihrer Stimmungslagen steigt (mithilfe von Programmen wie *TweetView,* »that measures the combined influence of tweets on a company«; ebd., 611). »Forms of ideological manipulation give way to the modulation of affect«, lautet Andrejevics (ebd., 610) Schluss aus dem Aufstieg dieser internetbasierten Marketingstrategien, die den Fluss und die Intensität großer Affektströme zu vermessen suchen.

Diese Marketingdiskurse, die den ökonomischen Wert von Affekten thematisieren und die Steuerung von Stimmungslagen im Auge haben, aber auch die wirkungsvolle Inszenierung von Waren, sodass sie gute Gefühle verbreiten, und die ästhetische Normierung des Erscheinungsbildes, um KonsumentInnen zu gefallen, stellen auf dem ökonomischen Feld entscheidende Kräfte der affektiven Subjektivierung im Postfordismus dar. Sie prägen und regulieren die affektiven Wahrnehmungs- und Beurteilungsweisen der Individuen in einem öffentlichen Bereich, der neben der Erwerbsarbeit ganz wesentlich zur Formung und zur Expressivität der Persönlichkeiten beiträgt; sie leiten die Selbstregierung der Subjekte als passionierte KonsumentInnen an und beeinflussen gleichzeitig nachhaltig die materiellen Arbeitsprozesse im Dienstleistungsbereich, die Produktionsverhältnisse bei der Herstellung immaterieller Güter.

Die Thematisierung der Affekte in den Diskursen der Ökonomie und Wirtschaftssoziologie in den letzten Jahren (insbesondere durch die stärkere Berücksichtigung des Konsums) koinzidiert mit der Indienstnahme von Gefühlen im immateriellen Produktionsprozess des verkörperten Kapitalismus, der auf Wissen, Kommunikation, Dienstleistungen, aber auch auf die Herstellung von Gefühlen abzielt. Bildeten die industrielle Produktion, die Taylorisierung der Arbeit und die Akzentuierung fortschreitender ökonomischer Rationalität das geschichtliche Dispositiv des Fordismus, so markieren die betriebswirtschaftlich angestrebte Vereinnahmung der ganzen Person in der immateriellen Arbeit, die Selbstführung der Arbeitskräfte und die Rückbesinnung auf die Affektivität der Menschen eine neue Epoche der Biopolitik und Technik der Macht, gleichsam das Ineinandergreifen von Biopolitiken des Konsums und Biopolitiken der Erwerbsarbeit.

Die Ausführungen in diesem Kapitel sollten den Weg bereiten, um die verschiedenen Dimensionen, Bereiche und Techniken einer Reaffizierung als Teil des Neoliberalismus herauszuarbeiten. Reaffizierende Steuerungstechniken in Staat, Politik, Ökonomie und Konsum tragen zur Durchsetzung einer Hegemonie des Marktes bei, sie gehen allerdings nicht in ihr auf. In weiterer Folge wollen wir daher neoliberale affektive Gouvernementalität und affektive Subjektivierung in und durch Erwerbsarbeit – die Herrschaftsförmigkeit wie auch Ansatzpunkte der Veränderung – im Prozess der Transformation von Arbeit ausleuchten.

5. Neoliberalisierung und Transformationen der Erwerbsarbeit

Konstitutiv für die neoliberale Ordnung ist, wie in Kapitel 4.1 erläutert, die Übertragung des ökonomischen Wettbewerbs- und Konkurrenzprinzips – kulturelle Muster, die im Konsumbereich auf symbolischer Ebene spielerisch eingeübt werden – sowohl auf die staatliche als auch auf die gesellschaftliche Sphäre insgesamt. »Die Freiheit des Marktes [soll] zum Organisations- und Regulationsprinzip von Staat und Gesellschaft avancieren«, schreibt Alex Demirović (2008, 24) unter Verweis auf Michel Foucault. Auf staatlicher Ebene zeigt sich dies zum einen im Funktionswandel und in neuen Prioritäten der staatlichen Steuerung und zum anderen in der Wettbewerbsorientierung neoliberaler Nationalstaatlichkeit. Demokratiepolitisch hat dies eine Verengung von politischen Debatten-, Handlungs- und Entscheidungsräumen selbst für die durch Wahlen legitimierten politischen Organe zur Folge. Standen im Fordismus der Interessenausgleich zwischen Kapital und Arbeit und die kollektive Absicherung der Lohnabhängigen gegen soziale Risiken im Zentrum des politischen Handelns – beides nicht zuletzt in Form sozialstaatlicher Umverteilung, durch die Teilhabe der Lohnarbeitskräfte an Sozialeigentum –, so kennzeichnen der Rückbau des Sozialstaats und die »Wiederkehr der sozialen Unsicherheit« (Castel 2009) die Entwicklung seit den 1980er Jahren. Damit verbunden war die Entmachtung der kollektiven Akteure dieses Ausgleichs, nämlich der Gewerkschaften, aber auch des Systems der Sozialpartnerschaft. An die Stelle der sozialen Aufgaben tritt im Neoliberalismus die Förderung des Wettbewerbs, in dem sich Unternehmen und Arbeitskräfte gleichermaßen zu bewähren haben. Und anstelle von Vollbeschäftigung und Arbeitsplatzsicherheit rücken Geldwertstabilität und die Reduktion der Staatsverschuldung in den Mittelpunkt der politischen Interessen. Maurizio Lazzarato (2012, 91) spricht von Veränderungen in den staatlichen Funktionen, nämlich von sozialer zu monetärer Staatspolitik, im Siegeszug des Neoliberalismus (siehe auch unser Kapitel 4.2).

In diesen Prozessen wandelten sich auch die in Erwerbsarbeitsverhältnissen verankerten Gefühls- und Affektregime sowie das benötigte affektive Kapital, um im selbstunternehmerischen Wettbewerb reüssieren zu können. Um diesen Faden, den wir im Abschnitt über affektive Arbeit bereits ausgelegt habe, im nächsten Kapitel an unserem empirischen Beispiel wieder aufnehmen zu können, werden wir im Folgenden zentrale Stränge des Wandels der Erwerbstätigkeit darstellen. Es sind vier Dimensionen dieses historischen Transformationsprozesses von Arbeitsverhältnissen seit dem Ende des Zweiten Weltkriegs, die uns aus affekttheoretischer Sicht relevant erscheinen: *erstens* der Wandel zur Dienstleistungsarbeit und die Idee der Freiheit und Erfüllung in der Erwerbsarbeit, *zweitens* die ›Subjektivierung von Arbeit‹ als ambivalentes Konzept von Freiheitsgewinn und Unterwerfung, *drittens* die Prekarität und Entgrenzung von Erwerbsarbeit sowie *viertens* die Dimension des Regierens über die Idee des affektiven Selbstunternehmertums.

5.1. Von der ›Freiheit von Arbeit‹ zur ›Freiheit in der Arbeit‹

Bis in die 1980er Jahre, also bis zum Ausklang der sozialen Staatspolitik, verbindet sich mit dem technologischen Fortschritt in der Güterproduktion – mit dem Produktivitätswachstum durch wissenschaftlich-technologische Innovationen – das Ziel der Entlastung der Lohnabhängigen von Arbeit, also mehr frei verfügbare Zeit, ein Gewinn an Zeitsouveränität durch die Verkürzung von Wochen- und Lebensarbeitszeit. Die politischen Zielvorstellungen sind an einer zukünftigen »Freizeitgesellschaft« oder »Freizeit-Arbeitsgesellschaft« ausgerichtet (z.B. Opaschowski 1994, 30). Doch diese neuen Zeitökonomien geraten in den Folgejahren völlig in Vergessenheit. Der ›fordistische Kompromiss‹ zwischen Kapital und Arbeit, der für die industrialisierte Welt der Nachkriegszeit charakteristisch ist, stellt zunächst und vor allem durch steigende Einkommen und den Ausbau sozialer Sicherungssysteme auf eine gerechtere Teilhabe der ArbeitnehmerInnen an Wirtschaftswachstum und wachsendem materiellen Wohlstand ab. In diesem Zusammenhang erweisen sich die gewerkschaftlichen Strategien zur Arbeitszeitverkürzung bis in die 1980er Jahre (mancherorts auch, wie in Frankreich, bis in die 1990er Jahre) als im Großen und Ganzen erfolgreich, wenngleich sich die Rechtfertigungen für Arbeitszeitreformen mit dem Ende der Wirtschaftswunderjahre merklich verschieben: Standen bis Anfang der 1970er Jahre die

Befreiung von fremdbestimmter Arbeit und die Freizeit als Ausdruck des sozialen Wohlstands der Lohnabhängigen im Zentrum der Argumentation, also die Arbeitszeitverkürzung als Beitrag zur ›Humanisierung der Arbeit‹, so geht es danach vor allem um die Neu- und Umverteilung von Arbeit angesichts rasant zunehmender Erwerbsarbeitslosigkeit (z.B. Tálos/Vobruba 1983, 17f.). Eine geschlechtergerechte Umverteilung von Arbeit wird in diesen Jahren allerdings nur von den gerade entstehenden Frauenbewegungen, nicht aber von den Gewerkschaften gefordert.

Die Diskussion kreist um einen Arbeitsbegriff, der modellhaft der industriellen Produktion entlehnt ist. Es handelt sich um tayloristische, standardisierte und entsubjektivierte Erwerbsarbeit, die kaum Eigeninitiative und Kreativität zulässt, die vom Individuum als fremdbestimmt oder externer Zwang erfahren wird und keine subjektiven Entscheidungs- und Handlungsspielräume lässt, also ›entfremdete‹ Arbeit im Marx'schen Sinn ist. Im Zuge der Industrialisierung ging es die längste Zeit – konkret bis ins beginnende 20. Jahrhundert – darum, eine fabrikgerechte Arbeitsdisziplin herzustellen (Hofbauer 1994, 109ff.) und damit Gefühle und subjektive Einflüsse auf den Arbeitsprozess möglichst auszuschließen, wurden diese doch als Störfaktoren für den arbeitsteiligen maschinellen Produktionsablauf betrachtet (Donauer 2014, 6). Noch das fordistische Produktionssystem, so David Harvey (1992, 128), beruht im Wesentlichen auf der Disziplinierung der Arbeitskräfte »to long hours of purely routinized labour, demanding little in the way of traditional craft skills, and conceding almost negligible control to the worker over the design, pace and scheduling of the production process«. Allerdings bietet die industrielle Produktion Vollerwerbsstellen, kontinuierliche Beschäftigung, steigende Lohneinkommen und für Einzelne auch Aufstiegschancen innerhalb der betrieblichen Hierarchie – in der Regel allerdings nur für Männer. Dies wurde in westeuropäischen, vor allem in den »konservativen« Wohlfahrtsstaaten (Esping-Anderson 1990) im sogenannten männlichen ›Ernährermodell‹ mit vergleichsweise hohen Familieneinkommen festgeschrieben. Dieses Modell tradierte allerdings auch die Subjektform der nicht-erwerbstätigen Ehefrau und Mutter, die nicht nur finanziell, sondern auch in Bezug auf soziale Sicherung vom Ehemann abhängig blieb. Es ist also typischerweise die manuelle, körperliche Arbeit von Männern, die, der Idee des ›Familieneinkommens‹ folgend, den Unterhalt der gesamten Familie sicherstellen soll. Es handelt sich mit einem Wort um Arbeit, mit der man Geld fürs Leben (außerhalb der Fabrik) verdient, um männliche ›Normalarbeitsverhältnisse‹, die, da sie der Entfaltung von Persönlichkeit und Individualität entgegenstehen, möglichst wenig Lebenszeit beanspruchen sollen. »Underneath virtually all experience of work today, there is a fatalistic feeling that work *per se* is unpleasant«, kommentiert C. Wright Mills (2002, 229) die US-amerikanischen Verhältnisse der 1940er Jahre. Auf analoge Weise wie die Güterproduktion bzw. die bürokratische Arbeit der Privatunternehmen, wenn auch nicht den Kapitalverwertungsinteressen unmittelbar untergeordnet, ist die bürokratische Arbeit als Dienst an der Allgemeinheit strukturiert: streng nach Vorschrift und hierarchisch geordnet, in kleinste Aufgabenbereiche parzelliert und auf Jahre, der regulären Beamtenlaufbahn im Staatsdienst entsprechend, vorstrukturiert und absehbar.

In beiden sozialen Feldern, der Industrie und staatlichen Bürokratie, bemisst sich der Wert der Arbeitenden »an ihrer Fähigkeit, zum Funktionieren der Organisation beizutragen, indem sie die ihnen dort übertragenen Aufgaben erfüllen« (Voswinkel/Wagner 2011, 75). Paul du Gay (1996, 164) spricht in diesem Zusammenhang vom *ethos of office* im Staatsdienst »with its chief point of honour, the capacity to set aside one's private political, moral, regional and other commitments«. Die Menschen haben sich in die Organisation einzufügen, und der funktionale Wert sowie die zweckrationale, sachliche Ausrichtung der Arbeit sind entscheidend. Diese Unterwerfung unter fremdbestimmte Organisationsziele und hierarchische Organisationsstrukturen wird durch ein umfangreiches System sozialer Sicherheit stabilisiert und legitimiert. Die wachsende Beteiligung der Lohnempfänger an »Sozialeigentum«, wie es Robert Castel (2011, 208) nennt, bzw. die Verrechtlichung der sozialen Sicherheit setzt an den relativ homogenen männlichen Normalarbeitsverhältnissen an und verbindet den materiellen Wohlstand der Familien aufs Engste mit der industriell normierten Lohnarbeit. Diese Verkoppelung war mit einer Reorientierung der »Arbeitsgefühle« verbunden, wie Sabine Donauer (2014, 9f.) in ihrer Studie herausarbeitet: Die Verbreitung einer »sozialen Betriebsgestaltung« soll zur Verbesserung der Human Relations und zu einem friktionsfreien Arbeitsklima in den Unternehmen beitragen. Größere Arbeitszufriedenheit sollte »eine höhere Produktion bewirken« (ebd., 10). Die Human-Resource-Ansätze propagierten schließlich in den 1970er Jahren, dass dies keinem Automatismus folge, und setzten vielmehr auf eine bewusste Stimulation von Emotionen zum Zweck der Produktivitätssteigerung (ebd., 11).

Das kurze »goldene Zeitalter« des 20. Jahrhunderts (Hobsbawn 1995, 325ff.), das die drei Jahrzehnte nach Ende des Zweiten Weltkriegs umfasst, ist durch einen starken Ausbau sozialstaatlicher Einrichtungen gekennzeichnet: Arbeitslosenversicherung, Gesundheits- und Altersfürsorge, aber auch die Ausbildungsförderung werden in den fortgeschrittenen Industrienationen insbesondere in Westeuropa ausgeweitet und nicht-erwerbstätige Familienangehörige werden stärker in die Systeme sozialer Sicherheit miteinbezogen. In der Folge wachsen die Sozialausgaben zum größten Ausgabenposten der Staatshaushalte an. Am Ende der 1970er Jahre existiert damit eine breite Palette an Sozialeigentum bzw. ein hohes Maß an sozialer Absicherung, Armut ist weitgehend marginalisiert (Paugam 2008, 164ff.), und die führenden kapitalistischen Staaten haben sich in Wohlfahrtsstaaten (verschiedenster Ausprägung) verwandelt.

Mit der tiefen Krise des westlichen kapitalistischen Wirtschaftssystems Anfang der 1970er Jahre, die das »goldene Zeitalter« (und damit letztlich auch die soziale Staatspolitik) beendet, verändern sich die ökonomischen Verhältnisse nachhaltig, nämlich in Richtung »Postfordismus«, das heißt flexibler Akkumulation, wie beispielsweise die Regulationstheorie argumentiert (Aglietta 1979; Harvey 1992; 2007). Damit geht auch ein Wandel der typischen Arbeitsverhältnisse einher: »Flexible accumulation appears to imply relatively high levels of ›structural‹ [...] unemployment, rapid destruction and reconstruction of skills, modest (if any) gains in the real wage, and the roll back of trade union power – one of the political pillars of the Fordist regime« (Harvey 1992, 147ff.). Der wirtschaftliche Wettbewerb beschleunigt und verschärft sich in der zweiten Hälfte der 1970er Jahre, was einerseits Restrukturierungs- und Rationalisierungsmaßnahmen sowie die Intensivierung der Arbeit im Produktionsbereich nach sich zieht. Andererseits macht sich dies auf den Konsumgütermärkten, wie bereits dargelegt, in einer starken Diversifikation der Waren und im Aufbau von (möglichst unverwechselbaren) Marken- oder Lifestyle-Produkten durch Werbung und Marketing bemerkbar. Naomi Klein (2002, 25) verweist in diesem Zusammenhang auf Mitte der 1980er Jahre dominant werdende Managementtheorien, die besagen, dass erfolgreiche Unternehmen in erster Linie Marken herstellen sollen, keine Produkte.

Kleins Hinweis lenkt die Aufmerksamkeit zugleich auf den zentralen Punkt im Transformationsprozess der Arbeit: die sukzessive Ergänzung materieller Arbeit, das heißt industrieller Arbeitsprozesse zur Herstellung materieller Güter, durch immaterielle Arbeit und die Produktion immaterieller Güter. Alle ökonomischen Befunde stimmen darin überein, wenn auch die Bewertungen des Prozesses unterschiedlich ausfallen, dass in den 1970er Jahren Dienstleistungen zum Motor der westlichen Volkswirtschaften werden, während die Güterproduktion zusehends in andere Teile der Welt, vorzugsweise in *emerging economies* wie Taiwan oder Südkorea, verlagert wird (beispielhaft Harvey 1992, Kap. 9; Hardt/Negri 2002, Teil III, Kap. 4). Das bedeutet nicht, dass industrielle Arbeitsprozesse in der westlichen Welt völlig verschwinden, aber immer mehr Menschen finden Beschäftigung im Dienstleistungssektor, und zum Teil nimmt die Güterproduktion den Charakter von Dienstleistungen an (Hardt/Negri 2002, 304f.). Auf jeden Fall wird Dienstleistungsarbeit zur bestimmenden Norm der Vergesellschaftung. Deutlich sichtbar wird diese Entwicklung am Aufstieg der Popularkultur und Unterhaltungsindustrie, die zum Teil ganz neuartige emotionale Erlebnisse bieten, ganz zu schweigen von der Revolutionierung der Datenverarbeitung und Kommunikation durch die aufkommende Computertechnologie. Sabine Donauer (2014, 12) hebt für diese Phase hervor, dass die emotionalen Anforderungen – je nach Berufsgruppe – diversifiziert werden, vor allem aber das Entlohnungssystem und das Emotionssystem auseinanderdriften: Während sich Topmanager ihren (emotionalen) Arbeitseinsatz gut entlohnen lassen, wird den übrigen DienstleistungsarbeiterInnen Motivation und voller affektiver Einsatz selbstverständlich und damit unentgeltlich abverlangt.

Im Zuge des ökonomischen Strukturwandels verändert sich auch die Nachfrage nach beruflichen Kompetenzen und Formen des Wissens. *Research and development*, also Wissensarbeit wird zum zentralen Faktor des wirtschaftlichen Wachstums. Damit gewinnen Dispositionen wie Teamgeist und Kommunikationsfähigkeit an Bedeutung, bilden diese doch die Grundlage für innovative Entwicklungen. Generell steigt das Bildungsniveau der Bevölkerung im globalen Norden, nicht zuletzt das Interesse an Studienplätzen, initiiert durch sozialdemokratische Bildungsinitiativen, rasant an. Eric Hobsbawm (1995, 373ff.) berichtet, dass die Zahl der Studierenden zwischen 1960 und 1980 im europäischen Durchschnitt um das Drei- bis Vierfache steigt und sich die Anzahl der Universitäten in den 1970er Jahren verdoppelt. Besonders spektakulär ist der Bildungsanstieg bei den Frauen. »Unmittelbar nach dem Zweiten Weltkrieg hatte ihr Anteil an der Studentenschaft in fast allen entwickelten Staaten zwischen 15 und 30 Prozent gelegen«, schreibt Hobsbawm (1995, 392). Um 1980 war dann das Universitätsstudium für junge Frauen genauso normal geworden wie für junge Männer. »The flow of women into work goes hand-in-hand with the expansion of further and higher education and the flooding into the universities of young women in increasingly high volume through the 1980s and onwards to the current moment«, stellt auch Angela McRobbie fest (2010, 67f.). Und diese

Frauen finden vor allem in Dienstleistungsberufen Beschäftigung, wo neben dem Fachwissen weiblich konnotierte soziale, kommunikative und affektive Kompetenzen – also bestimmte Formen von affektivem Kapital – als besonders wichtig erachtet werden. Damit setzt sich die stärkere Integration von Frauen in den Erwerbsarbeitsmarkt fort, die in Europa in den 1960er Jahren in Schwung kommt, und zwar vor allem in den neu entstehenden Sektoren konsum- und personenbezogener Dienstleistungen sowie im Bereich öffentlicher Dienste – vom Verkauf im Einzelhandel und Büroarbeit bis hin zu pädagogischen und sozialen Berufen im Erziehungs- und Gesundheitswesen. All diese Arbeiten erfordern damals wie heute Kommunikationsfähigkeit und Einfühlungsvermögen, das heißt als weiblich erachtetes affektives Kapital.

C. Wright Mills' (2002) Studie *White Collar*, die 1951 in Buchform erscheint, analysiert erstmals systematisch den Entstehungsprozess der heutigen Dienstleistungsgesellschaft in den USA der 1940er Jahre, den Aufstieg einer Angestelltenkultur, oder vielmehr noch: einer neuen Mittelklasse, deren Mitglieder im weitesten Sinn Dienstleistungsberufe ausüben, die als ManagerInnen oder angestellte Fachkräfte (wie etwa LehrerInnen) arbeiten, einem Büroberuf nachgehen oder als Verkaufspersonal ihr Einkommen verdienen. Mills widmet damit einer Entwicklung systematisch Aufmerksamkeit, die Max Weber bereits um die Jahrhundertwende als richtungweisend betrachtet: die rapide Zunahme der Angestellten, der »privatwirtschaftlichen Bürokratie« (Weber 1988, 507; vgl. zudem Kracauer 1971). Weber schlussfolgert, dass diese Entwicklung das Marx'sche Zwei-Klassen-Schema, in dem sich Kapitalisten und Arbeiterschaft feindlich gegenüberstehen, zunehmend infrage stelle. Die »Privatbeamten« können keiner der beiden großen Klassen recht zugeordnet werden, sind sie doch sowohl abhängig Beschäftigte als auch Träger unternehmerischer Funktionen.

Kennzeichnend für den Wandel der Berufswelt ist Mills (2002, 65) zufolge, dass »fewer individuals manipulate *things*, more handle *people* and *symbols*«. Dieser persönliche, kommunikative Aspekt von Management-, Büro-, Handels- und Verkaufsberufen hat zur Folge, dass die ›Persönlichkeit‹ der Angestellten und damit auch deren affektive Dispositionen zu einem entscheidenden Kriterium der Arbeit wird. Mills spricht in diesem Zusammenhang von der Herausbildung eines Persönlichkeitsmarktes: »The employer of manual services buys the workers' labor, energy and skill; the employer of many white-collar services, especially salesmanship, also buys the employees' social personality« (ebd., 182). Damit kündigen sich in den Vereinigten Staaten frühzeitig Arbeitsprozesse an, die die ganze Person in Beschlag nehmen – eine neue Art affektiver Subjektivierung – und die für die weitere sozioökonomische Entwicklung in den westlichen Industriestaaten charakteristisch sein werden. Auffällig im neuen Sektor der Dienstleistungsberufe ist schon damals die starke Präsenz von Frauen. Mills (ebd., 74f.) berichtet, dass 41 Prozent der Angestellten weiblich sind (im Unterschied zu bloß 21 Prozent Lohnarbeiterinnen in der Industrie), wobei Frauen vor allem in sozialen Berufen, in Büroberufen und im Verkauf beschäftigt sind, als *office girl* und *salesgirl* (ebd., 198ff. und 172ff.). »Kindness and friendliness become aspects of personalized service« (ebd., 182), Affekte also, die in den Dienst von Unternehmen gestellt und traditionellerweise Frauen zugeschrieben werden. Es wird angenommen, dass Frauen sich qua ihres affektiven Kapitals besser als männliche Arbeitskräfte für bestimmte berufliche Aufgaben eignen. Knapp drei Jahrzehnte später greift dann, wie berichtet, Arlie Hochschild (1979; 2003) diesen Gedanken systematisch auf und stellt ihn in den Mittelpunkt ihrer Untersuchungen zur (vergeschlechtlichten) Gefühlsarbeit. Am Prinzip der von Mills konstatierten geschlechtsspezifischen Segregation der Arbeitswelt ändert sich auch in den nächsten Jahrzehnten wenig, neu hinzu kommt allerdings die steil ansteigende Bedeutung von Bildung und Wissen nicht nur im Hinblick auf Berufschancen, sondern insgesamt als Strukturprinzip der kapitalistischen Wirtschaft und der sozialen Ordnung, wie sich seit der zweiten Hälfte der 1990er Jahre besonders deutlich an der Revolutionierung der Produktion und Kommunikation durch Digitalisierung und Internet zeigt.

In den 1970er und 1980er Jahren werden mit den sozialstaatlichen Investitionen in das Bildungssystem die Voraussetzungen für die »Wissensgesellschaft« (Stehr 1994) bzw. den kognitiven Kapitalismus (Moulier Boutang 2001; 2011; Vercellone 2007) der Folgejahre geschaffen. Beide Begriffe bezeichnen (wie schon in Kapitel 2.2 angesprochen) im Kern eine Wirtschaftsordnung, deren Fortbestand und Entfaltung von der Innovationsfreudigkeit und Kreativität geistiger Arbeit, von der Bildung neuen Wissens in sozialer Interaktion abhängt. Die wissensbasierte Ökonomie bildet das Fundament dieser neuen Gesellschaftsformation, und Wissen, vor allem theoretisches Wissen, wird zur wichtigsten Voraussetzung für den technischen Fortschritt und das Wirtschaftswachstum. Die Wissensarbeit bildet die paradigmatische Form der Erwerbstätigkeit, etwa in Form der Forschungs- und Entwicklungsarbeit in der IT- und Kommunikationsbranche oder der Innovationsarbeit in den *creative industries*. Ja mehr noch, Wissen stellt Nico Stehr zufolge das Organisationsprinzip der Gesellschaft schlechthin dar: »Wissen [wird] in allen Bereichen zunehmend Grundlage und Richtschnur menschlichen Handelns« (Stehr 2001, 10), und zugleich wird Wissen auch die Hauptquelle für globale und lokale soziale Ungleichheiten und Konflikte. An diese Aufwertung von Wissen, *skills* und Know-how in der Arbeit, auch verbunden mit Vorstellungen von lebenslangem Lernen, ständigem Investieren in die eigene Arbeitskraft, ist eine neue Sicht auf die Bedeutung von Arbeit im Leben der Menschen geknüpft: Sie sollen nicht weniger Lebenszeit in Erwerbsarbeit investieren, also befreit werden von Arbeit zugunsten von Freizeit und Beschäftigungen abseits Profit versprechender Märkte, sondern sie sollen vielmehr Freiräume und Kreativität in der Arbeit, also während der Arbeitszeit entwickeln. Kurzum: Freiheit in der Arbeit korrespondiert mit Vorstellungen der Entgrenzung von Arbeit und Freizeit.

5.2. Arbeit der Subjektivierung

In der öffentlichen Bürokratie vollzieht sich ein ähnlicher struktureller Wandel wie in der Privatwirtschaft, wo der Übergang von industrieller Arbeit zu Dienstleistungen und immaterieller Arbeit neue Steuerungen der Arbeitsprozesse bedingt. In beiden Fällen geht es – nicht zuletzt aus Kostengründen – darum, die Leistungsbereitschaft durch konkurrenzgeleitete Motivation zu steigern, und in beiden Bereichen muss die Regulierung der Arbeit zum Zweck der Leistungsmaximierung an der ›ganzen Person‹ oder an der ›lebendigen Arbeit‹ ansetzen.

Um den Strukturwandel der privatwirtschaftlichen Erwerbsarbeit rankt sich eine umfängliche sozialwissenschaftliche Debatte, die die ›Subjektivierung der Arbeit‹ zum Thema hat: »Der wachsende Konkurrenzdruck macht in den Betrieben nicht nur einen massiven Kostenabbau und eine Forcierung der Arbeitsproduktivität erforderlich, sondern zwingt zu einer Steigerung der betrieblichen Reaktionspotenziale und der Produktqualität. Diesen Veränderungen begegnen die Betriebe mit neuen Strategien der Arbeitskraftnutzung«, beschreiben Franz Kleemann u.a. (2003, 69) die Entwicklung. Die Veränderungen in der Arbeitsorganisation sollen dazu dienen, die »bürokratisch verschütteten Potenziale« der Beschäftigten freizulegen (Moldaschl 2003, 31) und Nutzen aus den persönlichen, dienstleistungsaffinen Kompetenzen der Arbeitskräfte, etwa deren Kommunikationsfähigkeit, zu ziehen. Dieser als Subjektivierung der Arbeit diskutierten Transformation, die vor allem, aber nicht nur Dienstleistungs- oder Wissensarbeit betrifft und insgesamt als grundlegendes Charakteristikum der Arbeit im Neoliberalismus betrachtet werden kann, wohnt jedoch ein Doppelcharakter inne: *Einerseits* führt Subjektivierung der Arbeit (zumindest als Versprechen) zu größeren persönlichen Freiheiten im Arbeitsprozess, und sie kommt insofern dem Wunsch der Arbeitskräfte entgegen, innerlich an der Arbeit beteiligt zu sein, die Tätigkeiten, wie Martin Baethge (1991, 7f.) schreibt, als persönliche Entfaltung und Selbstverwirklichung interpretieren zu können. Neue Handlungsspielräume, etwa durch *job enrichment*, sollen es den ArbeitnehmerInnen ermöglichen, sich freier, eigenverantwortlicher und damit erfüllter zu fühlen, lautet das Credo der Human-Resource-Schule (Donauer 2014, 11). Dieses subjektzentrierte Arbeitsverständnis ist »sehr stark an gut ausgebildete Arbeitskräfte in qualifizierten Berufspositionen gebunden« (Baethge 1991, 11). Baethge verweist in diesem Zusammenhang auf den Typus des *self developer*, der für eine neue Generation von Angestellten in den Dienstleistungsberufen steht, welche die guten, in der vorberuflichen Sozialisation erworbenen intellektuellen und kommunikativen Fähigkeiten nun in der Arbeit anwenden wollen (ebd., 9), und er schließt daraus auf neue Tendenzen im gegenwärtigen Vergesellschaftungsprozess. »Je länger sich Bildungs- und Ausbildungszeiten ausweiten, desto weniger prägt das Arbeitssystem unmittelbar die Einstellungen der Subjekte, desto mehr wird es umgekehrt über die Ansprüche und Einstellungen der Subjekte mit lebensweltlichen Einflüssen konfrontiert. Die Gewichte im Wechselverhältnis zwischen Betrieb und Gesellschaft verschieben sich zugunsten der Gesellschaft« (ebd., 12f.). *Andererseits* jedoch dehnt sich die betriebswirtschaftliche Kontrolle der Leistung auf die ›ganze Person‹ aus. Kristin Carls (2007, 49) weist darauf hin, dass im Dienstleistungsbereich auch eine Neo-Taylorisierung von Arbeitsprozessen durch eine Verstärkung der direkten, hierarchischen Kontrolle zu beobachten ist, insbesondere auf dem Gebiet niedrig qualifizierter Servicearbeit.

Subjektivierung impliziert also auch, dass Kontrolle und Disziplin subjektive Dispositionen erfassen, die bislang der marktförmigen Verwertung entzogen waren. Aus betriebswirtschaftlicher Perspektive geht es nicht mehr nur darum, fachliche Kompetenzen Zweck gerichtet zu verwerten, sondern um einen gezielten Zugriff auf die Innovativität und Kreativität, die Sozial- und Kommunikationskompetenzen, die Begeisterungsfähigkeit oder die Sensualität wie Affektivität der Angestellten, also um die Vernutzung von sogenannten Schlüsselkompetenzen, des affektiven Kapitals oder der *soft skills*, um »Arbeitskräftepotenziale« auszuschöpfen (Aulenbacher 2005, 37).

Der viel zitierte Idealtypus des »Arbeitskraftunternehmers« (Voß/Pongratz 1998) bezeichnet dieses neue Entwicklungsstadium, nämlich die Verwandlung des traditionellen, eher reaktiv agierenden Lohnarbeiters – des fordistischen Fabrikarbeiters – in einen aktiven, unternehmerisch handelnden und selbstverantwortlichen Typus von Arbeitskraft. »The ideal of an obedient yet energetic person compliantly following orders and rules has been replaced by the ›intrapreneur‹, a self-reliant, entrepreneurial yet loyal personality« (Flecker/Hofbauer 1998, 109). In diesem Prozess zeigt sich auch eine neue Form der (Arbeits-)Kontrolle, um der laut *Labour Process Theory* grundsätzlichen »Unbestimmtheit der menschlichen Arbeitskraft« Form zu geben und sie in gewinnbringende Arbeitsleistungen zu konvertieren (Brook 2013a, 334). Dies erfolgt allerdings nicht friktionsfrei: Marek Korczynskis (2009) »customer oriented bureaucracy« bezeichnet, um dies noch einmal ins Gedächtnis zu rufen, die regelmäßig auftretenden Widersprüche zwischen der Standardisierung und Rationalisierung von Dienstleistungen und der durch die Beschäftigten eigenverantwortlich zu bewerkstelligenden KundInnenorientierung und damit Personalisierung.

Die Vergrößerung von Entscheidungsspielräumen in Wissens- und Dienstleistungsberufen ist mit der Verlagerung der externen Kontrolle ins Individuum hinein verbunden, mit der Inkorporierung einer unternehmerischen Arbeitsdisziplin und Leistungsorientierung (Voß/Pongratz 2003, 24). Mit Michel Foucault (2004b, Vorlesung 9) lässt sich dieser Vorgang als Verschränkung von Fremdsteuerung (durch betriebliche Managementtechniken wie *management by objectives*) und Selbststeuerung zur Förderung der eigenen Wettbewerbsfähigkeit verstehen, dessen Auswirkungen nicht auf das Erwerbsleben beschränkt bleiben, sondern insgesamt die Subjekt-Werdung im Neoliberalismus bestimmen. »Selbstmanagement soll die Potenziale der ganzen Person (und nicht nur der Arbeitskraft) aktivieren. Unternehmer zu werden, hängt nicht am Erwerbsstatus, sondern ist eine ›Lebenseinstellung‹«, wie Ulrich Bröckling (2007, 67) schreibt. Den Fluchtpunkt dieser Entwicklung, der Selbstökonomisierung und Verbetrieblichung der alltäglichen Lebensführung, bildet die (fiktive) Figur des »unternehmerischen Selbst«, wie dies Bröckling (2007) unter Bezug auf Foucault bezeichnet, dessen Arbeit darin besteht, das eigene Leben zu einem Projekt der marktförmigen Selbstoptimierung zu machen. Im Neoliberalismus ist der *homo oeconomicus* daher kein Tauschpartner mehr, sondern ein »Unternehmer seiner selbst«, erläutert

Foucault (2004b, 314f.). Eine Gesellschaft aus Unternehmenseinheiten bildet zugleich »das mit dem Liberalismus verbundene Interpretationsprinzip und seine Programmgestaltung für die Rationalisierung sowohl der Gesellschaft als auch der Wirtschaft« (ebd., 313f.).

Diese eben geschilderten Transformationsprozesse gelten auch für den öffentlichen Sektor, und zwar trotz zweier wesentlicher Unterschiede zwischen dem öffentlichen und dem privatwirtschaftlichen Bereich: *Erstens* verhindert der Infrastrukturcharakter vieler öffentlicher Dienstleistungen (gleichsam als Externalitäten der kapitalistischen Ökonomie), etwa von pädagogischen und sozialen Diensten, im Bereich der Sozialarbeit wie bei der öffentlichen Arbeitsvermittlung, dass sie gänzlich der Profitlogik unterliegen. *Zweitens* zeichnet sich der öffentliche Dienst durch eine relativ hohe Arbeitsplatzsicherheit aus, also durch eine Form der sozialen Sicherheit, die in Zeiten wachsender Arbeitslosigkeit gar nicht hoch genug eingeschätzt werden kann, sodass Veränderungen der Arbeitsprozesse im staatlichen Bereich weniger bedrohlich erscheinen. Im Zuge der Implementierung von New Public Management, der neoliberalen Umgestaltung des Wohlfahrtsstaatsprojekts – wie gesagt, der Schwächung der sozialen Staatsapparate bei gleichzeitiger Stärkung jener Staatsapparate, die die Internationalisierung des nationalen Kapitals unterstützen sollen – mussten auch die staatliche Bürokratie bzw. die dort Beschäftigten neue Arbeitsorientierungen übernehmen. In vielen Bereichen des öffentlichen Dienstes ersetzt ein neuer Aktivierungsgedanke den fehlenden ökonomischen Wettbewerbsdruck. Die Aktivierungsidee besteht zum einen darin, dass öffentlich Bedienstete selbstwirksam den jeweiligen organisatorischen Zielen, den *key performance*-Indikatoren, gerecht werden und dabei zum anderen im KundInnenkontakt die Selbstverantwortung und Wettbewerbsfähigkeit der BürgerInnen steigern, etwa im Sinne des lebenslangen Lernens oder ›aktiven Alterns‹. Sie sollen aktivierend auf die BürgerInnen, die sie nun als KundInnen adressieren, einwirken. Das Paradigma des aktivierenden Sozialstaats bedarf somit einer doppelten Aktivierung, nämlich nicht allein der BürgerInnen, sondern im Besonderen auch jener der Staatsangestellten, die die neuen Politiken implementieren sollen (Newman 2007). Besonders augenscheinlich wird dieses neue Aktivierungsregime in der Arbeitsmarktpolitik, im Übergang von *welfare* zu *workfare*, in der motivierenden und beratenden Begleitung von Erwerbslosen bei deren eigenverantwortlicher Selbsthilfe, ihrer Arbeitssuche oder auch Fortbildung, durch öffentliche Services mit dem Ziel der möglichst raschen Reintegration von SozialleistungsempfängerInnen in den Arbeitsmarkt (Lessenich 2013,

85ff.). Mit Stephen Fineman (2010, 37) können wir resümieren, dass New Public Management eine neue »Emotionologie« in staatlichen Organisationen entstehen lässt, die nicht nur BürgerInnen als KundInnen begreift, sondern von den staatlichen DienstleisterInnen auch neue *skills* in Bezug auf ihren Gefühlshaushalt fordert und zugleich neue Gefühlsregeln sowie neue Herrschaftsformen durch Gefühle etabliert. Diese affektiven Transformationen, die Fineman (2010, 38) als Verunsicherung und Verängstigung identifiziert, erfordern eine neue emotionssoziologische Sicht, die nicht allein auf Coping-Strategien abhebt, sondern die untersucht, wie im Modus von Affekten Macht und Kontrolle ausgeübt wird.

Das ökonomische Konkurrenzprinzip und die Idee der Aktivierung und permanenten Optimierung übertragen sich im Neoliberalismus von der Berufswelt auf das gesellschaftliche Zusammenleben insgesamt, wo die Menschen (oder aus Managementsicht, die Human Resources) bestrebt sein sollen, ihr »Humankapital« (Becker 1993) zu verbessern, das heißt Kapital zu akkumulieren durch Investitionen in die Ausbildung (oder die Ausbildung der Kinder), in soziale Beziehungen und Netzwerke oder auch die körperliche Fitness und Attraktivität. Dies wird in jüngster Zeit von der EU als »Sozialinvestitionen« diskutiert. Auf die Spitze getrieben wird diese Entwicklung vom Typus des »Selbstoptimierers«, wie die Journalistin Julia Friedrichs (*Das tollere Ich*; Zeitmagazin 33/2013) berichtet: »Er ist entschlossen, aus seinem Dasein das Maximum herauszuholen. Damit er seinem Ziel nicht untreu wird und sich selbst entwischt, kontrolliert er sich rund um die Uhr mithilfe seines ganz persönlichen Überwachungstrupps, bestehend aus kleinen Maschinen: Sensoren, die er am Körper trägt, Programmen auf seinem Laptop, Apps auf dem Smartphone.« Friedrichs weist in diesem Zusammenhang auf die rasch wachsenden Nutzerzahlen von digitalen Selbstmaximierungsprogrammen hin: 35 Millionen Menschen seien es mittlerweile, die allein in den USA davon Gebrauch machten (ebd.). Man kann in diesem Sinne nicht mehr nur von *workfare*, sondern muss von ›*selffare*‹ sprechen.

Auf dem Arbeitsmarkt zeigt sich diese Tendenz zum Selbstunternehmertum in der Zunahme von ›neuen Selbstständigen‹ bzw. Solo-Selbstständigen, aber auch im Anwachsen der ›Scheinselbstständigkeit‹, dem Zwang, am unteren Ende der Einkommenshierarchie unternehmerisch arbeiten zu müssen. Beides steht im markanten Gegensatz zum Fordismus, wo tendenziell die Verallgemeinerung der Lohnarbeit und nicht des Unternehmertums angestrebt wurde. Dieser Wandel ist aber nicht nur für jene, die Arbeit haben, relevant, sondern auch für jene, die aufgrund des sich verändernden Arbeitsmarktes keine Erwerbsarbeit finden: Arbeitslose sind nach dem Prinzip ›Fördern und Fordern‹ der aktivierenden Arbeitsmarktpolitik seit den 1990er Jahren dazu angehalten, durch Selbsthilfe ihre *employability* zu stärken (z.B. Serrano Pascual 2007; Ludwig-Mayerhofer u.a. 2009). »The essence of this project is to render residual entitlements to nonwage incomes strictly contingent on [...] individual employability in a specific sense«, schreibt Jamie Peck (2002, 342), und weiter: »Workfare seeks to maximize rates of employment by eroding benefits packages and activating transitions into work.« Diese Entwicklung zum Selbstunternehmertum zeigt sich auch in der Ökonomisierung der Ausbildung, etwa in Form teurer Eliteschulen, wo die später nutzbringenden sozialen Kontakte entstehen, also soziales Kapital akkumuliert wird, oder auf universitärer Ebene durch die zunehmende Verbreitung von Studienkrediten, das heißt durch Verschuldung im Hinblick auf zukünftig zu erwartende berufliche Erträge, oder in den mit dem Prestige der Universität steigenden Studiengebühren. Maurizio Lazzarato zufolge werden im Neoliberalismus generell soziale Rechte (wie die Arbeitslosenversicherung oder das Recht auf Bildung und Ausbildung) in soziale und private Schulden verwandelt, die zurückgezahlt werden müssen. Die Rückzahlung erfolgt nur zum Teil in Form von Geld, argumentiert Lazzarato (2012, 115), wichtiger sind »die konstanten Anstrengungen des Schuldners«, ist »seine Bereitschaft zu jeder Art Beschäftigung, um sich so in die Arbeitsmärkte oder in die soziale Ordnung einzufügen, um disponibel zu sein und auf dem Jobmarkt einsetzbar. Die Rückzahlung der Schulden korrespondiert mit einer durch die Institutionen diktierten Normierung der Verhaltensweisen und der Konformität.«[31]

Diese geschilderten Ambivalenzen, die mit dem Begriff ›Subjektivierung der Arbeit‹ einhergehen – Subjektivierung kann nicht nur als subjektiver Freiheitsgewinn, sondern muss auch als Unterwerfung unter das ökonomische, wettbewerbliche Paradigma verstanden werden –, haben uns dazu gebracht,

31 Martin Baethges (1991) Argument über die abnehmende Prägung von Einstellungen durch das Arbeitssystem aufgrund längerer Ausbildungszeiten erscheint im Lichte dieser neoliberalen Entwicklungen höchst fragwürdig, tragen doch die Institutionen des Bildungssystems – von der Konkurrenz der Bildungseinrichtungen bis zum Wettstreit um Ausbildungsplätze, von der Prämierung individueller schulischer Leistungen bis zur unternehmerischen Universität – wie die Erwerbsarbeit und der Konsumismus allem Anschein nach ebenfalls zur Subjektivierung eines konkurrenzgeleiteten, unternehmerischen Selbst bei. Es ist von der Annahme auszugehen, dass sich Ausbildungs- und Arbeitssystem in ihrer biopolitischen Ausrichtung (Subjektivierung über Wettbewerb) ergänzen.

diesen Debatten eine etwas andere Phrasierung zu geben. Im neoliberalen Transformationsprozess der Arbeitswelt geht es unseres Erachtens nicht allein um die Konstitution einer neuen Grundform der Ware Arbeitskraft, sondern vielmehr um die ›Arbeit der Subjektivierung‹. Mit diesem Begriff zielen wir auf neuartige Prozesse der Vergesellschaftung der Menschen, auf die Herstellung von Subjektivität und auf die Richtung der Normierung, in die sich die Menschen verändern (sollen). Das Fundament neuartiger Subjektivierungen bzw. der Vorstellungen, wie die Menschen sein, leben und arbeiten sollen – in den Worten Foucaults also der neoliberalen Biopolitik und Herrschaft –, bilden steigende Arbeitslosigkeit, die Prekarisierung der Arbeit sowie der Rückbau der Systeme sozialer Sicherheit im Zusammenspiel mit der Aktivierung der Menschen zu mehr Eigenverantwortung und verstärkter Selbstsorge. Pierre Bourdieu (1998b, 117) betont, dass die Verunsicherung der ArbeitnehmerInnen – die strukturelle Gewalt der Arbeitslosigkeit und die Angst vor Entlassung – zum Programm des Neoliberalismus gehört. Isabell Lorey (2011, 82) konstatiert ebenfalls eine für den Neoliberalismus bezeichnende »Subjektivierungsweise der Angst«, die aus der ökonomisch induzierten Prekarisierung des Lebens, etwa durch Erwerbslosigkeit, durch Lohneinkommen, die kaum zum Leben reichen, aber auch durch den Zwang zur Mobilität sowie zu umfassender Erreich- und Verfügbarkeit resultiert (auch Virno 2004). »Die erfolgreiche ›Neoliberalisierung‹ der Gesellschaft setzt eine Situation der Knappheit von Arbeitsplätzen voraus. Nur so konnte eine ›kollektive Mentalität‹ der *précarité* (frz. Unsicherheit) entstehen, die wesentlich zur bedingungslosen Akzeptanz dieser politischen Ordnung beigetragen hat.« (Volkmann/Schimank 2006, 237) Bourdieu (1998b, 110) spricht in diesem Zusammenhang auch von einem »Programm der planmäßigen Zerstörung der Kollektive«, und zwar vom Nationalstaat über Berufsverbände und Gewerkschaften bis hin zur betrieblichen Solidarität.

Zusammengefasst können wir festhalten, dass die Arbeit der Subjektivierung ein biopolitisches Projekt der Normierung der Bevölkerung über Prekarität, nicht nur, aber vor allem in der Erwerbsarbeit vorantreibt. Mit diesem Projekt geht ein neues Affektregime einher, das auf Angst basiert, das Sicherheit (in Bezug auf die Zukunft, die eigene Person und auf andere) schwinden lässt, ja das Sicherheit in Unsicherheit transformiert und schließlich neue Versicherungsformen produziert. Im Zeichen von Wahlfreiheit und Freiwilligkeit bildet sich als Ergebnis der ›Arbeit der Subjektivierung‹ ein Setting von Vereinzelung und Atomisierung heraus, das aber wiederum auch Anknüpfungspunkte für neuartige Kooperationen bieten kann.

5.3. Flexibilisierung, Prekarisierung und Entgrenzung der Erwerbsarbeit

Das neoliberale Arbeitsregime ist durch Prekarisierung und Flexibilisierung der Erwerbsarbeit charakterisiert. Diese Entwicklungen lassen sich an (bereits erwähnten) neuen Beschäftigungsformen, einer veränderten betrieblichen Arbeitsorganisation und, für die zukünftige Entwicklung des verkörperten Kapitalismus richtungweisend, an der zunehmenden Projektförmigkeit kreativer und innovativer Arbeit ablesen. Auffällig ist in den letzten beiden Jahrzehnten die starke Zunahme an geringfügiger Beschäftigung, Teilzeitarbeit mit extrem variierenden und teilweise sehr niedrigen Stundenzahlen, Arbeit auf Abruf, Leiharbeit oder befristeter Beschäftigung, von Arbeitsverhältnissen mit einem Wort, in denen sich die »Schaffung neuer Formen der Unterbeschäftigung« manifestiert (Castel 2011, 139). Insbesondere Frauen arbeiten häufig in atypischen und prekären Beschäftigungsverhältnissen der Dienstleistungsökonomie. Ungleich öfter als Männer gehen sie vor allem einer so geringfügigen Teilzeitarbeit nach, die nur äußerst wenig Einkommen und kaum Aufstiegsmöglichkeiten bietet (World Economic Forum 2013), dass sie einem hohen Armutsrisiko augesetzt sind. Befreien sich die Frauen durch ihre wachsende Integration in den Erwerbsarbeitsmarkt aus den familiären Abhängigkeitsverhältnissen des Fordismus (aus der machtlosen Situation der dazuverdienenden Ehefrau), so bleibt die Lebenslage vieler Frauen auch im Neoliberalismus durch die unzureichende, marginale Beteiligung am Erwerbsarbeitsleben prekär. Armut kehrt also wieder in die wohlhabenden Staaten Westeuropas zurück – als Armut von alleinerziehenden Müttern, von Familien mit mehreren Kindern oder von alten Menschen. Geschlechterspezifisch betrachtet bringt die Prekarisierung der Erwerbsarbeit allerdings auch einen Verlust der (zweifach) privilegierten männlichen Position, wie sie im Fordismus institutionalisiert worden war, mit sich: Die männlichen Normalarbeitsverhältnisse der breiten Mittelklasse erodieren, und mit ihnen die traditionelle Kleinfamilie mit dem (alleinverdienenden) Ehemann als Familienoberhaupt (Aulenbacher 2009).

Diesen Entwicklungstendenzen liegen die betriebswirtschaftlichen Strategien im verschärften neoliberalen Wettbewerb zugrunde. Diese besagen, dass Wettbewerbsvorteile durch möglichst variable Arbeitskosten zu erreichen seien, wenn auch manche der daraus resultierenden Beschäftigungsformen, etwa die angesprochene Teilzeitarbeit, durchaus von den Arbeitskräften selbst erwünscht sein können.[32] In der Zunahme atypischer Beschäftigung drückt sich zugleich die schwindende Macht der Gewerkschaften aus, denen es immer weniger gelingt, kontinuierliche und Existenz sichernde Normalarbeitsverhältnisse aufrechtzuerhalten bzw. Arbeit so umzuverteilen, dass damit mehr Lebensqualität und Lebenszeit für alle potenziell Erwerbstätigen ermöglicht würden.

Zur Flexibilisierung der Beschäftigung trägt nicht zuletzt die Arbeitsorganisation von Konzernen bei, die durch *outsourcing* von Aufgaben versuchen, die Kernbelegschaft möglichst klein zu halten und das unternehmerische Risiko teilweise auf Subunternehmen zu übertragen, die Dienstleistungen wie die Marktforschung oder Werbung übernehmen. Wolfgang Dunkel und Margit Weihrich (2010, 186) verweisen in diesem Zusammenhang auf die starke Zunahme von unternehmensbezogenen (*business to business*) und unternehmensinternen Dienstleistungen: »Die Bedeutung von Erwerbsarbeit außerhalb betrieblicher Grenzen [nimmt] rasant zu«, konstatieren Dunkel und Weihrich weiter, »so dass sich eine ›berufsstrukturelle Entgrenzung von Arbeit‹ diagnostizieren lässt, die sich in der Expansion von Allein-Selbständigen zeigt.« (Ebd.) Betriebliche Rationalisierungsmaßnahmen, aber auch mangelnde Alternativen am Arbeitsmarkt führen dazu, dass immer mehr ehemals betrieblich organisierte Tätigkeiten von Selbstständigen außerhalb der betrieblichen Einheiten ausgeführt werden. Diese selbstständige Arbeit wird von gut qualifizierten Personen ähnlich wie Leitungsfunktionen im Betrieb, die neuen Steuerungsmechanismen unterliegen und damit den Angestellten mehr Handlungsspielräume zugestehen, mit Freiheit, persönlicher Entfaltung und Selbstverwirklichung verbunden. Diese Arbeitsformen werden durchaus als subjektiv sinnvoll erlebt – Angela McRobbie (2010, 72) spricht in diesem Zusammenhang von »passionate commitment« –, wenngleich sie mit hoher sozialer Unsicherheit verbunden sind und eine längerfristige Planung des eigenen Lebens schwierig machen, wenn nicht verunmöglichen. Klaus Dörre zufolge gilt gerade für Hochqualifizierte, »dass das Interesse an der Tätigkeit und der Freiheitsgewinn, der mit flexiblen Arbeitsformen einhergeht, das Empfinden sozialer Unsicherheit überlagert« (Dörre

32 Eltern, Mütter wie auch Väter wünschen sich zunehmend zumindest zeitweilig Teilzeitarbeitsverhältnisse, um mehr Zeit für ihre Kinder zu haben. Allerdings soll diese geringere Wochenarbeitszeit nicht zu Benachteiligungen in Bezug auf das Gehalt, auf Aufstiegschancen bzw. einen Vollzeitwiedereinstieg führen. Da dies in ernährerzentrierten Wohlfahrtsstaaten nach wie vor die Regel ist, können vor allem gut ausgebildete Eltern kaum die Arbeitszeit senken.

2009, 48). Im Gegensatz zur betrieblichen Arbeit sind diese Personen allerdings dazu gezwungen, ein hohes Maß an (unbezahlter) »relationaler Arbeit« (ebd., 49), interaktiver und Beziehungsarbeit, also affektiver Arbeit zu verrichten, um Netzwerke und KundInnenkontakte zu pflegen oder für die eigenen Dienste zu werben. Die berufliche wie auch die soziale Integration dieser Gruppe von projektarbeitenden Selbstständigen hängt weitgehend von den kommunikativen und affektiven Kompetenzen, dem affektiven Kapital, als Voraussetzung ihrer Wettbewerbsfähigkeit ab.

Folgt man der Argumentation von Luc Boltanski und Ève Chiapello (2006), so stellt die projektförmige Arbeitsorganisation, und zwar innerhalb (etwa in der Abteilung für Forschung und Entwicklung) wie außerhalb von Betrieben, die prototypische Form der immateriellen Produktion im wissensbasierten Kapitalismus dar. Kreativität ist das Resultat kollektiver Arbeit, wie die Kooperationen innerhalb der *creative industries*, aber auch die projektförmige Forschungsarbeit zur Erweiterung des theoretischen Wissens an den Universitäten belegen. Und diese Projektarbeit lebt vom gemeinsamen Teamgeist und *commitment* sowie dem wechselseitigen Vertrauen in die Fähigkeiten der Anderen, also davon, anderen Vertrauen zu schenken und Vertrauen einzuflößen. Boltanski und Chiapello (ebd., 157f.) zufolge bildet dieses Vertrauen die Basis von Projekten, und gleichzeitig ist es eine wichtige soziale Kompetenz, eine Schlüsselkompetenz, Teil des affektives Kapitals der KreativarbeiterInnen und KulturproduzentInnen, das durch möglichst viele und möglichst profitable Kontakte zu erhöhen ist: »Das erfordert als Persönlichkeitsmerkmale persönliche Flexibilität, kurzfristig aktivierbare, soziale und kommunikative Kompetenz«, betonen Stephan Voswinkel und Gabriele Wagner (2011, 75). Prekariat als Existenzform erfordert von Männern wie Frauen permanente Selbstaktivierung und Investitionen in die eigene Arbeitskraft, das heißt auch in die Anschlussfähigkeit an berufliche Weiterentwicklungen sowie an Netzwerke, um die (über-)lebensnotwendigen Kontakte aufrechtzuerhalten und auszuweiten.

Gerade das hochqualifizierte kreative Potenzial des kognitiven Kapitalismus, die viel gepriesene unternehmerische und kulturelle Avantgarde (z.B. Ray/Anderson 2000) entfaltet sich zum Teil unter äußerst prekären Bedingungen. Rosalind Gill und Andy Pratt (2008, 14) listen in einer Übersicht über die vorliegenden Forschungsergebnisse jene Arbeitsbedingungen auf, die regelmäßig dem Werk von KünstlerInnen, Mode- und WebdesignerInnen, *television creatives* oder *new media workers* zugrunde liegen: »a preponderance of temporary, intermittant and precarious jobs; long hours and bulimic patterns of work; the collapse or erasure of the boundaries between work and play; poor pay; high levels of mobility; [...] and profound experiences of insecurity and anxiety about finding work, earning enough money and ›keeping up‹ in rapidly changing fields«. Unstete Erwerbsverhältnisse, Selbstausbeutung und die Furcht, nicht mithalten zu können, kennzeichnen also weite Teile der Kreativwirtschaft und machen deutlich, dass prekäre Lebens- und Arbeitsverhältnisse im Neoliberalismus kein marginales Problem darstellen, sondern dass die Mitte der Gesellschaft und gerade auch hochqualifizierte Arbeitskräfte betroffen sind.

Prekäre Erwerbsarbeit ist durch ein hohes Risiko des Jobverlusts, geringe Kontrolle der Arbeitsbedingungen, wenig sozialen Schutz und niedrige Entlohnung, die zur Verarmung führt oder führen kann, gekennzeichnet, schreibt Emmerich Tálos (1999a, 418f.). Allerdings, so gilt es festzuhalten, trifft die Kombination dieser Faktoren auf eine ganze Reihe atypischer Beschäftigungsformen und nicht nur jene in der Kreativwirtschaft zu. Die Arbeitsmarktchancen sind nicht für alle Beschäftigtengruppen gleich, sondern die am geringsten qualifizierten Gruppen tragen (wie stets in der Geschichte des Kapitalismus) das höchste Prekaritätsrisiko. Offensichtlich jedoch dehnt sich dieses Risiko im Neoliberalismus auf höhere Klassen der Gesellschaft aus und stellt damit kein vermeintliches Randphänomen mehr dar, sondern entwickelt sich zur Normalität (Bourdieu 1998b, 116f.). Die Prekarität ist in der Mitte der Gesellschaft angekommen, befindet auch Alessandro Pelizzari (2009, 11) in seiner umfänglichen Studie über die »Dynamiken der Prekarisierung«, und Roland Kirbach (*... und raus bist du*; Die Zeit 33/2013) illustriert dies anhand von Solo-Selbstständigen in Deutschland, denen gemeinsam ist, dass sie von ihrem Beruf nicht leben können und sie aus Geldmangel teilweise nicht einmal versichert sind. »Längst ist die Bundesrepublik in einigen Branchen zum Billiglohnland des Kontinents geworden«, lautet einer der allgemeinen Schlüsse Kirbachs über die Entwicklung des deutschen Arbeitsmarkts nach Inkrafttreten der ›Agenda 2010‹ (ebd.). Die Normalisierung von Prekarisierung mündet in eine Sicherheitsgesellschaft, »die über Unsicherheit steuerbar wird«, argumentiert Isabell Lorey (2011, 80) und verweist dabei auf die zunehmenden polizeilichen und militärischen Sicherheitsdiskurse und -praktiken: »Wenn innenpolitische Sicherheitsdiskurse mit normalisierter sozialer Unsicherheit korrelieren, dann bilden Freiheit und Unsicherheit das neue Paar neoliberaler Gouvernementalität: Freiheit wird nicht prinzipiell staatlich beschränkt, Unsicherheit nicht prinzipiell staatlich bekämpft, sondern beide werden zur ideologischen Voraussetzung für gouvernementale Prekarisierung« (ebd., 81; zudem Wacquant 2012, 73f.). Dieses Regieren mittels Unsicherheit, fügt Lorey (2011, 81) erläuternd hinzu, schützt primär vor absoluter Armut, die die Einzelnen daran hindern könnte, »das Spiel der Konkurrenz zu spielen.« Die mit solchen Sicherheitsdiskursen verbundenen Disziplinierungsbemühungen gehen freilich über einen normierenden Zugriff auf körperliche (Un-)Sicherheit im engeren polizeilichen Sinne hinaus. Körperliche Unsicherheit entsteht in Gesundheits- und Vorsorgedebatten sowie in der systematischen Problematisierung riskanter Lebensgewohnheiten wie Rauchen und Essen im Übermaß. Auch Flüchtlinge werden zunehmend als Risikogruppen präsentiert, die als die ›Anderen‹ der europäischen Gesellschaft kaserniert und in Lager verbracht werden, die aber vor allem nicht an der Erwerbsarbeitswelt partizipieren dürfen. Gouvernementale Unsicherheit ist also eine spezifische Form neoliberaler Prekarisierung.

Die Zunahme atypischer Beschäftigungsverhältnisse und diskontinuierlicher Erwerbslaufbahnen, von zeitlich befristeter Projektarbeit und Arbeit in Netzwerken lässt schließlich auch die Grenze zwischen privatem und öffentlichem Leben erodieren. Entwickelten sich im Industriekapitalismus die Familien- und Berufssphäre zusehends auseinander – und wurden damit Männer als Persönlichkeiten des öffentlichen Lebens und Frauen als (Allein-)Verantwortliche für Haushalt und Kinder begriffen –, so verliert in der vernetzten Welt des kognitiven Kapitalismus und in der neoliberalen Welt des Erwerbsarbeitsideals diese Trennung und damit auch die privilegierte Position des *public man* (Sennett 1993) an Bedeutung. Vielmehr erscheint die zuvor erwähnte prekäre Lebenssituation von Frauen im Fordismus, die neben ihrer unbezahlten Sorgearbeit eventuell noch einen familiären Zuverdienst erwirtschafteten, ihre »doppelte Vergesellschaftung« (Becker-Schmidt 2004), heute für die allgemeine Entwicklungstendenz in Richtung Prekarisierung der Arbeit bezeichnend.

Damit lösen sich auch die Unterschiede zwischen Arbeitszeit und Freizeit, Wohn- und Arbeitsort für viele Erwerbstätige auf: »In einer vernetzten Welt […] lässt sich nur schwierig unterscheiden, wann man sich dem Berufsleben und wann dem Privatleben widmet, ob man mit Freunden oder geschäftlich zu Abend isst, ob die Kontakte affektiv oder nützlich sind« (Boltanski/Chiapello 2006, 209).[33] Cristina Morini schließt daraus auf eine graduelle Feminisierung der herkömmlichen männlichen Erwerbsarbeit, in der

33 Wir übernehmen die Unterscheidung zwischen ›affektiv‹ und ›nützlich‹, wie sie die beiden vornehmen, nicht, sondern gehen davon aus, dass auch und gerade affektive Kontakte nützlich oder auch schädlich sein können.

Männer zunehmend ähnliche raum-zeitliche Erfahrungen wie Frauen machen. »Cognitive capitalism pushes ahead because double and triple work roles are taken on and it introduces the idea of infinite adaptability and flexibility, which are realities well known to women […], particularly in the context of the mother-child relationship which, practically, does not have limits of time and dedication.« (Morini 2007, 47) Die Arbeitswelt der neoliberalen Dienstleistungsökonomie erfordere zusehends diese traditionell weibliche Anpassungsfähigkeit von beiden Geschlechtern: »Work can claim to be a living body that constantly needs care, word and action.« (Ebd.) Morini bringt mit dieser Metapher trefflich zum Ausdruck, was Tsianos und Papadopoulos (2007) als »verkörperten Kapitalismus« bezeichnen und was unsere Vorstellung von affektiver Subjektivierung impliziert – nämlich die über Affekte und Körperlichkeit erforderte Identifikation mit Erwerbsarbeit.

Das fordistische Arbeitsdispositiv des Arbeitens fürs Leben erfährt im Neoliberalismus, befeuert durch die Angst vor Erwerbslosigkeit, eine Verschiebung in Richtung Arbeit als Lebensprojekt. Die Wertigkeit von AkteurInnen bemisst sich an ihrer Fähigkeit, Projekte zu initiieren und sich Projekten anzuschließen, schreiben Voswinkel und Wagner (2011, 75), wobei der in diesem Kontext »zentrale Wert der Aktivität grundsätzlich nicht zwischen ›Arbeit‹ und ›Nicht-Arbeit‹ [unterscheidet]. In gewissem Sinne ist alles, auch Privates, Arbeit, und umgekehrt ist Arbeit immer auch und zugleich persönliches Projekt.« (Ebd., 76) Die beiden SozialwissenschaftlerInnen sprechen damit genau jene unternehmerischen Subjektivierungsprozesse an, die für den Neoliberalismus bezeichnend sind, weil sie sich nicht auf den Bereich der Erwerbsarbeit beschränken. Normative Voraussetzung dieser neuen Lebenserfahrung und Lebensführung ist ein Verständnis von Subjektivität, das um die Autonomie und Eigenverantwortung der Individuen kreist. Berufliche Erfolge und Misserfolge sind demnach nicht von strukturellen Gegebenheiten abhängig, sondern liegen in der Verantwortung der Individuen und sind auf persönliche Merkmale zurückzuführen. »Das neoliberale Handeln wirkt sich gleichermaßen und unterschiedslos auf die Ökonomie der Subjektivität, auf die ›Arbeit‹ und auf die ›Arbeit am Selbst‹ aus«, schreibt Maurizio Lazzarato (2012, 87). Und er spitzt noch zu: Arbeit am Selbst gleicht dem »Befehl, sein eigener Chef zu werden, und d.h. alle Kosten und Risiken, die die Unternehmen und der Staat auf die Gesellschaft abgewälzt haben, auf ›sich selbst zu nehmen‹.« Für ein erfolgreiches wie für ein gescheitertes Leben trägt das neoliberale Individuum selbst die Verantwortung, wobei Kreativität, Flexibilität, Mobilität und nicht zuletzt Kommunikationsfähigkeit sowie Affektivität jene exemplarischen Eigenschaften darstellen, die beruflich wie privat Erfolg versprechen. Und mehr noch: Die Verantwortung bezieht sich auf das Allgemeinwohl. Verantwortliche SelbstunternehmerInnen tragen auch die Last, stets einen Beitrag zum Allgemeinwohl zu leisten.

Charakteristisch für diese Entwicklung ist somit, dass sich die Autonomie der Menschen vielfach als gesellschaftlicher Zwang darstellt, Individuum sein zu müssen – »autonom und selbstverantwortlich zu agieren, initiativ zu werden, Risiken auf sich zu nehmen« (Castel 2011, 216) –, nämlich für all jene, die die intellektuellen und affektiven Voraussetzungen nicht mitbringen, ihr Leben als eigenverantwortliches unternehmerisches Projekt zu meistern. Lazzarato (2012, 88) weist beispielsweise darauf hin, dass mit den Hartz-IV-Beschlüssen in Deutschland auch von den Erwerbslosen und Armen eine »Manager«-Kompetenz gefordert wird, »mit denen die verstreuten ›Sozialhilfeleistungen‹ und kleinen Jobs organisiert werden müssen«. Und Robert Castel (2011, 216) ergänzt: »Der generalisierte Appell an die Eigenverantwortung des Einzelnen führt zu einer Verurteilung all derer, von denen man zuviel verlangt, weil sie über die Grundvoraussetzungen ihrer Unabhängigkeit gar nicht verfügen.« Mit Pierre Bourdieu (2005b) lassen sich die sozialen Folgen, die mit der Ausbreitung unternehmerischer Anforderungen verbunden sind, sowie die individualisierte Perspektive darauf als Formen der »symbolischen Gewalt« bezeichnen, die dazu beiträgt, auch noch untergeordnete und prekäre Lohnarbeit als persönliches Projekt der Selbstverwirklichung zu begreifen, um so die strukturellen Zwänge der kapitalistischen Verwertungslogik zu verschleiern, die das ganze Leben in Beschlag zu nehmen drohen. Im Neoliberalismus dient die herrschende Ideologie vom Unternehmer seiner Selbst bzw. von der Selbstwirksamkeit und Eigenverantwortung dazu, marktförmige Konkurrenz- und Leistungsbereitschaft zu verallgemeinern und dabei die Angst einflößenden sozialen Verwerfungen zu legitimieren, die aus der Ökonomisierung des gesamten Lebens resultieren.

Bei ›*selffare*‹ handelt es sich nicht zuletzt um ein Projekt der »Entkollektivierung« im Sinne Castels (2009, 2011), das sich in der zunehmenden Entstandardisierung der Aufgaben bei der Produktion immaterieller Güter zeigt, in der Individualisierung von Beschäftigungsverhältnissen und der wettbewerbsorientierten unternehmerischen Haltung von betrieblichen MitarbeiterInnen oder auch in der Organisation von Projektarbeit. Die großindustriellen Arbeitskollektive und die gewerkschaftlichen Kollektive fordistischer Prägung erodieren, und an ihre Stelle treten das Selbstunternehmertum (nicht zuletzt von Solo-Selbstständigen) und flexible Koalitionen je nach politischer Betroffenheit. Die »Kollektivinstanz par excellence« (Castel 2011, 18), der fürsorgliche, schützende Sozialstaat des Fordismus, der sich durch die Ausweitung von sozialen Rechten und Sozialeigentum auszeichnete, agiert nunmehr ebenfalls unternehmerisch: keine Leistung ohne Gegenleistung, ›Fördern und Fordern‹. Und zur Rechtfertigung der sozialen Ordnung wird auf die ›Sachgesetzlichkeiten des Marktes‹ verwiesen. Der Neoliberalismus zeigt sich uns im Schein der »Unausweichlichkeit«, schreibt Bourdieu (1998b, 50) und führt dazu eine Reihe von Grundannahmen ins Treffen, die sich als ganz selbstverständlich durchgesetzt haben, so etwa, dass man sich den Kräften der Ökonomie nicht entziehen kann oder dass größtmögliches Wachstum von Produktivität und Wettbewerb das oberste Ziel menschlichen Handelns seien (ebd.). »Ungleichheiten werden nicht abgeschafft«, resümiert Lorey (2011, 81): »Die neoliberale Logik will aus gutem Grund keine Reduktion, kein Ende der Ungleichheit, weil sie mit hierarchisierten Differenzen spielt und auf deren Grundlage regiert«. Mit David Harvey (2007, 31ff.) lässt sich von einer Restauration der Klassenherrschaft im Neoliberalismus sprechen, wenn auch die ökonomische Macht bei einer neuen Klasse von Unternehmern (und im Einzelfall auch Unternehmerinnen) liegt, die von der Finanzialisierung des kapitalistischen Wettbewerbs profitieren, wie Börsenspekulanten (im Stile des fiktiven Gordon Gekko im Film *Wall Street*, 1987) und CEOs multinationaler Konzerne, insbesondere der IT-, Medien- und Finanzdienstleistungsbranche. Die Rolle des Staates in diesem Prozess, eines »Zentauren-Staates«, wie es heißt, skizziert Loïc Wacquant (2012, 74) folgendermaßen: »uplifting and ›liberating‹ at the top (of the class structure), [...] to leverage the resources and expand the life options of the holders of economic and cultural capital; but it is castigatory and restrictive at the bottom, when it comes to managing the populations destabilised by the deepening of inequality and the diffusion of work insecurity and ethnic anxiety«.

Welche Rolle spielen nun Affekte und affektive Arbeit in diesem unternehmerischen Spiel? Entstehen Allianzen durch neue affektive Beziehungen in der Arbeitswelt gegen die genannten sozialen Verwerfungen des Neoliberalismus und die Zumutungen einer managerialen Lebensführung, wie der Postoperaismus annimmt? Können die »informellen, affektiven, Welt machenden Verbindungen« (Tsianos/Papadopoulos 2007, 160) unternehmerischer Arbeitskräfte der Entkollektivierung entgegenwirken? Bewirken die Rückkehr von sozialer Unsicherheit und Ängsten um den Arbeitsplatz eine affektive Mobilisierung gegen die neue Klassenherrschaft (im Sinne Harveys)? Oder ist das Bild doch eher düster, das heißt laufen die in diesem fundamentalen Wandlungsprozess mobilisierten Affekte Gefahr, im selbstunternehmerischen Projekt lediglich für die ökonomische Gewinnoptimierung instrumentalisiert zu werden? Degeneriert damit selbstunternehmerische Verantwortung zu einer bloß illusionären, ja romantischen Idee von leidenschaftlicher Arbeit, wie dies Angela McRobbie (2015) insinuiert?

Wir werden in Abschnitt 6 des Buches mit dem Beispiel der österreichischen Post, das heißt mit der Neuerfindung der Post als börsennotiertes Dienstleistungsunternehmen, versuchen, eine empirische Antwort auf diese Fragen zu geben, indem wir die affektive Subjektivierung der Post-Angestellten nachzeichnen und deren affektive Praxen (empathisch) beobachten. Allerdings sind mit der Perspektive der ›affektiven Gouvernementalität‹, wie wir sie vorschlagen, einfache Antworten im Sinne einer schlichten Schwarz-Weiß-Zeichnung nicht zu erwarten. Vielmehr wollen wir mit diesem Konzept gerade die Freiräume in herrschaftlichen Kontexten ausleuchten, aber auch auf die Praxen der affektiven Arbeit als Herrschaftsform hinweisen. Ein letzter Schritt vor unserer empirischen Analyse will die oben angeführten drei Dimensionen der Transformation von Arbeit unter neoliberalen Bedingungen um die Dimension des affektiven Regierens erweitern.

5.4. Interaktive Dienstleistungen als affektive Arbeit: Das unternehmerische Selbst und neoliberale affektive Gouvernementalität

Wir können vorläufig festhalten, dass die Entwicklung der Erwerbsarbeit im Neoliberalismus eine Reihe von Paradoxien offenbart. Noch nie zuvor in der Geschichte war die Erwerbsarbeit derart intellektuell und affektiv fordernd wie in der Gegenwart, um dennoch immer weniger die Grundlage sozialer Sicherheit und rationaler Lebensplanung zu bilden. Die Prekarisierung der Arbeit betrifft heutzutage auch Klassen der Bevölkerung mit hohem Bildungskapital. Die Freiheit, im Arbeitsprozess selbstständige Entscheidungen zu treffen, wächst in der Dienstleistungsökonomie, damit paradoxerweise aber auch die Unterwerfung der Arbeitskräfte unter manageriale Führungstechniken, die das Innerste der Menschen, die körperlich-affektiven Tiefenschichten der Subjekte berühren. Die räumlichen und zeitlichen Grenzen zwischen Privat- und Erwerbsleben erodieren und die Flexibilisierung der

Erwerbsarbeit nimmt zu, allerdings ohne dass dies zu mehr Selbstbestimmung über das eigene Leben führen würde, vielmehr scheint die Erwerbstätigkeit das ›ganze Leben‹ zu kolonialisieren. Äußerst widersprüchlich stellt sich auch dar, dass Innovativität und Kreativität im kognitiven Kapitalismus (als Voraussetzung für technologischen Fortschritt und Wirtschaftswachstum) mehr denn je von der Kooperation der ›lebendigen Arbeit‹ abhängen, jedoch die Subjektivierung der ökonomischen AkteurInnen – und zwar nicht nur auf der Unternehmens- und Managementebene, sondern auch auf allen untergeordneten Positionen – über individualisierende Konkurrenz und atomisierenden Wettbewerb verläuft.

Wie ist die von uns untersuchte affektive Arbeit in diesen widersprüchlichen Transformationsprozess einzuordnen? Affektive Arbeit bildet, wie gesagt, eine der wesentlichen neuen Formen der Erwerbsarbeit im kognitiven oder, für unseren Untersuchungsgegenstand zutreffender, ›verkörperten Kapitalismus‹. Interaktive Dienstleistungen, in denen regelmäßig ein kommunikativer Austausch auf mehreren Ebenen stattfindet, verbal und nonverbal, rational und affektiv, geistig und körperlich, und das Produkt der Arbeit oftmals die Interaktion selbst ist, stellen idealtypische Settings für affektive Arbeit dar. Wir begegnen dieser Erwerbsarbeit im marktwirtschaftlichen, aber auch im öffentlichen Bereich, und zwar dort, wo staatliche (oder quasistaatliche) AkteurInnen direkt mit KundInnen respektive BürgerInnen in Kontakt treten und KundInnenorientierung gefragt ist. Die affektive Arbeit dieser *front line*-Beschäftigten basiert auf dem traditionell weiblich konnotierten affektiven Kapital der AkteurInnen. Oder umgekehrt: Bestimmte Ausprägungen des affektiven Kapitals, wie Einfühlungsvermögen oder die Fähigkeit, Vertrauen herzustellen, bringen Wettbewerbsvorteile auf dem Markt der Dienstleistungsberufe.

Einerseits profitieren Dienstleistungen vom (weiblichen) affektiven Kapital der ›lebendigen Arbeit‹, andererseits konstituieren die Erwerbsarbeitsprozesse – neben anderen biopolitischen Institutionen und Mikropolitiken der Macht, etwa im staatlichen und bürokratischen Feld oder auf dem Feld der kapitalistischen Ökonomie – das affektive Kapital. Wir haben diesen Prozess ›affektive Subjektivierung‹ genannt, in dem die Fremdzwänge und Fremdsteuerung der Gefühle im beruflichen Alltag verinnerlicht und verkörpertes Element der Subjektivität der Arbeitskräfte werden, sodass sie aus eigenem Antrieb jene Gefühlsarbeit verrichten, die sie aus Gründen der ökonomischen Rentabilität verrichten sollen. In Anlehnung an Michel Foucault handelt es sich bei diesem Machtverhältnis um eine Spielart neoliberaler

›affektiver Gouvernementalität‹, nämlich die durch Fremdregierung bewirkte affektive Selbststeuerung der Arbeitskräfte im Sinne unternehmerischer Interessen und damit ihr Selbstverständnis als ›neoliberale (affektive) Subjekte‹.

Der Wettbewerb der Arbeitskräfte, also deren Subjektivierung durch Konkurrenzmechanismen, und die Prekarisierung der Arbeit sind zwei zentrale Momente dieser neoliberalen affektiven Gouvernementalität, die ganz wesentlich zur Formierung des affektiven Kapitals beitragen. Es bedarf der unentwegten Selbstaktivierung, der Steigerung der Durchsetzungskraft, um im ›Spiel der Konkurrenz‹ bestehen zu können – dies vor dem Hintergrund existenzieller Ängste angesichts der Ausbreitung von Erwerbslosigkeit und sozialer Unsicherheit. Erzeugt wird damit ein prekäres und in diesem Sinn ›weibliches‹, aber dennoch konkurrenzorientiertes unternehmerisches Selbst, das auch bezeichnend für eine neue Form untergeordneter Männlichkeit zu sein scheint, eine »marginalisierte« Männlichkeit (Connell 2006, 101f.), auf die wir im nächsten Kapitel zu sprechen kommen werden.

Umgekehrt lässt sich argumentieren, dass sich das unternehmerische Selbst aus dem affektiven Kapital speist. Affektive Ressourcen ermöglichen »relationale Arbeit« (Dörre 2009, 49), um berufliche Netzwerke herzustellen und aufrechtzuerhalten, sie liegen der individuellen Anschlussfähigkeit von ProjektarbeiterInnen zugrunde, sie stellen wichtige soziale Kompetenzen in beruflichen Zusammenhängen dar, kurz, das affektive Kapital bildet einen wesentlichen Faktor in der neoliberalen Dienstleistungsgesellschaft, um flexibel, mobil und kooperativ arbeiten zu können, oder besser noch, um in fluiden beruflichen Netzwerken kreativ sein zu können. Mit dieser Flexibilität und Mobilität sind allerdings Entgrenzungstendenzen verbunden: Affektive (Erwerbs-)Arbeit tendiert dazu, das ›ganze Leben‹ zu vereinnahmen (oft genug auf pathologische Weise in Form von Depressionen und Burn-out) bzw. die Arbeit an den Affekten zum Lebensprojekt werden zu lassen, nicht zuletzt als Teil des »therapeutischen Diskurses« um Selbstverwirklichung, den Eva Illouz (2006, 69ff.) in ihrem einschlägigen Buch *Gefühle in Zeiten des Kapitalismus* analysiert.

Die Freiräume der Dienstleistungsarbeit, die ungeheure Flexibilität der Arbeitsprozesse und der Arbeitskräfte, die relationale affektive Arbeit und die Netzwerkkontakte, die Menschen miteinander verbinden, stellen allerdings auch soziale Bedingungen dar, unter denen affektives Kapital zur Bildung neuer selbstbestimmter Kooperationen, neuer Formen von Solidarität und Widerstand (etwa gegen die ökonomische Vereinnahmung der ›ganzen

Person‹ oder gegen die Prekarisierung der Arbeit) eingesetzt werden könnte. Die Frage ist: Lassen sich solche widerständigen Tendenzen in der Arbeitswelt von DienstleisterInnen, die reich an Affektivität ist, beobachten? Führt die affektive Arbeit auch zu Formen der Selbstermächtigung in marktwirtschaftlichen Dienstleistungsunternehmen wie der Post AG? Und welche Bedeutung erhalten die Geschlechterverhältnisse bzw. die vergeschlechtlichten Subjektivierungsprozesse? Mit diesen Fragen kommen wir endgültig auf unser empirisches Beispiel zu sprechen.

6. Affektive Staatlichkeit: Von der Bürokratie zur öffentlichen Dienstleistung am Beispiel Österreich

Dieses Kapitel wird die Transformation einer einst staatlichen Bürokratie in ein neuartiges, quasi-privatwirtschaftliches Dienstleistungsunternehmen unter einer affekttheoretischen Perspektive betrachten. Unser Ziel ist es herauszuarbeiten, welche neue Rolle Affekte in der Dienstleistungsarbeit im Kontext neoliberalen Regierens erhalten. Diese Bedeutung von Affekten geht weit über den Erwerbsbereich, weit über die Organisation der österreichischen Post, die wir als Beispiel für unsere Untersuchung heranziehen, hinaus, ja sie verweist auf eine neuartige neoliberale affektive Gouvernementalität, auf neue Weisen des Regierens, des Steuerns von Gesellschaft und der Menschen. Mit einer affekttheoretischen Perspektive lässt sich also am Beispiel der Transformation der österreichischen Post zeigen, wie sich Arbeits-, Alltags- und Lebensverhältnisse verändern und welche Rolle darin eine reformierte, affektive Staatlichkeit bekommt.

Wir beleuchten zuerst in aller Kürze die Veränderungen des politischen und ökonomischen Umfelds, die dazu führen, dass die österreichische Post aus der staatlichen Hoheitsverwaltung ausgegliedert und in eine Kapitalgesellschaft umgewandelt wurde – in einem Prozess der Neoliberalisierung, den wir schon in den vorherigen Kapiteln aus unterschiedlichen Perspektiven skizziert haben, ohne allerdings auf den Wandel in einem spezifischen Land einzugehen. Die österreichische Entwicklung bietet sich als Anschauungsbeispiel für die neoliberale Transformation von Staatlichkeit und die Herausbildung einer neoliberalen Gouvernementalität, die wiederum ein unternehmerisches Subjektkonzept erzeugt, besonders gut an, galt das Land doch lange Zeit als keynesianisches Vorzeigemodell, ja als Erfolgsmodell keynesianischer Krisenbekämpfung vor allem angesichts der ökonomischen Turbulenzen Anfang der 1970er Jahre. Das Land zeichnete sich bis in die 1980er Jahre durch Vollbeschäftigung, ein hohes Maß an Verteilungsgerechtigkeit und sozialen Frieden, wenngleich auch durch eine ausgesprochen hartnäckige korporatistisch-patriarchale (sozial-)staatliche Regulierung der Ökonomie und des Arbeitsmarktes aus. Die ›austro-keynesianische‹ Wirtschaftspolitik, der sogenannte »österreichische Weg« (Penz 2007, 55ff.), führte zu einer Verlängerung des fordistischen Akkumulationsregimes, zu einer spätfordistischen, nachholenden wirtschaftlichen Modernisierung des Landes, vor deren Hintergrund sich die anschließende Neoliberalisierung von Wirtschaft, Staat und Politik im Zuge der EU-Integration umso deutlicher abhob. Am Fallbeispiel Österreich lässt sich eine deutliche Zäsur in den wirtschaftspolitischen Zielen und der politischen Regulierung des ökonomischen Feldes im Vorfeld des angestrebten EU-Beitritts, der dann 1995 erfolgte, und der damals bereits bevorstehenden Währungsunion studieren, die die neoliberale Wende wie in einem Brennglas bzw. im Zeitraffer erscheinen lässt.

Trotz der nationalen Besonderheiten zeigt das Land auch einige Parallelen mit dem deutschen Nachbarn. Bereits auf dem sogenannten Sonderweg in den 1970er Jahren, also lange vor der europäischen Integration, war das Land durch die parallele Wechselkurspolitik, das heißt durch die Anbindung der österreichischen Währung an die D-Mark, eng mit Deutschland verbunden. Vor allem aber sind beide Länder, Gøsta Esping-Anderson (1990) folgend, dem konservativen, korporatistischen und familienzentrierten Wohlfahrtsstaatsregime zuzurechnen, sodass sich von einer ähnlichen Tradition ausgehend analoge neoliberale Wandlungsprozesse in beiden Staaten erkennen lassen bzw. die österreichische Entwicklung auf gleichartige Prozesse in Deutschland verweist, wie etwa bei der Ausrichtung der aktivierenden Arbeitsmarktpolitik oder, zentral für unser Thema, bei der Privatisierung öffentlicher Dienstleistungen, nicht zuletzt der gelben Post.

Die nun folgende Skizze des politischen, ökonomischen und sozialpolitischen Umfelds der affektiven Arbeit in österreichischen semistaatlichen Dienstleistungen ist somit einerseits spezifisch für Österreich, aber auch paradigmatisch für die Privatisierung von Segmenten der staatlichen Verwaltung in sogenannten ›starken‹ Staaten, also in korporatistisch-sozialpartnerschaftlichen Staaten, die in der fordistischen Phase vergleichsweise stark in gesellschaftliche und ökonomische Prozesse eingriffen.

6.1. Die Entwicklung Österreichs in Richtung neoliberalem Wettbewerbsstaat und Wissenskapitalismus

Im EU-Integrationsprozess der 1990er Jahre wurden in Österreich die Weichen für einen neuen wirtschafts- und sozialpolitischen Kurs gestellt, der stärker neoliberalen Imperativen gehorcht und ehemals wichtige gesellschaftspolitische Ziele, vor allem den Vorrang der Vollbeschäftigungs- gegenüber einer ausgeglichenen Budgetpolitik, preisgibt. Maurizio Lazzarato (2012, 91) bezeichnet dies, wie schon erwähnt, als Übergang von der sozialen zur monetären Staatspolitik. Deutlich zum Ausdruck kommt diese Transformation in der Privatisierung weiter Bereiche der verstaatlichten Industrie und damit im Rückzug des Staates als direkter ökonomischer Akteur, in der Deregulierung und Marktöffnung staatlicher Infrastruktur- und Dienstleistungsmonopole und in einer Austeritätspolitik, die zu Einsparungen und neuen Handlungslogiken im Sozialbereich führt. Die ersten Privatisierungsschritte in der Industrie Ende der 1980er Jahre stellen aus heutiger Sicht einen Dammbruch dar, der letztlich in mehreren Wellen der Entstaatlichung mündet. Die umfängliche Privatisierungswelle Mitte der 1990er Jahre beispielsweise führte zum Verkauf aller Mehrheiten an den großen staatlichen Konzernen der Eisen- und Stahlindustrie bzw. Energiewirtschaft,[34] und diese Tendenz setzte sich im folgenden Jahrzehnt mit der Vollprivatisierung weiterer ehemals staatlicher Unternehmen fort. Der Erlös aus diesen Verkäufen diente nicht zuletzt dazu, den Staatshaushalt zu entlasten, der im Zuge des EU-Beitritts und mit den Verträgen von Maastricht zu einer zentralen ökonomischen Größe wird. So hängt die Teilnahme Österreichs am europäischen Binnenmarkt von politischen Maßnahmen zur Budgetkonsolidierung ab.

Steigende staatliche Einnahmen, aber vor allem Ausgabenkürzungen werden damit zu vorrangigen wirtschaftspolitischen Zielen. Die aus dem Sparkurs resultierenden Restriktionen – die Rede ist von ›Anpassungen‹ der Sozialleistungen – sind besonders deutlich an den Veränderungen des österreichischen Pensionssystems nachvollziehbar. Da die Altersvorsorge den weitaus größten Posten der Sozialausgaben darstellt, werden Leistungskürzungen zur Entlastung des Budgets in diesem Bereich als besonders wichtig erachtet. Die Pensionsversicherung für Arbeiter und Angestellte steht schon ab Mitte der 1980er Jahre im Zentrum der sozialpolitischen Reformen, und

34 Eine Übersicht zur Privatisierung der 1990er Jahre bietet Herbert Obinger (2006, 158).

das folgende Jahrzehnt ist durch eine ganze Reihe restriktiver Maßnahmen gekennzeichnet. Die Reformen von 1987 und 1993, beide von großen Koalitionen zwischen der sozialdemokratischen SPÖ (Sozialdemokratische Partei Österreichs) und der christlich-konservativen ÖVP (Österreichische Volkspartei) realisiert, führen beispielsweise zur Senkung der Bemessungsgrundlage für zukünftige Pensionen, während die Reduktionen des »Anpassungsfaktors« für bestehende Pensionen ab 1988 zur Sanierung des Budgets auf Kosten der älteren Bevölkerung beitragen (Tálos/Wörister 1994, 178ff.). Mit der Pensionsreform 1997 gehen die Versuche stärker in die Richtung, durch Abschläge bei Frühpensionen oder durch die Errichtung von Pensionskorridoren das faktische Pensionsantrittsalter zunächst der Männer und zeitverzögert das der Frauen anzuheben, um den Sozialhaushalt zu entlasten. Zudem wurde die private ›Zukunftsvorsorge‹ als dritte Säule der Altersvorsorge (und zur Förderung des österreichischen Kapitalmarkts) propagiert und mit staatlichen Prämien und Steuererleichterungen gefördert (ähnlich der deutschen Riester-Rente). Damit lassen sich erste Anklänge eines neuen sozialpolitischen Paradigmas erkennen, ein neuer »Geist der Aktivierung« (Lessenich 2013, 17), der für die weitere Entwicklung auch des österreichischen Sozialstaats bezeichnend sein wird. Nicht mehr der Schutz des wohlverdienten Ruhestands steht im Zentrum der sozialen Sicherheit, sondern die Aktivierung älterer Menschen fürs Erwerbsleben, möglichst über das Regelpensionsalter hinaus. »*Active ageing* [...] ist eine Politik für das unternehmerische Selbst als alterndes Selbst, eine Politik für das um sein unwiderrufliches, aber zugleich auch plastisches, aktiv gestaltbares Altern wissende und im Sinne dieses individuell-gesellschaftlichen Gestaltungsauftrags tätig werdende Subjekt«, schreibt Stephan Lessenich weiter (ebd., 114).

Insgesamt kulminiert der restriktive Regierungskurs in Österreich in den Jahren 1995 und 1996, immer noch unter einer großen Koalition und einem sozialdemokratischen Regierungschef, und zwar im Hinblick auf die bevorstehende Währungsunion der EU, mit der Verabschiedung zweier ›Strukturanpassungsgesetze‹ – also in Wirklichkeit von Sparpaketen –, die Leistungskürzungen in so gut wie allen sozialstaatlichen Bereichen, etwa auch in der Arbeitslosenversicherung, mit sich brachten. Die ›Anpassungen‹ des Sozialsystems in den 1990er Jahren lassen einen beinahe linearen Einsparungskurs erkennen, fassen Emmerich Tálos und Bernhard Kittel (1999, 141) die Entwicklung in Zeiten der westeuropäischen EU-Erweiterung zusammen. Ein Prozess der ›Entrechtlichung‹ gewinnt an Momentum, in dem sich allgemeingültige Standards bzw. Rechtsansprüche aufzulösen beginnen und durch ein System von Leistung und Gegenleistung ersetzt werden, wie in der Arbeitslosenversicherung (Tálos/Kittel 2001, 123ff.), und die Privatisierung von Risiken, etwa im Hinblick auf die Altersversorgung, zunimmt. In dieser Entwicklung drückt sich die von Robert Castel (2009, 25) beschriebene »Dynamik der *Entkollektivierung*« aus, und der Entwicklungsprozess signalisiert die Vorrangigkeit ökonomischer Zielsetzungen und Wettbewerbsfragen in Österreich angesichts der verschärften Konkurrenzsituation auf dem europäischen Binnenmarkt. Die Reformen der Sozialversicherung stellen sich im internationalen Vergleich als Teil eines Wettlaufs nach unten dar, in Form sinkender Leistungsstandards und des Abbaus kollektiver Sicherungssysteme, womit sie umgekehrt auch in Österreich, einem Land mit einem traditionell ›starken‹ Staat, der eigenverantwortlichen Vorsorge – der Selbstaktivierung, um gesund, fit und auf dem Arbeitsmarkt vermittelbar zu bleiben – viel größeres Gewicht verleihen.

Im europäischen Vergleich zeichnet sich Österreich in den 1980er und 1990er Jahren durch eine relativ geringe Arbeitslosigkeit aus – als Folge der Vollbeschäftigungssituation oder, besser gesagt, der ›austro-keynesianischen‹ Wirtschafts- und Arbeitsmarktpolitik der Ära Kreisky in den 1970er Jahren mit ihrem Hauptaugenmerk auf Verhinderung von Arbeitslosigkeit (Penz 2007). Allerdings beginnt sich in den 1980er Jahren auch in Österreich eine strukturelle Arbeitslosigkeit zu verfestigen, wie in der Entkoppelung von Wirtschafts- und Beschäftigungsentwicklung offenkundig wird. Der kontinuierliche Anstieg der Arbeitslosigkeit seit dieser Zeit bringt es mit sich, dass das Ziel »Vollbeschäftigung« aus den politischen Debatten verschwindet und durch die vergleichsweise vage rhetorische Figur »Beschäftigung steigern« ersetzt wird (Unger 1999, 174). Daneben nimmt die Flexibilisierung und Prekarisierung der Beschäftigungsverhältnisse stark zu, in einem Umverteilungsprozess des Mangels an Erwerbsarbeit und mit der »Schaffung neuer Formen der Unterbeschäftigung« (Castel 2011, 139). Die fordistischen Normalarbeitsverhältnisse der Männer erodieren auch in Österreich zum Teil, befristete Arbeitsverträge und Leiharbeit breiten sich aus (Tálos 1999b, 259ff.), vor allem jedoch erfolgt die Integration von Frauen in den Arbeitsmarkt über Teilzeitarbeit oder geringfügige Beschäftigungsverhältnisse, Letztere nahezu ohne Versicherungsschutz. Die Erwerbsquote der Frauen steigt von 48,5 Prozent im Jahr 1973 auf knapp 62 Prozent 1997, während allerdings am Beginn dieser Periode etwa 14 Prozent der erwerbstätigen Frauen in Teilzeit arbeiten, sind es 1997 schon 25 Prozent (ebd., 252 und 257). Die ehemals prekäre Lebenssituation von Ehefrauen in den Kleinfamilien der 1970er Jahre findet dergestalt auch in Österreich ihre Fortsetzung: mit der bis heute oft nur marginalen, *atypischen* beruflichen Stellung von Frauen im Erwerbsleben. Das *World Economic Forum* beispielsweise reihte Österreich 2013 im Hinblick auf die ökonomische Teilhabe und Chancengleichheit von Frauen an die tiefe 69. Stelle im globalen Vergleich von 136 Ländern (World Economic Forum 2013, 12). Wie in Deutschland gilt damit für Österreich, dass die Risiken, denen Frauen hinsichtlich ihrer Existenzsicherung ausgesetzt sind, »nicht mehr nur vom Bestand der Ehe, aber noch nicht ausschließlich von der Position der Frauen am Arbeitsmarkt ab[hängen]« (Sigrid Quack zit. in Tálos 1999a, 419).

Verschiebt sich auf der Frauenseite die Frage der sozialen Sicherheit von der privaten Sphäre in Richtung autonomer Teilhabe am öffentlichen (Erwerbs-)Arbeitsleben, so lässt sich auf der Männerseite in Anbetracht steigender Arbeitslosigkeit, diskontinuierlicher Karriereverläufe und vermehrt atypischer Beschäftigung – 2014 erreichte die männliche Arbeitslosigkeit laut *Statistik Austria* einen neuen Höchstwert, darüber hinaus ist vor allem der Anstieg an Leiharbeit bemerkenswert (www.statistik.at) – eine deutliche Zunahme der sozialen Unsicherheit und der Prekarisierung der Lebensverhältnisse im Zuge der EU-Integration Österreichs konstatieren. Wir weisen in diesem Zusammenhang nochmals auf das von Pierre Bourdieu und Isabell Lorey betonte Gefühl der Angst hin – Angst »vor Arbeitslosigkeit oder davor, auch *mit* Arbeit weder Miete noch Krankenversicherung zahlen zu können« (Lorey 2011, 82). Dieses Angstgefühl wird zu einem wesentlichen Element der neoliberalen Gouvernementalität, der politischen Steuerung der erwerbstätigen Bevölkerung. In den Umfragen des österreichischen Meinungsforschungsinstituts *OGM* drückt sich dies in einem steigenden Zukunftspessimismus hinsichtlich Wohlstand und Arbeitsplatzsicherheit aus: *Zukunftsangst nimmt zu, vor allem bei Jungen*, betitelte die Tageszeitung *Kurier* (1. Januar 2015) die Ergebnisse der Studie. »Die Existenz einer beträchtlichen Reservearmee […] flößt jedem Arbeitnehmer das Gefühl ein, dass er keineswegs unersetzbar ist und seine Arbeit, seine Stelle gewissermaßen ein Privileg darstellt, freilich ein zerbrechliches und bedrohtes Privileg.« (Bourdieu 1998b, 117)

In diesen Prekarisierungstendenzen und den Einschnitten ins Sozialsystem drückt sich deutlich die Vorrangigkeit ökonomischer Interessen und die Zurückdrängung gewerkschaftlicher Macht im *policy making* aus: Während die Forderungen der Gewerkschaft nach genereller Arbeitszeitverkürzung als Mittel gegen die Arbeitslosigkeit unerfüllt verhallen, sind die Vorstöße der

Industriellenvereinigung und der Wirtschaftskammer Österreich in Richtung Flexibilisierung ungleich erfolgreicher: »In den 90er Jahren bildete die Frage der Flexibilisierung einen Dauerbrenner in den Auseinandersetzungen und Verhandlungen, die, nicht zuletzt durch Druck der Regierung 1996 und 1997, eine enorme Intensivierung erfuhren«, beschreibt Emmerich Tálos (1999b, 266) den wirtschaftspolitischen Prozess im Land, der letztlich auch in erste branchenweite Regelungen über flexiblere Arbeitszeiten und 2007 in eine Reform des Arbeitsrechts »zur Anpassung der Arbeitszeitregelungen an die ›heutigen globalen wirtschaftlichen Herausforderungen‹« mündet (Obinger 2009, 362). Die Beschäftigungsverhältnisse werden also um einiges prekärer, das soziale Risiko von Erwerbslosigkeit wächst, und der in Österreich gepflogene sozialpartnerschaftliche Interessenausgleich zeigt eine deutliche Schlagseite in Richtung marktwirtschaftlich motivierter Gestaltungsprozesse.

In der Entwicklung der Löhne spiegeln sich ähnliche Machtverschiebungen wider. Die (bereinigte) Lohnquote, also der Anteil der Löhne am Volkseinkommen, beginnt Anfang der 1980er Jahre zu sinken, und dieser Prozess beschleunigt sich in den 1990er Jahren. Genauer gesagt: Der Anstieg der Einkommen aus unselbstständiger Arbeit bleibt zunehmend hinter jenem der Einkünfte aus Unternehmenstätigkeit, selbstständiger Arbeit und Besitzeinkommen zurück. Zudem fällt die Veränderung der Reallöhne immer weiter hinter das Produktivitätswachstum zurück (ÖNB 2005, 171). Daran lässt sich eine deutliche Abkehr von der gewerkschaftlichen Lohnpolitik der 1970er Jahre ablesen, die dem Schema Lohnerhöhungen im Ausmaß der Inflations- und Produktivitätsentwicklung gehorchte. Legitimiert wird die wachsende Ungleichheit durch die ›Standortfrage‹, das heißt durch die von Unternehmerseite und Gewerkschaften geteilte wirtschaftspolitische Auffassung, dass vorrangig niedrige Löhne die nationale Wettbewerbsfähigkeit verbessern und damit zu Wirtschafts- und Beschäftigungswachstum in Österreich führen würden. Die »*strukturale Gewalt* der Arbeitslosigkeit, der Verunsicherung, der *Angst* vor Entlassung« (Bourdieu 1998b, 134) zeigt sich also auch in Lohnabschlüssen, die kaum die Inflation abdecken. Diese sogenannte ›Lohnmoderation‹ liegt letztlich auch der Zunahme der Einkommensdisparitäten zugrunde: Die Schere beginnt sich in den 1980er Jahren zu öffnen und führt zu ungewohnt hohen Einkommensunterschieden in Österreich. Der Wirtschaftsforscher Markus Marterbauer (2007, 108 und 115f.) konstatiert angesichts der steigenden Einkommen aus Besitz und Unternehmung, dass eine »Umverteilung zu Lasten der unselbständig Beschäftigten«

stattgefunden hat. Im Endeffekt sei die gesellschaftliche Chancengleichheit nicht mehr gegeben. In Erinnerung ruft dies David Harveys (2007, 31) Befund von einer Wiederauferstehung der Klassenherrschaft, wenn auch unter neuer ökonomischer Führerschaft der CEOs von IT-, Medienkonzernen und Investmentbanken.

Im internationalen Konkurrenzkampf kommt der Einkommens- und Lohnpolitik (neben der staatlichen Steuerpolitik) seit den 1990er Jahren steigende Bedeutung zu, gehen doch im Zuge der EU-Integration eine Reihe anderer Lenkungsmechanismen der nationalen Wirtschaftspolitik verloren. Der Wirtschaftsexperte Fritz Breuss (1994, 144) zieht daraus den Schluss, dass in der Europäischen Union die Lohnpolitik auf nationaler Ebene »das wichtigste verbleibende Instrument zur Steuerung der Wettbewerbsfähigkeit« sei. Tatsächlich sinken die Lohnstückkosten der Sachgütererzeugung (die Arbeitskosten je erzeugter Einheit) in Österreich gegenüber den wichtigsten Handelspartnern, selbst gegenüber Deutschland, das eine ähnliche Entwicklung aufweist, während der 1990er und beginnenden 2000er Jahre beträchtlich (Marterbauer 2005, 64). In beiden Ländern bildet sich gleichzeitig ein Niedriglohnsektor aus, etwa in den Branchen Gastronomie und personenbezogene Dienste, in dem überproportional oft Frauen zu finden sind (Fritsch u.a. 2014, insb. 103f.).

Die Wettbewerbsfähigkeit verbessert sich damit wohl deutlich, allerdings resultiert diese Stärke der österreichischen Ökonomie weniger in Investitionen in die sogenannte ›Realwirtschaft‹ und in Beschäftigungswachstum denn in steigenden Unternehmensgewinnen, die auf Finanzmärkten veranlagt werden. »Die höhere Attraktivität von Finanzanlagen gegenüber Sachanlagen führt zu einer markanten Änderung im Investitionsverhalten der Unternehmen«, so nochmals Marterbauer (2007, 113f.). »Seit Beginn der 1980er Jahre blieb die Investitionsbereitschaft weit hinter der Entwicklung der Einkommen aus Besitz und Unternehmungen zurück. Die Unternehmen verschieben ihre Gewinne auf die Finanzmärkte, statt sie volkswirtschaftlich produktiv in die Mitarbeiter und neue Produktionsverfahren zu investieren.« (Ebd., 114) In Österreich beginnt sich damit eine Finanzialisierung des ökonomischen Feldes wie in vielen anderen europäischen Ländern abzuzeichnen[35] – ein weiteres Charakteristikum neoliberaler Wirtschaftspolitik und Teil der neuen Klassenherrschaft, ermöglicht durch die Deregulierung na-

35 Zum Begriff der ›Finanzialisierung‹ und zu Reichweite und Verbreitung des neoliberalen finanzdominierten Akkumulationsregimes über die USA hinaus sind Engelbert Stockhammers (2010, 112ff.) Ausführungen illustrativ.

tionaler und internationaler Finanzmärkte bzw. die Liberalisierung internationaler Finanzströme. Im ersten Jahrzehnt des 21. Jahrhunderts konstatiert Engelbert Stockhammer (2010) auch für Österreich ein (exportgetriebenes) finanzdominiertes Akkumulationsregime, in dem die Polarisierung der Einkommensverteilung zwischen Kapital und Arbeit besonders ausgeprägt ist. Einerseits dämpft die schwache Investitionstätigkeit das Wirtschafts- und Beschäftigungswachstum ganz erheblich, während andererseits die Lohnzurückhaltung zur Schwächung der Binnennachfrage, zu einem strukturellen Nachfragemangel führt, sodass auch vom Konsum immer weniger Wachstumsimpulse ausgehen.

Der EU-Beitritt ist mit den Versprechen verknüpft, dass der österreichische Binnenmarkt zu größerem Wirtschaftswachstum – aufgrund höherer Investitionen und besserer Chancen für den Handel – und damit auch zu markantem Beschäftigungswachstum, zu Lohnsteigerungen und, aufgrund des größeren Wettbewerbs, zu sinkenden Preisen führen würde. Für österreichische Unternehmen bietet bereits die Ostöffnung nach 1989 enorme Expansionsmöglichkeiten, die in höherem Ausmaß als der anschließende EU-Beitritt zur Verstärkung der Investitionstätigkeit im Ausland und der Handelsbeziehungen, also zur Internationalisierung bzw. Europäisierung der österreichischen Wirtschaft führen. Die österreichischen Konzerne, wie etwa das Öl- und Gasunternehmen OMV, oder Banken und Kreditinstitute, aber auch eine ganze Reihe von Mittelbetrieben gehören zu den eindeutigen Gewinnern des zweifachen Integrationsprozesses.[36] Für die unselbstständig Erwerbstätigen in Österreich sieht die Bilanz der europäischen Integration weniger positiv aus. Auf das relativ geringe Beschäftigungswachstum, die stagnierenden Reallöhne und die Flexibilisierung der Beschäftigungsverhältnisse oder auch die Restriktionen im Sozialbereich wurde bereits hingewiesen. Zu diesen Auswirkungen der neoliberalen Wende tragen nicht zuletzt die Ausgliederungen von Dienstleistungsunternehmen aus der staatlichen Hoheitsverwaltung bei, die Liberalisierung und Privatisierung der öffentlichen Dienstleistungen. Diese erfolgten unter Einhaltung der entsprechenden EU-Wettbewerbsdirektiven: Für die europäische Post-Politik sind beispielsweise die Entschließung des EU-Rates im Jahr 1994 und die erste europäische Post-Richtlinie 97/67/EG wegweisend.

36 Zu den österreichischen Direktinvestitionen in Zentral- und Osteuropa vgl. etwa Gábor Hunya und Jan Stankovsky (2004).

Das zentrale Motiv für die Vermarktlichung öffentlicher Dienstleistungen besteht darin, die Effektivität und Kosteneffizienz zu erhöhen, um im verstärkten internationalen Konkurrenzkampf bestehen zu können. Gleichzeitig soll die Qualität der öffentlichen Dienstleistungen verbessert und die KundInnenorientierung verstärkt werden, wobei die Öffnung der Märkte auch zu Preisvorteilen für die KonsumentInnen führen soll. Dieser Prozess setzt 1994 mit der Entlassung der Österreichischen Bundesbahn (ÖBB) aus der Hoheitsverwaltung ein, gefolgt von der Ausgliederung der Post- und Telegraphenverwaltung im Jahr 1996. Im gleichen Zeitraum werden der Telekommunikationsmarkt geöffnet und die Elektrizitätswirtschaft liberalisiert, nur kurz darauf auch die Gasversorgung. Verbunden ist diese Entwicklung allemal – ganz ähnlich der Tendenzen im Privatisierungsprozess der verstaatlichten Industrie (Obinger 2006, 166f.) – mit einem beträchtlichen Beschäftigungsabbau, der Flexibilisierung von Arbeitsverhältnissen und der schlechteren Entlohnung für neu einsteigende Arbeitskräfte sowie einer Intensivierung der Arbeit (zu diesen Entwicklungen in europäischen Post-Unternehmen zusammenfassend Flecker 2014). Auf die nationalen Preise der Dienstleistungen wirkt sich diese Flexibilisierung und Intensivierung der Arbeit höchst unterschiedlich aus: Während sie etwa im Telekommunikationsbereich gefallen sind (vor allem bedingt durch den Konkurrenzkampf auf dem neuen Feld des mobilen Telefonierens), zeigt sich auf dem Gebiet der Strom- und Gasversorgung – wo allerdings bis dato in Österreich kaum Wettbewerb herrscht – laut der Regulierungsbehörde E-Control, einer neuen Agentur zur Stärkung des Wettbewerbs (www.e-control.at), die gegenteilige Entwicklung.

Im Überblick über den ökonomischen und (sozial-)politischen Wandel seit den 1980er Jahren zeigt sich letztlich, dass Österreich im Einklang mit den meisten anderen europäischen Nationalstaaten eine Periode der Neoliberalisierung durchläuft. Offenkundig wird dieser Prozess in der Öffnung der Märkte, der Finanzmärkte, aber auch der Märkte für öffentliche Dienstleistungen, und in der Forcierung des marktwirtschaftlichen Wettbewerbs. Die Einschnitte und Umstrukturierungen im Sozialsystem und die Prekarisierung von Arbeit sind ebenso typisch für diese Entwicklung. Neoliberalisierung bedeutet nicht einfach Rück- oder Abbau des Sozialstaats, und die Transformation von Staatlichkeit hat auch nicht zu einem gänzlichen sozialpolitischen Kahlschlag geführt, vielmehr verändert sich die Regierungstechnik, die Biopolitik des Staates, spürbar in Richtung Aktivierung der Bevölkerung. Herbert Obinger (2009) zufolge hat in Österreich gerade in den letzten Jahren eher eine, wenn auch selektive »Sozialstaatsexpansion« denn ein Rückbau stattgefunden, abzulesen etwa an der Einbeziehung freier DienstnehmerInnen in die Sozialversicherung oder an Verbesserungen in der 24-Stunden-Betreuung pflegebedürftiger Personen (zusammenfassend Bohmann 2014, 227f.). Entscheidend scheint aber der Paradigmenwechsel vom sorgenden zum aktivierenden Sozialstaat zu sein, der Stephan Lessenich (2013, 14) von »neosozialen« Verhältnissen sprechen lässt: »Statt sich zurückzuziehen, ändert der Staat die Logik und Gestalt seiner Interventionen.« Diese staatliche Gestaltänderung haben wir weiter oben als einen neuen Zugang staatlicher Behörden zur Bevölkerung charakterisiert – als eine biopolitische Wende, die den Staat zu einem ›touching state‹ werden lässt, der BürgerInnen als KundInnen im doppelten Sinne ›berührt‹ – indem er sie zu Aktivität motiviert, aber auch zur ständigen Sorge um sich selbst. Besonders deutlich wird diese affektive Staatlichkeit am Beispiel der Arbeitsmarktpolitik und der österreichischen Konzeption von *flexicurity*, also des Kompromisses zwischen Arbeitsmarktflexibilisierung, sozialer Mindestsicherung und proaktiver Arbeitsmarktpolitik nach dem Motto: »Arbeitslose aktivieren, fördern und qualifizieren statt verwalten« (Obinger 2009, 361). Dieses Konzept stellt auf höhere Selbstverantwortung und Selbstsorge der Individuen, auf einen unternehmerischen Geist der Arbeitsuchenden zur Vermarktung der eigenen *employability* ab.

Mit der Neoliberalisierung Österreichs ging auch das starke Wachstum des privaten Dienstleistungsbereichs sowie die Entstehung und Expansion eines kreativwirtschaftlichen Sektors einher, also das, was wir als die Herausbildung des kognitiven Kapitalismus und die Zunahme von immaterieller Arbeit, von Wissensarbeit kennengelernt haben. Seit den 1970er Jahren begann auch in Österreich, einem Land mit starkem landwirtschaftlichen, aber auch beträchtlichem industriellen Bereich ein »sektoraler Strukturwandel«, eine Verschiebung der Produktion hin zur Bereitstellung von Dienstleistungen (etwa in den Bereichen Tourismus und Gastronomie, aber auch Energieversorgung und Informationstechnologien) (KMU Forschung 2010, 1). Im Jahr 2008 waren etwa 80 Prozent aller Unternehmen in Österreich dem Dienstleistungssektor zuzurechnen, allerdings nur 65 Prozent der Beschäftigten, ein Indiz dafür, dass die Dienstleistungsbetriebe (mit durchschnittlich sieben Beschäftigten) deutlich kleiner als Unternehmen im produzierenden Gewerbe sind (ebd., 4f.).

Auch die sogenannte Kreativwirtschaft, also Unternehmen, »die sich mit der Schaffung, Produktion, (medialen) Distribution von kreativen und kulturellen Gütern und Dienstleistungen beschäftigen«, somit ein genuin wissensorientierter Bereich, konnte sich seit den 1990er Jahren in Österreich, vor allem in Wien, etablieren. Die Dynamik des Sektors, zu dem u.a. Architektur, Design, Kunst, Radio und TV, Video und Film, Werbung sowie Software und *games* zählen (creativwirtschaft 2015, 187), zeigt sich daran, dass zwischen 2008 und 2012 die Zahl der Unternehmen um acht Prozent auf ca. zehn Prozent aller Unternehmen stieg. Die größte Branche bildet Software und *games*, gefolgt von Musik, Buch und künstlerische Tätigkeit (ebd., 14). Auch die Zahl der Beschäftigten erhöhte sich im selben Zeitraum um zehn Prozent, während der Anstieg in der Gesamtwirtschaft nur knapp über zwei Prozent betrug (ebd., 13). Hauptabnehmer der Kreativleistungen in Österreich ist die öffentliche Hand; die staatliche Nachfrage macht elf Prozent der Inlandsnachfrage aus (ebd., 16).

Wissensarbeit gewann in der Ökonomie Österreichs insbesondere im expandierenden Dienstleistungsbereich und in der Kreativwirtschaft, freilich auch im produzierenden Gewerbe an Bedeutung. Zwar errang zunächst der Dienstleistungssektor Bedeutung für das »innovations- und technologiebasierte Produktivitätswachstum« im Land (KMU Forschung 2010, 1), doch etablierte inzwischen nahezu jeder Wirtschaftsbereich, also auch der industrielle Sektor, Informations- und Kommunikationstechnologiezentren sowie Forschungs- und Entwicklungsabteilungen, also innovative Bereiche (ebd., 15). In der Regel wird zwischen »wissensintensiven Sektoren«, wie Werbung, Marktforschung, Verlagswesen, Telekommunikation, Versicherungen und Finanzdienstleistungen, sowie »weniger wissensintensiven Dienstleistungen«, wie Handel, Beherbergung, Gastronomie, Post-Dienste und persönliche Dienstleistungen wie Friseurhandwerk und Reparaturen, unterschieden. In Österreich ist nur ein Drittel der Unternehmen und ein knappes Viertel der Dienstleistungsbeschäftigten im Bereich der »wissensintensiven« Dienstleistungen angesiedelt (ebd., 3ff.). Besondere Bedeutung haben dort wiederum die Informations- und Kommunikationstechnologie, also genuin kreativwirtschaftliche Bereiche (ebd., 13). Der Forschungs- und Entwicklungsbereich – von der Grundlagenforschung über die angewandte Forschung bis hin zur experimentellen Entwicklung – erhielt auch in Österreich eine zunehmend wichtigere Rolle in allen wirtschaftlichen Bereichen (ebd., 46). Im Dienstleistungssektor steigerten sich die Ausgaben für Forschung und Entwicklung von 2002 bis 2007 um 72 Prozent, sodass auch im Bereich der Forschung und Entwicklung von einem »umfassenden Prozess der Tertiarisierung« gesprochen werden kann (ebd., 35). Insgesamt aber wird die »betriebswirtschaftliche Position des Dienstleistungssektors« in Österreich als eher schwach bezeichnet – nicht zuletzt wegen der geringen Unternehmensgröße –, wenngleich die wissensintensiven Bereiche in diesem Vergleich besser abschneiden (ebd., 11f. und 19). Und der Dienstleistungssektor scheint in Österreich weniger innovativ als die Warenherstellung (ebd., 77).

Die Unternehmen der Kreativwirtschaft sind laut einer Umfrage im Jahr 2014 optimistisch in Bezug auf Auftragslage und Umsätze, weit weniger optimistisch sind sie allerdings in Bezug auf eine Steigerung der Beschäftigung in diesem Bereich (creativwirtschaft 2015, 13). Im Kreativsektor stellt sich die Situation der Beschäftigten etwas anders dar als im übrigen Dienstleistungsbereich: 28 Prozent der Kreativen sind selbstständig beschäftigt, und der Anteil der Ein-Personen-Unternehmen liegt bei 63 Prozent (ebd., 13). Diese Zahlen deuten die ungeheure Prekarität der Beschäftigten in diesem Sektor an wie auch den sprichwörtlichen Zwang zum Selbstunternehmertum. Auch die Notwendigkeit zur Vernetzung wird deutlich, sind doch die »enge Verflechtung der einzelnen Kreativwirtschaftsunternehmen« und unterschiedliche Formen an Geschäftspartnerschaften ein »zentrales Merkmal« (ebd., 15). Darüber hinaus hebt der Bericht der Wirtschaftskammer Österreich auch die Notwendigkeit zur »Flexibilität« sowie zu »unternehmerischem Denken« als Wirtschaftsfaktor in diesem Bereich besonders hervor (ebd., 16). Wissensintensive Dienstleistungen, so lässt sich resümieren, sind auch ein signifikantes Merkmal der österreichischen Ökonomie – nicht nur im engeren Bereich der Kreativwirtschaft, sondern in allen Wirtschaftsbereichen. Damit wird immaterielle Arbeit und auch das, was wir affektive Arbeit nennen, zunehmend zu einer Realität für Beschäftigte in Österreich.

Kurzum: Globale Transformationen des Verhältnisses von Markt, Staat und Gesellschaft, die wir als Neoliberalisierung bezeichnet haben, hinterlassen ebenso wie die Wende zum kognitiven oder verkörperten Kapitalismus auch in Österreich Spuren und bilden die Grundlage für eine neue Regierungsrationalität sowie neue Subjektivierungsweisen, die Menschen als Erwerbstätige, als KonsumentInnen und als StaatsbürgerInnen neu situieren. Insbesondere schlägt diese affektive Staatlichkeit den Menschen einen neuen Entwurf ihres Selbst vor: Sie sollen angesichts allfälliger Lebensrisiken unternehmerisch agieren und dafür spezifisches Kapital akkumulieren, neben Wissen auch affektives Kapital.

Wir wenden uns damit im Folgenden unserem betrieblichen Fallbeispiel zu, den Veränderungen bei der österreichischen Post, um neoliberale affektive Gouvernementalität, die auf Aktivierung der Beschäftigten des Unternehmens zum Verkauf abzielt, und affektbezogene Subjektivierungsweisen im Bereich öffentlicher Dienstleistungen, genauer: an den Universalschaltern der Post-Filialen, anschaulich und nachvollziehbar zu machen. Die Aktivierung der Post-Bediensteten und FilialmitarbeiterInnen findet vor dem bedrohlichen Hintergrund eines massiven Abbaus von Arbeitsplätzen innerhalb des Post-Konzerns statt, also in einer Phase um sich greifender sozialer Unsicherheit und Ängste um den Verlust des Arbeitsplatzes, aber auch in einer Phase der unternehmerischen Reorientierung der Serviceleistungen.

6.2. Vom Amt zur Dienstleistung: Affektive Folgen der Privatisierung der österreichischen Post

Die österreichische Post wurde, wie erwähnt, 1996 aus der staatlichen Hoheitsverwaltung ausgegliedert und zehn Jahre später fast zur Hälfte über die Börse an private Eigentümer verkauft. Unsere Untersuchung lotet anhand von Dokumentenanalysen, ExpertInnengesprächen mit Führungskräften in der Personalabteilung und Interviews mit FilialmitarbeiterInnen[37] das Spannungsverhältnis zwischen den betriebswirtschaftlichen Ansprüchen der Kon-

37 Unsere empirische Feldforschung im Jahr 2010 erfolgte mit Unterstützung der Generaldirektion und Personalabteilung der Österreichischen Post AG. Die Ergebnisse basieren zum einen auf der Analyse von Schulungsmaterialien und internen Unterlagen zur MitarbeiterInnenführung der Post AG, die über erwünschtes Verhalten im KundInnenkontakt und über *feeling rules* der Organisation Auskunft geben. Zum anderen führten wir ExpertInnengespräche mit neun Personen in leitenden Positionen der Personalabteilung über persönliche Fähigkeiten und Qualifikationen der Schalterbediensteten. Zentral für die Untersuchung waren jedoch die Beobachtungen der Arbeitspraxis in den Post-Filialen sowie leitfadengestützte Interviews mit 14 MitarbeiterInnen im Schalterdienst und FilialleiterInnen im Wiener Filialnetz der Post (mit insgesamt 8 männlichen und 6 weiblichen Post-Bediensteten). Die Auswahl der Geschäftsstellen und BeraterInnen folgte dem Verfahren des »theoretischen Samplings« (Strübing 2008, 30ff.) und zielte auf die Variation sozialstruktureller Merkmale der Beschäftigten ab. In den Interviews fragten wir nach den Arbeitsanforderungen und -belastungen, nach der Arbeitszufriedenheit und -freude, den Verhaltensregeln im Umgang mit KundInnen sowie nach Erfahrungen im KundInnenkontakt.
Für die Erhebungssituation können wir methodisch drei Positionen der Untersuchung von Affekten unterscheiden: erstens die Introspektion der analysierten Person, die die Person im Interview mitteilt; zweitens die Wahrnehmung der ForscherInnen (manche körperlichen Reaktionen müssen den ForscherInnen notwendigerweise entgehen) und

zernleitung und dem Affektmanagement aus, das am unteren Ende der Betriebshierarchie im KundInnenkontakt an den Schaltern der Post-Filialen zu leisten ist. Unsere Studie fragt konkret danach, ob und wie der Umbauprozess der Post von einer staatlich-bürokratischen Organisation in ein marktwirtschaftliches, gewinnorientiertes Dienstleistungsunternehmen durch Affekte moduliert ist. Im Mittelpunkt steht zunächst die Frage, wie sich die Mobilisierung von Affekten auf die Arbeitsverhältnisse auswirkt und wie die Post-MitarbeiterInnen mit diesen Veränderungen umgehen. Wie erleben und entwerfen sich die MitarbeiterInnen als ›affektive SelbstunternehmerInnen‹? Wie implementieren die Post-MitarbeiterInnen den Wandel hin zur affektiven Staatlichkeit, und wie entwickeln sie dadurch eine neues Selbstverständnis in der Arbeit? Wie be- oder verarbeiten sie die neuen Ansprüche an ihren affektiven Einsatz in der Arbeit? Wir fragen, mit anderen Worten, welche Formen der affektiven Führung und Anforderungen im Unternehmen auszumachen sind und welches affektive Kapital der MitarbeiterInnen Bedeutung gewinnt.

In diesem Abschnitt ist es uns ein besonderes Anliegen zu zeigen, dass und wie affektives Regieren zum einen über Fremdsteuerung funktioniert, das heißt wie der Einsatz von Affekten in den Dienst des umstrukturierten Unternehmens Post gestellt wird und wie dadurch die affektive Arbeitskraft der Angestellten ausgebeutet wird. Zum anderen wollen wir herausarbeiten, dass gerade das Einfordern von affektiver Arbeit im Post-Dienst Freiräume zur Selbststeuerung, zum Entwurf eines affektiven Selbstverständnisses schafft, das die Zufriedenheit der Angestellten ausmacht – eine Zufriedenheit (freilich stießen wir auch auf Unzufriedenheit), die über den Erwerbsbereich hinaus weist, die die MitarbeiterInnen verkörpern und die ihr Leben generell prägt. Kurzum, auf den folgenden Seiten kommt es uns darauf an zu verdeutlichen, dass Unterwerfung und Herrschaft, Kontrolle und

---

schließlich drittens die Affekte der ForscherInnen, die die Wahrnehmung ›anderer‹ Affekte maßgeblich beeinflussten.

In der Auswertung wurde das praktische professionelle Wissen der Post-Bediensteten im Sinne einer soziologischen Ethnografie (Knoblauch 2005) auf affektive Bezüge hin untersucht. Aus den Tonaufnahmen und den transkribierten Interviews filterten wir, Jochen Kleres (2010) folgend, die affektiven Dimensionen vor allem auf zwei Ebenen heraus: auf der Ebene der Lexik, also von Worten, die unmittelbar Gefühle und Affekte bezeichnen, und auf der syntaktischen Ebene, das heißt in Sätzen, die affektive Bezüge aufweisen. Unsere zentrale Idee der Interpretation ist, dass Affekte untrennbar verwoben sind mit »the meaning dimension of texts to the point where the distinction between cognition and emotion becomes blurred« (ebd., 197).

Disziplinierung durch affektive Arbeit stets einhergehen mit einem durchaus positiven Selbstverständnis als Post-DienstleisterIn. In unserem Zusammenhang geht es damit um die Frage, durch welche Mechanismen, etwa Kontroll- und Disziplinierungsmaßnahmen, die SchaltermitarbeiterInnen der Post dazu gebracht werden, gut zu verkaufen, und welche Motivationen dazu führen, dass das Verkaufen von Dienstleistungen und postalischen Waren gleichsam in Fleisch und Blut übergeht, zu einer Lebenshaltung, habituellen Praxis und – möglicherweise – persönlichen Leidenschaft wird. Durch welche Art des Zusammenspiels der betrieblichen Fremd- und individuellen Selbstführung erfolgt, nochmals anders gewendet, die Formatierung des affektiven Kapitals für den Verkauf?

Wir wollen zunächst noch einmal daran erinnern, dass sich bürokratische Arbeit, und sei es die Entgegennahme und das Versenden von Briefen und Paketen, lange Zeit durch ihren rationalen Charakter auszeichnen sollte. »Bürokratische Kundenorientierung« sei vornehmlich durch Routinen und Regeln geprägt, argumentiert Stephan Voswinkel (2005). Vor allem der Ausbau staatlicher Verwaltungsaufgaben im 19. Jahrhundert kennzeichnete geradezu paradigmatisch die »Entzauberung der Welt« (Weber 1995) und den damit verbundenen Aufschwung rationaler staatlicher Herrschaft, also der Entpersonalisierung von Herrschaft wie auch ihrer Begründung und Legitimation durch weltliche Verfahren und Normen. Der Dienst an der Öffentlichkeit bildet das Grundgesetz des »bürokratischen Feldes«, schreibt Pierre Bourdieu (1998a, 150). Dieses »bürokratische Feld« bzw. die staatliche Verwaltung ist ein Universum, das sich so verstehen soll, dass »die sozialen Akteure kein persönliches Interesse haben und ihre eigenen Interessen der Öffentlichkeit, dem öffentlichen Dienst, dem Allgemeinen opfern« (ebd.). Bourdieu beschreibt damit die legitimatorische Idee moderner Staatstätigkeit, die ihre Rechtfertigung aus der Herstellung eines Allgemeinwohls bezieht, ein soziales Feld also, in dem die Interessen der dort arbeitenden und Entscheidung verantwortenden Menschen beim Allgemeinen liegen. Deshalb soll der Staatsdiener leidenschaftslos politische Entscheidungen und Ziele umsetzen, um damit nicht zuletzt demokratisch-rechtsstaatlichen Vorstellungen wie auch der modernen Idee von Gerechtigkeit zu entsprechen.

Aus der Entstehungsgeschichte der Post als staatliche Post- und Telegraphenverwaltung (seit 1850 unter der Bezeichnung ›Postamt‹) erklärt sich sowohl der bürokratische Charakter der Arbeit im öffentlichen Kommunikationsbereich als auch das hohe Prestige des behördlichen Handelns sowie die Autorität des Post-Beamten bis weit ins 20. Jahrhundert hinein. Gefühle sollten beim Versehen des gleichsam hoheitlichen Post-Dienstes unterdrückt werden und in dieser Berufssphäre höchstens insofern eine Rolle spielen, als der Dienst an der Öffentlichkeit idealtypisch mit Hingabe zu versehen war – auch der Post-Dienst war im Sinne Max Webers (1992, 1995) »Berufung«, analog zu Politik und Wissenschaft.

Im Unterschied zu privatwirtschaftlichen personenbezogenen Dienstleistungen, die ab den 1960er Jahren zu einer weiblichen Domäne wurden, blieb die männliche Dominanz im öffentlich-staatlichen Dienstleistungsbereich – trotz des ›Fräuleins vom Amt‹, das vor allem die Freundlich- und Menschlichkeit beim technisch-anonymen Vorgang der Telefonvermittlung sicherstellen sollte – auch bei der Post viel länger erhalten. Bis heute beschäftigt die Post AG, übersieht man alle Geschäftsbereiche, viel mehr Männer als Frauen (Österreichische Post AG 2014b, 88). Schon gar nicht wurde Arbeit bei der Post als Dienstleistung und somit als affektive Arbeit konzipiert und verstanden. Der Post-Beamte versah nach Regeln und Vorschriften seinen öffentlichen Dienst, er kam in den Genuss eines pragmatisierten bzw. verbeamteten Arbeitsverhältnisses, und daher stand die Loyalität als Staatsbeamter gegenüber dem Dienstherrn Staat im Zentrum seines professionellen Selbstverständnisses.

Mit der Umwandlung des ›Amtes‹ in eine Aktiengesellschaft in den 1990er Jahren wurde die Profitorientierung, das heißt die Erhöhung der Leistungs- und Kosteneffizienz, zum Hauptmerkmal der österreichischen Post. Die Geschäftsstrategien heißen nunmehr »Effizienzsteigerung und Flexibilisierung der Kostenstruktur« oder »profitables Wachstum« und »Verteidigung der Marktführerschaft« (Österreichische Post AG 2014a, 26). Diese Zielorientierungen zeigen an, dass partikularistische ökonomische Interessen an die Stelle des Allgemeinwohls, also der Sicherung einer funktionierenden und allgemein zugänglichen Kommunikationsinfrastruktur, getreten sind. Damit setzte eine grundlegende Veränderung sowohl der Anforderungen im Filialbetrieb der gelben Post als auch der Arbeitsverhältnisse an den Schaltern – nämlich eine »Verbetriebswirtschaftlichung« – ein (Atzmüller/Hermann 2004, 33). Eine Hauptstrategie zur Erhöhung der Rentabilität der Post-Dienstleistungen bestand in der Reduktion des Personalbestandes, in der Schließung als unrentabel identifizierter Filialen vor allem in ländlichen Regionen und in deren Ersetzung durch sogenannte Post-Partner wie etwa Lebensmittelgeschäfte, Tankstellen oder auch Gemeindeämter. Diese Entwicklung hält bis heute an: Zwischen 2011 und 2013 wurden laut Geschäftsbericht 2013 innerhalb der Österreichischen Post AG über 1.000 Vollzeitarbeitsplätze abgebaut (Österreichische Post AG 2014b, 88). Im Oktober 2010 eröffnete schließlich der tausendste Post-Partner Österreichs, womit es mittlerweile mehr Post-Partner als eigenbetriebene Filialen der Post AG gibt. Der Geschäftsbericht 2013 weist 1.894 Geschäftsstellen der Post aus, davon werden 1.359 von Post-Partnern betrieben und 476 Filialen von Post und BAWAG P.S.K., also der fusionierten Bank für Arbeit und Wirtschaft AG und der Österreichischen Postsparkasse, gemeinsam geführt (ebd., 32).

Die offensichtlichsten Auswirkungen dieser Entwicklung auf die Post-Bediensteten sind zum einen Ängste um den eigenen Arbeitsplatz, also jenes allgemeine Gefühl der Verunsicherung der ArbeitnehmerInnen, das Bourdieu (1998b, 113) zufolge zum Programm des Neoliberalismus gehört und seinen Erfolg ausmacht. Diese allgemeine Verunsicherung wurde im Prozess der Privatisierung von Staatsbetrieben zum anderen durch den systematischen öffentlichen Entzug von Anerkennung der dort Arbeitenden verschärft. Die Transformation vom Amt zur Dienstleistung war mit einem erheblichen Autoritäts- und Prestigeverlust verbunden, der aus Aussagen von Filialbeschäftigten wie »Vor 25 Jahren, da waren wir anerkannt […] Heute, und wir sind wirklich schnell geworden mit der Post, sind wir nicht mehr anerkannt« (Herr B.) ersichtlich wird.[38] Herr C. empfindet dies genau so: »Das Image der Post: Wir sind ja alle faul, wir machen nichts, wir sind dumm.« Doch wird auch in unseren Interviews deutlich, dass jene, die Arbeit haben, diese Bedrohung durch Normalisierungsbemühungen zu neutralisieren suchen – eine Form der affektiven Abwehr drohender Prekarität: »Wenn da einer jammert – Jammern ist eine Wirtshauskultur, das ändert nichts an dem Fakt. Das ist einfach so.« (Herr C.)

Schließlich ist der Schrumpfungsprozess der Post-Filialen bzw. Post-Arbeitsplätze mit einer ungeheuren Intensivierung der Arbeit verbunden, ein Prozess, der Ärger und Stress verursacht. So beklagt sich Herr E. im Interview:

»Früher war es ein Geben und Nehmen. Jetzt hast du nur mehr von oben ein Nehmen und von unten das Geben. Ich sage immer ›Vampirismus‹ dazu: Die saugen dich aus, wenn du nicht mehr kannst, wirst du weggeschmissen […] Der Arbeitsdruck hat sich auf jeden Fall erhöht, weil immer mehr [an Aufgaben] dazu kommt, aber du bekommst keine Zeit dazu.«

38 Die folgenden anonymisierten Stellungnahmen entstammen den 14 Interviews unserer Untersuchung.

Viele der Interviewten nehmen diesen gestiegenen Arbeitsdruck – die fehlende Zeit, die hohe Zahl an KundInnen aufgrund von Personalmangel – als Belastung wahr, die ihnen zusätzlich zu neuen inhaltlichen und affektiven Anforderungen zusetzt: »[U]nd jetzt sollst auch noch freundlich sein, und du kannst nicht mal aufs Klo«, fasst Frau B. die prekäre Situation zusammen. Diese Intensivierung durch Personaleinsparungen, aber, wie ein Befragter sagt, auch aufgrund der Computerisierung der Arbeit, führt dazu, »dass wir da ziemlich an der Grenze sind.« (Herr D.)

Freilich ist mit der Umstrukturierung auch ein Freiheitsgewinn verbunden, wie wir in den Interviews erfuhren. Auch im Post-Betrieb zeigt sich das, was in der Literatur als ›Subjektivierung von Arbeit‹ diskutiert wird, nämlich weniger Hierarchie und mehr Selbstverantwortung, wie eine Filialleiterin hervorhebt: »Jeder Mitarbeiter ist selbst verantwortlich für seinen eigenen Arbeitsbereich und muss sich natürlich um die neuesten Informationen kümmern, dass er immer am neuesten Stand ist.« (Frau C.)

Den Kern der Transformationsprozesse der österreichischen Post bildet aber die Umstrukturierung der Arbeit von einer bürokratisch-verwaltenden Tätigkeit in einen »Dienst am Kunden«, also vom Staatsdienst zur Dienstleistung und KundInnenorientierung (Österreichische Post AG 2014a, 26; 2014b, 27). Daher sollte die Reorientierung der Post nicht zuletzt durch Enthierarchisierung und Transparenz gekennzeichnet sein. Die Umgestaltung der Schalterräume der Post sollte dazu beitragen: So wurden die alten Schalter abgebaut, und Post-Bedienstete und KundInnen begegnen sich nun auf Augenhöhe. Transparenz wird durch Durchsichtigkeit in der Schalterarchitektur signalisiert; Glasbüros sollen beispielsweise die Filialleitung zugänglich für die Kundschaft machen – ein neues Arrangement, das einer der Filialleiter, Herr C., allerdings als panoptische Anordnung kritisiert: »Jetzt, durch den Umbau, durch das Glasbüro sieht jeder, na der sitzt drin. Früher, bevor wir umgebaut haben, da hab ich hinten ein Büro gehabt, da hat das kein Mensch gesehen.«

An oberster Stelle des neuen *Leitbildes der Österreichischen Post AG* steht die KundInnenorientierung,[39] und die wichtigsten Leitsätze dazu lauten: »Wir begeistern unsere Kunden« und »Wir stehen für Zuverlässigkeit, Vertraulichkeit und Effizienz«. Den Anknüpfungspunkt dafür, dass diese Appelle nicht ungehört verhallen, bildet die Freude am Umgang mit anderen

39 Die folgenden Zitate entstammen dem Dokument *Leitbild der Post*, das am 11. Oktober 2010 beschlossen wurde und der internen Kommunikation dient. In leicht modifizierter Form hat dieses Leitbild bis heute Gültigkeit.

Menschen, die den meisten *front line*-Beschäftigten eigen ist. In diesem Prozess wird die Arbeit auch als affektive Arbeit redefiniert bzw. erhalten Affekte eine steigende Bedeutung für die Arbeitsplatzbeschreibung am Post-Schalter. Eine merkliche Folge der Privatisierung ist für die FilialmitarbeiterInnen, dass die Herstellung von KundInnenzufriedenheit, also affektive Arbeit an den Schaltern der Post-Filialen, den Schnittstellen zwischen Unternehmen und Kundschaft, zu einem entscheidenden Kriterium für den Unternehmenserfolg (nämlich den Profit oder *shareholder value* des Konzerns) wurde.

Eine ganze Reihe von MitarbeiterInnen weist uns in den Interviews darauf hin, wie wichtig eine gute Atmosphäre in den Filialen geworden ist:

»Ja, ich sag immer wieder, die Filiale soll für einen Kunden wie ein Wohnzimmer sein. Er muss sich einfach in der Filiale wohlfühlen, und da gehört alles dazu. Da gehören Mitarbeiter, die kundenfreundlich sind, dazu, die Optik der Filiale muss passen, die Sauberkeit muss da sein. Also das ist ein Gesamtbild von der Filiale.« (Frau C.)

Im Unterschied zum früheren Amt sollen die KundInnen heute als solche wahr- und ernst genommen werden, sie sollen mit Freundlichkeit empfangen werden, mehr noch: Sie sollen affiziert werden, sich also als Teil einer ›guten Beziehung‹ erleben, in der sie eine qualitätvolle Dienstleistung erhalten. So erklärt uns Frau C.: »[I]ch möchte angehört werden, und ich möchte, dass mein Problem irgendwie gelöst wird, ja, und ich denk' mir immer wieder, ich möchte auch nicht irgendwo ein Bittsteller sein, ich möchte ernst genommen werden, und so übertrag ich das auch auf meine Kunden.«

Kurzum, es wird erwartet, dass die FilialmitarbeiterInnen sich empathisch in die Kundschaft hineinversetzen und sie stets freundlich begrüßen, den KundInnen zu verstehen geben, dass sie persönlich gekannt und erkannt werden: »Wenn der kommt, schau ich immer, dass er das Gefühl hat, ich hab ihn gesehen, Hallo, Grüß Gott oder so. Äh, er soll merken, ich hab ihn gesehen«, beschreibt Frau D. ihre Affizierungsstrategie. Immer wieder erzählen die Interviewten, dass sie die KundInnen zufriedenstellen, ja glücklich machen wollen: Der Verkauf soll so organisiert sein, »damit die Kunden die Filiale auch wieder glücklich verlassen« (Frau C.).

Um diese gute Atmosphäre in der Filiale herstellen zu können, braucht es bestimmte Voraussetzungen, das, was wir affektives Kapital, also die Kommunikationsfähigkeit, Umgangsformen und KundInnenfreundlichkeit der Beschäftigten, nennen. Herr D. beschreibt dies folgendermaßen: »[…] also muss man schon Leute haben, die irgendwie Umgangsformen haben und die mit Leuten umgehen können.« Oder Frau C., eine Filialleiterin: »Natürlich ist es wahnsinnig wichtig, wenn ein Mitarbeiter am Schalter kommunikativ ist.«

Dieses affektive Kapital kann man erwerben, und eine der interviewten Filialleiterinnen, Frau C., betont auch, dass sie auf die Vermittlung dieser skills besonderen Wert legt: »Wenn man den Namen weiß, dass man sie mit Freundlichkeit begrüßt, ja. Das muss man ihnen vorleben.« Andere wiederum sehen dies eher als individuelle Disposition, wie Herr C.: »Ja, man muss kommunikativ sein [...] Aber man muss doch gerne mit Leuten arbeiten, weil sonst ist man da hoffnungslos am Posten.«

Allerdings kritisieren die Angestellten, dass die Post keine entsprechenden Schulungen anbietet, dass es also dem Unternehmertum jeder einzelnen Person anheimgestellt ist, sich nicht nur inhaltliches Know-how selbst anzueignen, sondern auch Kapital in Bezug auf den affektiven Umgang mit Kundschaft – nicht nur die Freundlichkeit, sondern vor allem affektives Konfliktmanagement – selbstinitiativ, »im Selbststudium« (Herr C.), zu erwerben oder zu mehren. Von den Post-Bediensteten wird somit permanente Arbeit am Selbst erwartet.

Der KundInnenkontakt und gute KundInnenbeziehungen, so konnten wir feststellen, stellen jedoch insgesamt wesentliche sinnstiftende Elemente des Schalterdienstes dar, sodass die affektive Arbeit über weite Strecken als erfüllend und befriedigend empfunden wird. »Customers can be a key source of satisfaction and pleasure for service workers in a number of ways«, schreibt auch Marek Korczynski (2009, 74): »One of the most important of these is the way in which customer-service worker relationships can become socially embedded, such that both participants step outside of (and thus implicitly resist) the narrow economic instrumentality of a customer-worker relationship.«

Freundlichkeit im Umgang mit der Kundschaft ist reziprok, gleichsam ansteckend, wie Herr D. äußert: »[I]ch bin halt ein Fan davon, Leuten freundlich entgegenzukommen, weil ich das auch gern hab, wenn die Leute freundlich zu mir sind oder zumindest, wenn's freundlich nicht geht, korrekt.« Diese Zufriedenheit, ja Begeisterung im Umgang mit der Kundschaft, die nicht nur das professionelle Selbstverständnis ausmacht, sondern auch ein Lebensgefühl ist, drückt einer unserer Befragten, Herr B., folgendermaßen aus:

»Weil, wenn du jetzt hörst, ›Eure Filiale ist super, und bei euch kommt man schnell dran, und ihr seid alle so freundlich‹ – und da gibt's noch eine Tafel Schokolade und da gibt's ein Zuckerl von den Kunden. Unsere, vor allem unsere älteren Kundschaften, die machen das so was von gern, weil du dir halt hin und wieder Zeit nimmst im Bereich des Möglichen, von der Zeitspanne her, sag' ich einmal so.«

Der Kontakt mit den KundInnen ist es, der die Arbeitsfreude ausmacht. Aus dem Wissen um einen professionellen, aber auch positiv-affektiven Umgang mit KundInnen schöpfen die Post-Angestellten ihr Selbstverständnis, ihr Selbstbewusstsein und einen gewissen Stolz: »[I]ch kann mit Kunden relativ gut umgehen. Sie kommen auch gerne zu mir, und ich kann [...] einen Kunden gut einschätzen, wie man ihn am besten beruhigt«, betont Herr B. Und er drückt seine Identifikation mit dem Beruf – und dem Unternehmen – so aus: »Ich bin ein Postler [...] Ich bin mit Leib und Seele Postler.«

Eine zentrale Dimension affektiver Arbeit beim Schalterbetrieb der Post ist, wie gesagt, die gezielte Lenkung des Einsatzes von Gefühlen, ein Affektmanagement im Dienste der Profitmaximierung. Diese affektive Arbeit ähnelt auf den ersten Blick jener, wie sie VerkäuferInnen im Einzelhandel traditionell abverlangt wird. Das in der neoliberalen Konstellation spezifisch Neuartige dieser MitarbeiterInnenlenkung besteht nun darin, dass der Konzern Post versucht, auf allen Ebenen der Organisationshierarchie eine unternehmerische Haltung der ArbeitnehmerInnen zu generieren. Die MitarbeiterInnen sollen nicht zuletzt ihr affektives Kapital gezielt in den Verkauf von Post-Dienstleistungen einbringen. Der zentrale Satz dazu im neuen *Leitbild*, der Teil des Selbstverständnisses der Post-MitarbeiterInnen werden soll, lautet: »Wir handeln wirtschaftlich und leisten unseren persönlichen Beitrag zum Erfolg des Unternehmens.« Diesen Mobilisierungsprozess bezeichnen wir, wie in Kapitel 5.2 ausgeführt, als ›Arbeit der Subjektivierung‹. Affekte als Teil der Lebenseinstellung und Lebensführung des neoliberalen *homo oeconomicus* müssen mithin aktiv und gezielt produziert und zum Einsatz gebracht werden, andere Gefühle wiederum müssen unterdrückt werden. Und in diesem Prozess spielt affektive Arbeit in zweifachem Sinne eine Rolle: nämlich *erstens* als neue Form der Unterwerfung unter und Ausbeutung durch kapitalistische Arbeits- und Verwertungsbedingungen, verbunden mit der Grunderfahrung von Herrschaft und Kontrolle – nicht zuletzt durch das Regiment von Zwang, Angst und Unsicherheit. Die quasi-freundschaftlichen KundInnenkontakte können nicht darüber hinwegtäuschen, dass die betriebliche Führung der Affekte, etwa die Aufforderung, Begeisterung an den Tag zu legen – im Modus des kollektiven ›Wir‹, der eine affektive Bindung voraussetzt, zugleich aber auch herstellen soll –, vor allem auf die Steigerung des Verkaufs gerichtet ist. Die neoliberale affektive Form der Subjektivierung stellt sich auch bei der Post als herrschaftliche Unterwerfung dar. *Zweitens* kann affektive Arbeit auch zu Erfüllung und Freude an der Arbeit führen. Affektive Arbeit dient somit als ein Modus der Subjektkonstitution nicht nur der individuellen Gewinnmaximierung, sondern auch der Lebenszufriedenheit.

Im Sinne der Effektivität der (affektiven) Arbeit soll die KundInnenorientierung auch nicht zu weit gehen und zum Hemmnis der durch das EDV-System vorprogrammierten Zeitabläufe, der Systemisierung der Arbeit, werden.[40] »Ein Mitarbeiter, der redet mir überhaupt zu viel wieder mit Kunden«, erzählt uns beispielsweise eine Filialleiterin (Frau C.), »weil dann bringt er wieder nichts weiter.« Im neuen *Leitbild der Post* heißt es bezeichnenderweise: »Wir arbeiten ergebnisorientiert und sichern unsere Marktposition«, »setzen alles daran, unsere Ziele zu erreichen« und »nutzen neue Technologien, um Mehrwert zu schaffen«. Den Maßstab für den Erfolg der Post bilden letztlich die Bilanzzahlen der Geschäftsberichte bzw. die Höhe der Gewinnausschüttungen: »Ein wesentlicher Eckpfeiler der Unternehmensphilosophie ist die attraktive Dividendenpolitik [...] Seit dem Börsengang 2006 hat die Österreichische Post, gemessen am Total Shareholder Return, einen Wertzuwachs von nahezu 150 % erwirtschaftet.« (Österreichische Post AG 2014a, 26) In Form einer Jahresprämie werden auch die MitarbeiterInnen am Unternehmenserfolg beteiligt. Dies wiederum soll betriebswirtschaftliche Anreize schaffen, um das *commitment* der Belegschaft zu stärken. Eine solche Strategie soll Identifikation mit der Post evozieren, vor allem aber sollen Identifikation und Identität als Post-MitarbeiterIn über kommerziellen Erfolg generiert werden. So birgt das Bild der neuen Angestellten zugleich die Idee der Post-UnternehmerInnen im Konzern Post.

Der Gewinn- und Wettbewerbsgedanke führt zu neuen Erwartungen an die FilialmitarbeiterInnen, nämlich unternehmerisch zu handeln. Sie sollen, in den Worten Ulrich Bröcklings (2007), ein »unternehmerisches Selbst« entwickeln (auch Foucault 2004b, 314). Das neue Unternehmertum ist ein Fakt, der in unseren Interviews auch als Druck zum Verkaufen angesprochen wird – eine Anforderung, die insbesondere den älteren MitarbeiterInnen zu

40 Marek Korczynski ortet, wie in Kapitel 2 dargestellt, einen generellen systemimmanenten Widerspruch zwischen effizienter Standardisierung und KundInnenorientierung in gewinnorientierten Dienstleistungsbetrieben: »On the one hand, service firms compete on the basis of price and efficiency of service delivery [...], they are obliged to rationalize their work structures to lower costs and maximize efficiency [...] On the other hand, service firms compete on the basis of service quality, such that firms can no longer compete *simply* by treating a customer as an object to be pushed along an assembly-line« (Korczynski 2009, 78).

schaffen macht, die sich nicht mehr als Teil der staatlichen Verwaltung sehen können, sondern sich mit VerkäuferInnen im Einzelhandel vergleichen müssen: »Verkaufen, verkaufen, verkaufen«, so charakterisiert Herr A. die neue Anforderung, ja den Druck in der Post-Filiale.

Im Prozess der Privatisierung der Österreichischen Post AG umfasst die disziplinierende Subjektivierung im Zeichen des ›unternehmerischen Selbst‹ zum einen Arbeitskontrollen, die beispielsweise das EDV-System ermöglicht. Kristina Mau u.a. (2014, 197) verweisen auf die Einführung des Personalverwaltungssystems SAP im Jahr 2000, das durch die Verbindung einer Vielzahl an Daten eine »deutlich effektivere betriebliche Kontrolle und Überwachung der Arbeitsabläufe ermöglicht«. Zum anderen trägt die Verschränkung von ökonomischen und symbolischen Gratifikationen zu einem neuen Selbstverständnis der Beschäftigten bei.

Via Telefonkonferenzen der FilialleiterInnen mit der Verkaufsleitung werden wöchentliche Verkaufsziele für die Geschäftsstellen vorgegeben, und über das Intranet der Post lässt sich nachvollziehen, wie erfolgreich die einzelnen MitarbeiterInnen beim Erreichen dieser Ziele sind: »Früher hat man denen drinnen [in der Zentrale] eine Menge erzählen können […] Heute drückt er drinnen auf einen Knopf und kann Ihnen sagen, wie viel Sie gearbeitet haben.« (Herr D.)

MitarbeiterInnengespräche in den Filialen dienen dazu, alle auf diese Verkaufsziele einzuschwören und säumige MitarbeiterInnen zu einer höheren Leistungsbereitschaft zu motivieren. Auch die Beschwörung eines Teamgeistes soll die gemeinsame Zielerreichung ermöglichen, freilich mit der unterschwelligen Mobilisierung von gegenseitiger Kontrolle. »Ich glaub, wenn einer dem anderen hilft, da ergeben sich Synergien, da hat man es einfacher, es geht geschwinder, es ist lustiger.« (Herr D.)

Die wichtigste Überprüfung der KundInnenorientierung der MitarbeiterInnen, der persönlichen Beratung von KundInnen und damit des affektiven Managements und der ›Post-Filial-Qualität‹ insgesamt bilden die Tests durch *mystery shopper*. Diese sind auch ein Instrument der Disziplinierung und der Angsterzeugung: Unangekündigt und zunächst unerkannt überprüfen KontrolleurInnen des Unternehmens die Dienstleistungsqualität in den Filialen:

»Daneben gibt es die mystery shopper, da hatte ich letztens auch einen. Das sind Leute, die kommen aufs Postamt und verlangen irgendwas. Meistens gibt er einen Brief auf um 55 Cent, sodass er ausschaut wie ein normaler Kunde, und dann sagt er: ›Ich würde mich für diesen Fernseher interessieren.‹ Und dann kommt es darauf an, wie Sie reagieren.« (Herr D.)

Zwar werden diese *mystery shopper* von den Befragten als unangenehm wahrgenommen, als Zumutung – »Ich finde, teilweise ist es eine Frechheit«, beschwert sich Frau D. –, ja einige äußern ihre Angst, bei einem Fehler ertappt zu werden. Doch normalisiert Frau D. diese Form der Kontrolle auch gleich wieder: »Aber sonst finde ich *mystery shopper* sind ok, ja. Gibt's in jedem Unternehmen, in anderen ja auch.«

Eine hohe Servicequalität in Filialen wird wiederum mit Prämienzahlungen vergütet, also auch belohnt, und ermöglicht so die Konversion von affektivem in ökonomisches Kapital. Lassen sich die Kontrollmaßnahmen der betrieblichen Fremdsteuerung zurechnen, so sind die ökonomischen Anreizsysteme eher auf der Seite der Selbstregierung zu verorten. Neben der Belohnung der Servicequalität existiert beispielsweise ein Prämiensystem, welches das sogenannte *up-* und *cross selling* von Post-Produkten berücksichtigt, also die zusätzlichen Geschäftsabschlüsse beim Verkauf einer einfachen Post-Dienstleistung. Dies erfordert ein Einfühlen in die möglichen Wünsche der KundInnen und zugleich eine enthusiastische Haltung im Verkauf, also eine unternehmerische Auffassung von der Arbeit:

»Sie kommen zum Beispiel zu mir und wollen einen Brief aufgeben, dann ist die Idee die, und die finde ich auch gut, dass man fragt: ›Ist da etwas Wichtiges drinnen?‹ ›Soll es besonders schnell gehen?‹ Dann sagen Sie: ›Ja, weil Sie das erwähnen, da ist ein Führerschein drinnen, und der soll gestern dort sein.‹ Dann sage ich: ›Nehmen Sie EMS‹, also dieses Schnellpostservice – da verdiene ich schon ein paar Cent.« (Herr D.)

Zwar wird auch Wettbewerb zwischen den Angestellten durch finanzielle Anreizsysteme und Prämien angefacht, doch äußerten sich die von uns Interviewten diesem System gegenüber eher zurückhaltend: Entweder betonten sie, dass die Prämien zu gering seien bzw. die Vorgaben zu schwer zu erfüllen oder dass das Prämiensystem nur in manchen Post-Bereichen wie der Philatelie einträglich sei (Herr D.). Daneben gibt es für alle MitarbeiterInnen einsehbare *rankings* für gute Verkaufserfolge sowie Veranstaltungen, bei denen besonders erfolgreiche MitarbeiterInnen und umsatzstarke Filialen mit Urkunden und Geschenken ausgezeichnet werden (Mau u.a. 2014, 197). Das Unternehmen forciert systematisch den Wettbewerb zwischen den Filialen, vor allem durch Vereinbarungen bzw. Vorgaben über Verkaufsziele, die dann vergleichend veröffentlicht werden, wie die Filialleiterin Frau C. erklärt. Im Jahr 2013 folgten zudem mehr als 430.000 KundInnen dem Aufruf zur Wahl der beliebtesten »Superpostler« (bei der die drei Gesamtsieger mit Autogeschenken belohnt wurden). Der Erfolg der Kampagne, resümierte der Post-Generaldirektor, spreche nicht zuletzt für das große »Vertrauen, das die Menschen unseren Mitarbeitern entgegenbringen« (Österreichische Post AG 2014b, 68). Leistungsprämien für gute Filialumsätze sowie die bereits erwähnte Gewinnbeteiligung von MitarbeiterInnen am Ende eines Bilanzjahres ergänzen diese symbolischen und ökonomischen Anreizsysteme. Das Selbstunternehmertum wird durch eine ständige Erhöhung der zu erreichenden Ziele forciert, dem die MitarbeiterInnen vergleichsweise machtlos gegenüberstehen, was Frau A. allerdings auch als normal hinnimmt: »Also klar, unsere Ziele werden immer wieder raufgesetzt, aber das ist überall so, das ist einfach so, ja.«

Die unternehmerische Lenkung bei der Post produziert letztlich ein Selbstverhältnis, eine Selbststeuerung bei den MitarbeiterInnen, die für deren ganzes Leben prägend ist und sich in einer Entgrenzung von Arbeit und arbeitsfreier Zeit bemerkbar macht. Eine Filialleiterin, Frau B., berichtet uns beispielsweise: »Nein, es gibt für mich keine Freizeit. Ich funktioniere von Montag bis Sonntag.«

Diese Entwicklung erinnert an Richard Sennetts (2005) Charakterisierung der »Kultur des neuen Kapitalismus«, die von der Erwartung geprägt ist, dass ArbeitnehmerInnen Unzulänglichkeiten der Arbeitsorganisation und -bedingungen durch persönliches Engagement wettmachen. Bei der Post zeigt sich das auch in einem Verlust an Zeitsouveränität, da MitarbeiterInnen beispielsweise immer wieder, und zwar ungeplant und nicht vorhersehbar, für KollegInnen einspringen müssen. Auf die Frage, wie sehr ihn die Arbeit über die reguläre Arbeitszeit hinaus beansprucht, antwortet ein Mitarbeiter, Herr C.: »Ich schätze, pro Tag mindestens 1 bis 2 Stunden – unbezahlt.« Den damit verbundenen Zwang verdeutlicht in weiterer Folge seine Antwort:

> »Na ja, freiwillig […] Ein Arbeitgeber ist in der heutigen Zeit in einer sehr guten Position, wenn ich mir die Wirtschaft so anschaue. Man muss halt ganz einfach gewisse Dinge akzeptieren, wenn man sagt, ich möchte diesen Posten weiter haben und ich bin mit dem Verdienst zufrieden.«

Die Subjektivierung durch Affekte, also zum Beispiel durch Stress und Angst um den Arbeitsplatz, setzt sich in der Freizeit fort. Affektive Arbeit ist aber auch und vor allem dadurch gekennzeichnet, dass sie die Grenzen zwischen Erwerbsarbeit und Freizeit erodieren und verschwimmen lässt. Gefühle, die am Arbeitsplatz entstehen oder produziert werden müssen, wirken in der Freizeit nach. Das ›unternehmerische Selbst‹ soll ja zu einer umfassenden Lebenseinstellung werden, es impliziert eine umfassende Verfügbarkeit bzw. affektive Einlassung und Beteiligung. Freilich gibt es KollegInnen wie Herrn B., die aufgrund ihrer starken Identifikation mit der Arbeit diese Entgrenzung wollen und fördern: »Ich mach mir auch Termine in der Freizeit aus, weil wie gesagt, ich bin mit Leib und Seele Postler.«

Dieses affektive Regime lässt aber auch emotionale Dissonanzen bis hin zu Pathologien entstehen, resultiert also teilweise in einer Vernichtung des produktiven affektiven Kapitals. Bei einigen unserer InterviewpartnerInnen führte diese Entgrenzung zu anhaltenden Stressgefühlen, Gefühlen der Überforderung, zu Burn-out und Depressionen (so auch Fineman 2003, 137ff.) – oder zu Abstumpfung, wie beispielsweise Frau D. ihre Gegenstrategie bezeichnet. Erstaunlich hoch war der Anteil jener Personen in unserer Gruppe, die mit solchen Konsequenzen konfrontiert waren oder sind:

> »Ich hab am Anfang auch nicht umgehen können mit dieser Situation. Mir ist es nervlich sehr schlecht gegangen, und deswegen hab ich mich dann auch nicht bemüht, dass ich weiter Finanzberatung oder solche Spezialsachen gemacht hätte, weil der Druck ist immer mehr und mehr geworden. Du musst die Verkaufszahlen bringen, und die Ziele werden enorm hoch gesetzt.« (Frau D.)

Die Folgen, so Frau D. weiter, sind hohe affektive Belastungen: »Ich werde sogar in der Nacht munter, weil mir irgendwas einfällt, was ich vergessen hab' oder was ich anders machen hätte können.« Herr C. betont aus ähnlichen Gründen, dass es wichtig sei, sich mit einer »Schutzschicht« zu umgeben. Im ›verkörperten Kapitalismus‹ der affektiven Arbeit, so wird auch in unserer Analyse der österreichischen gelben Post deutlich, wird der Körper prekär und verletzlich.

Nicht allein der Leistungsdruck, sondern auch Konflikte am Arbeitsplatz, insbesondere die regelmäßig wiederkehrenden Auseinandersetzungen mit unzufriedenen KundInnen, wirken in der Freizeit und in der Privatsphäre nach und verursachen psychische Probleme. So sehr auch der Umgang mit Menschen sinnstiftend für die Arbeit der *front line*-Beschäftigten ist, Teile der Kundschaft erweisen sich nachgerade als Feinde in den Interaktionen am Schalter. Vor allem an zwei Punkten entzünden sich immer wieder die Gemüter: zum einen an Fehlern bei der Brief- und Paketzustellung (sodass die KundInnen gezwungen sind, diese Sendungen persönlich in den Filialen abzuholen) sowie zum anderen an den langen Wartezeiten und Menschenschlangen in den Geschäftsstellen (mitbedingt durch die Fehler im Zustellsystem). Unsere InterviewpartnerInnen konstatieren in diesen Konflikten eine wachsende Aggressivität der Menschen, die sich manches Mal, wenn auch nur in seltenen Fällen, als physische Gewalt entlädt:[41] »Zum Beispiel letztens haben wir fast eine Rauferei gehabt. Da sind zwei Männer streitig geworden, wer in der Schlange sozusagen vorgehen darf oder nicht. Ich meine, Leute in unserem Alter, wo man glauben würde, die sind halbwegs vernünftig.« (Herr D.) Auch Herr A. kennt solche Stress verursachenden Konflikte: »Unangenehm ist's dann, wenn die Kunden untereinander zum Streiten anfangen, also Beschwerden sind unangenehm, und die verursachen auch einen Stress.«

Diese Konflikte stellen besondere Herausforderungen für das Gefühlsmanagement dar, muss es doch im Sinne der KundInnenorientierung darum gehen, den Zorn der Kundschaft zu besänftigen und die Situation zu beruhigen, dabei der Kundschaft das Gefühl zu vermitteln, dass die Beschwerden ernst genommen werden, auch wenn kein eigenes Verschulden vorliegt, und dass die Klagen insgesamt zu Verbesserungen der Post-Dienstleistungen führen werden. Kurz, das Konfliktmanagement muss darauf abzielen, die enttäuschten KundInnen für zukünftige Geschäfte zurückzugewinnen, und keinesfalls können die Beschäftigten der Post ihren eigenen Affekten freien Lauf lassen. Vielmehr steht das Bemühen im Vordergrund, wie uns versichert wurde, die überschießenden Gefühle der KundInnen zu neutralisieren, ja, sie auch sanft zu disziplinieren, um den Konflikt auf eine ›sachliche Ebene‹ zu bringen – indem der Ausdruck eigener Gefühle stark zurückgenommen wird, indem man ›Ruhe bewahrt‹:

> »Ich bleib meistens ruhig, ja, aber es kommt auch auf den Tag an, wie man beisammen ist, wie es einem geht. Und wenn man gerade schlecht drauf ist, dann kann's schon passieren, dass man da nicht so weise reagiert, wie man eigentlich sollte. Eigentlich sollte man deeskalieren: ›Beruhigen Sie sich wieder‹, ›Schauen Sie, das ist nicht so schlimm‹ und so weiter.« (Herr D.)

41 Marek Korczynski und Victoria Bishop (2008) beobachten diese »dunkle Seite der Emotionalität«, verbale und körperliche Gewalt sowie damit verbundene Ängste, auch in der öffentlichen Arbeitsvermittlung, und sie machen darauf aufmerksam, dass mit der KundInnenorientierung öffentlicher Dienstleistungen auch die Erwartungen und die Macht der Kundschaft – in einer Konstellation, in der ›der Kunde König ist‹ – steigen. »Notions of customer sovereignty influence customer-to-frontline staff violence and abuse. We can see in the movement from enchantment to disillusionment a key systematic trigger for customer abuse to frontline staff.« (Ebd., 77)

Die eigenen Gefühle müssen dafür transformiert und moduliert werden, wie auch die Körperlichkeit, beispielsweise die Stimme, die ruhiger oder leiser wird, um beruhigenden Einfluss auf die aufgebrachte Kundschaft auszuüben. Auch Personalisierung, die persönliche Ansprache habe sich als Konfliktstrategie bewährt. Vor allem aber sei es wichtig, so die Filialleiterin Frau C., selbst keine Angst vor der Kundschaft zu haben oder zu zeigen. Das Aggressionspotenzial erweist sich mitunter allerdings als so hoch, dass die Angestellten Strategien der Distanzierung entwickeln müssen, wie Frau D. schildert: »Die größte Schwierigkeit ist, man muss viel, viel einstecken können, viel, viel ertragen, und man darf nicht auf jedes Detail vom Kunden eingehen, nichts zu persönlich nehmen, man tut sich leichter.«

Viele der Interviewten haben den Eindruck, dass das Aggressionspotenzial in der jüngsten Zeit gestiegen sei. Frau D. hebt hervor: »Die Kunden sind hemmungsloser geworden. Beschimpfen, wo man nichts dafür kann, man versucht das Beste.« In unseren Interviews zeigte sich in den Schilderungen solcher Konfliktsituationen das Bewusstsein, das Gespür der Post-Angestellten für die Prekarität der gegenwärtigen Gesellschaft, für die Beschleunigung, von der nicht nur sie, sondern auch die Kundschaft betroffen ist, und die das Arbeiten hinter dem Schalter erschwert:

»[...] weil jeder im Stress ist und jeder unter Druck steht. Ja, die kommen auch von der Arbeit, rennen noch schnell auf die Post und wollen jetzt schnell was erledigen, und dann kommen sie rein und sehen da fünf Leute stehen oder sechs Leute stehen und kommen nicht dran, und dann geht's schon los. Das ist sicher auch darauf zurückzuführen, weil die ja auch im Stress sind. Das ist jetzt allgemein so, das bringt die Zeit so mit sich, glaub' ich.« (Herr A.)

Auch Herr B. sieht dies so: »Heute in der schnelllebigen Zeit, es will keiner mehr warten, das ist, ich glaub, die Zeiten haben sich geändert.« Der Befund steigender KundInnenaggressivität – ein Befund, der uns gegenüber immer wieder geäußert wird – sei also, ist den Aussagen zu entnehmen, vor allem den Zeitumständen geschuldet.

Als hilfreich in diesen konfliktträchtigen Situationen erweist sich die KollegInnenschaft, die versucht, unterstützend einzugreifen und moralischen Rückhalt zu bieten. Marek Korczynski (2003) nennt diese informellen Netzwerke, die sich aus ähnlichen, kollektiven Arbeitserfahrungen aller Beteiligten speisen, *communities of coping*: »Service workers who are positively disposed to customers [...], but who are confronted with abuse from a customer, are, therefore, likely to feel pain from this abuse. In recoiling from, and coping with, this pain service workers are likely to seek support from each other, thus creating communities of coping« (ebd., 57f.). Auch bei der österreichischen Post findet sich dieser Teamgeist und Zusammenhalt der Beschäftigten in den Filialen: »Wenn man wirklich irgendwo hängt oder ein Problem hat, ist es so, dass die Kollegen da sind, und somit belastet dich das gar nicht so lang oder so viel, weil du dich ja gleich mit irgendwem austauschen kannst.« (Frau A.) Dies bestätigt auch Herr B.: »Wenn irgendwelche Kollegen, die jung sind, nicht mehr zurechtkommen, dann gehe ich hinüber und hilf ihnen, einfach mit Erfahrung.«

Eine etwas andere Richtung gibt die Filialleiterin Frau C. diesem Zusammengehörigkeitsgefühl: »Ganz wichtig ist einmal, dass sich ein Team bildet, nur so kann man wirklich gut auskommen, gut verkaufen, das ist ganz wichtig, eine Teambildung, ja.« (Frau C.) Auch Korczynski (2003, 58f.) argumentiert, dass diese informellen Netzwerke über weite Strecken durchaus funktionale Aufgaben erfüllen, das heißt im Sinne der Management- und Unternehmensziele wirken.

Doch das Team, das die Filialleiterin als Voraussetzung für Verkaufserfolg beschreibt, ist für die Angestellten weit mehr – es ist Teil ihrer Arbeits-, aber auch ihres Lebenszusammenhangs, wie Herr D. sagt: »Ich muss sagen, wir haben da ein super Team. Also wirklich, bei uns klappt das wirklich. Es gibt kein Hickhack oder so irgendwas, sondern wir versuchen wirklich, miteinander Arbeitsprobleme und Lebensprobleme irgendwie in den Griff zu kriegen.«

Teambildung, Solidarität im Arbeitsablauf, aber auch die Sorge um und für andere lassen somit ein Gefühl der Zugehörigkeit entstehen, das wiederum die Arbeitsmotivation enorm steigert: »Und wenn es heute einem Kollegen schlecht geht, dann wird man mit ihm mitarbeiten, weil vielleicht geht's morgen mir schlecht. Das sehen alle ein, das muss ich wirklich sagen.« (Herr B.)

Schließlich verstehen sich weite Teile der Belegschaft als eine Art große Familie, und zwar nicht nur aus dem guten Grund, weil eine ganze Reihe der interviewten MitarbeiterInnen über familiäre Kontakte, vom Großvater, der schon Postler war, bis zum Partner, der bei der Post beschäftigt ist, zu einem Arbeitsplatz bei der Post gekommen ist. Diese familiäre Post-Genealogie wird auch und vor allem durch den Teamgeist unterstützt: »Das Reizvolle macht aus, also ehrlich gesagt, diese Filiale ist ein Traum. Wir sind wie eine Familie, es ist wirklich jeder für jeden da, es ist wirklich so harmonisch, es ist einfach, dass ich gerne arbeiten gehe.« (Frau A.)

Eine Vielzahl von Statements aus den Interviews belegt insgesamt, dass der Teamgeist und das Gemeinschaftsgefühl in den Filialen, die Kooperation der KollegInnen, aber auch die Unterstützung durch Vorgesetzte zu den wichtigsten Faktoren der Berufszufriedenheit und Arbeitsfreude im KundInnendienst gehören. Neben der Freude am KundInnenkontakt stellt das einvernehmliche Verhältnis zur KollegInnenschaft die vielleicht stärkste Kraft für die Identifikation mit dem Unternehmen Post dar, wenn auch der unternehmerische Erfolg am Schalter zusehends als alternatives Identifikationsangebot propagiert und sowohl symbolisch als auch ökonomisch belohnt wird. Mit Bourdieu kann hier von einem *Hysteresis*-Effekt gesprochen werden – von einem Nachhinken der subjektiven Dispositionen und Gewohnheiten hinter den objektiven ökonomischen Veränderungen (Bourdieu 1977, 78; Brubacker 1985, 759f.) –, der bewirkt, dass die neuen wettbewerbsorientierten Identifikationsangebote (noch) nicht im erwünschten Ausmaß wahrgenommen werden und stattdessen das traditionelle Gemeinschaftsgefühl dominiert. Allerdings scheint die jüngere Generation an Post-Bediensteten die unternehmerische Haltung bereits stärker inkorporiert zu haben als die ältere, wie uns in einigen Interviews mitgeteilt wurde. »Ich sehe natürlich die Jüngeren sehr viel motivierter«, räsoniert beispielsweise Herr B., und Herr F. konstatiert: »Der [Jüngere] tut sich leichter, ja, […] weil dem wird bei der Aufnahme schon gesagt, das und das wird verlangt. Der geht schon mit dem Grundsatz her, das ist der Job.«

Diese Gesprächspassagen deuten auf eine gelungene Führung jüngerer Generationen in Richtung affektives unternehmerisches Selbst hin – ein Erfolg, der sich, wie wir mehrfach betont haben, nicht allein aus den Transformationen der Erwerbsarbeit und ihrer Kontrolle erklärt, sondern vielmehr aus dem Zusammenspiel einer ganzen Reihe von Regierungstechniken im Neoliberalismus auf so unterschiedlichen Gebieten wie Politik, Konsum und Ausbildung. Deutlich wird anhand unserer empirischen Untersuchung allerdings schon, dass das Unternehmen Post mit Nachdruck versucht, die unternehmerische Haltung möglichst aller Beschäftigten zu fördern und dass es dabei nachhaltig auf die ›ganze Person‹ und das Gefühlsmanagement der MitarbeiterInnen einwirkt. Auch hinter dem Post-Schalter soll gleichsam transformierte affektive Staatlichkeit sichtbar und umgesetzt werden.

Die affektive Gouvernementalität im Unternehmen Post bzw. die neoliberale ›Gouvernementalisierung der Post‹ funktioniert durch ein dichtes System an Kontrollen und Gratifikationen im Versuch, ökonomischen Erfolg durch affektive Arbeit sicherzustellen. Die *feeling rules* der Post leiten dabei die *front line*-Beschäftigten zur gewinnbringenden Affizierung der Kundschaft an. Den Anknüpfungspunkt dafür bilden die Erfüllung durch und die Freude an der Arbeit, die für die Post-MitarbeiterInnen aus den Kontakten mit der Kundschaft, aus den affektiven KundInnenbeziehungen, aber auch aus dem Teamgeist, dem Zusammengehörigkeitsgefühl der KollegInnenschaft erwachsen. Die Subjektivierung der Post-Bediensteten erfolgt also entlang der affektiven Inhalte ihres Arbeitsumfeldes: durch die Mobilisierung ihrer Gefühle – von der Angst um den Arbeitsplatz bis zur Freude am KundInnenkontakt – bzw. die Modellierung ihres affektiven Kapitals im Sinne unternehmerischer Zielsetzungen. Genau dieses Zusammenspiel macht Herrschaft im Modus von Affekten aus. Daran anschließend untersuchen wir in einem nächsten Schritt, welche Auswirkungen diese affektiven Prozesse in den Filialen der österreichischen Post auf die Geschlechterverhältnisse haben.

6.3. Wandel der Geschlechterverhältnisse: Maskulinisierung oder Feminisierung durch affektive Arbeit?

In unserer Studie interessierte uns auch, wie affektive Gouvernementalität durch Geschlechterverhältnisse vermittelt ist, und umgekehrt, welche Konsequenzen die Mobilisierung von Affekten für die geschlechtsspezifische Transformation des öffentlichen Dienstes zeitigt. Die Affektualisierung von Arbeit wirft also die Frage auf, ob die damit einhergehenden Subjektivierungsprozesse zu Veränderungen der Geschlechterordnung, der Konstruktionen von Männlichkeit und Weiblichkeit führen. In diesem Kapitel werden wir daher Strategien der geschlechtsspezifischen Umdeutungen von affektiver Arbeit ebenso sichtbar machen wie die Neudefinition bzw. Reproduktion von Weiblichkeit und Verschiebungen »hegemonialer Männlichkeit« (Connell 2006), die aus dem unternehmerischen Einsatz von Affekten, aus dem Zusammenspiel von Leistungs- und Wettbewerbsorientierung sowie Affektmanagement resultieren.

Theoretisch beziehen wir uns auf Ansätze des »doing gender« (West/Zimmerman 1991) in vergeschlechtlichten Organisationen. Wir begreifen also Geschlecht, Männlichkeit und Weiblichkeit, als Praxen und Diskurse innerhalb der Post-Filialen, die strukturiert sind durch Geschlechterregime, also institutionalisierte Geschlechterarrangements, Geschlechterbilder und -vorschriften. Westliche, maskulinistische Geschlechterregime umfassen fünf Aspekte: erstens die ›materielle Ebene‹, also gesellschaftliche Geschlechterverhältnisse, vornehmlich vermittelt über Arbeit bzw. geschlechtsspezifische Arbeitsteilung; zweitens soziale Auseinandersetzungen, die dazu neigen, weibliche Unterordnung immer wieder herzustellen; drittens Institutionen und Normen, die Männlichkeit gegenüber Weiblichkeit als höherwertig festschreiben; viertens die symbolische Ebene der (Re-)Präsentation von Männlichkeiten und Weiblichkeiten und schließlich fünftens vergeschlechtlichte Subjektivierungsweisen, nämlich die Dimension der individuellen Aneignung von Normen und Diskursen, (alltägliche) Praxen also und deren Institutionalisierungen (Sauer 2001, 51ff.). Wir gehen davon aus, dass diskursiv verfestigte und institutionalisierte Geschlechterannahmen, dass die »gendered organizations« (Acker 1992) auf der einen Seite in alltäglichen Praxen reproduziert werden, dass sie auf der anderen Seite aber auch stets aktualisiert werden müssen und damit potenziell verschoben und partiell verändert werden.

Diese Konzeptualisierung korrespondiert mit Raewyn Connells (1995) Theorie von Männlichkeit, die sie gemeinsam mit James Messerschmidt präzisierte (Connell/Messerschmidt 2005). Männlichkeit ist in diesem Konzept doppelt markiert, einerseits durch die Positionierung in einer zweigeschlechtlichen Matrix, also in Bezug auf (untergeordnete) Weiblichkeit, und andererseits gegenüber anderen Männlichkeiten. In Anlehnung an Connell (1995, 76ff.) können wir mehrere Formen von männlichen Subjektivierungen bzw. Aneignungspraxen unterscheiden, nämlich hegemoniale, untergeordnete, komplizenhafte und marginalisierte Männlichkeiten. Diese hierarchisierten Männlichkeitstypen sind allerdings keine Realtypen, sondern stellen vielmehr Relationen zwischen unterschiedlichen Männlichkeitspraxen dar: »›[M]asculinity‹ represents not a certain type of man but, rather, a way that men position themselves through discursive practices« (Connell/Messerschmidt 2005, 841). Für unsere Studie kommt es im Weiteren darauf an, die affektgeprägten transformativen Vergeschlechtlichungspraxen herauszuarbeiten.

Auch für Geschlechterverhältnisse gilt, dass Staatlichkeit ein wandelbares Terrain ist, wandelbar im Kontext eines sozialen Kräftefeldes: Staatliche Rationalität, die sich allein am Zweck, an der Sache orientieren soll, ist, wie schon in Kapitel 3 diskutiert, ursächlich mit dem bürgerlichen Konzept von Männlichkeit verwoben, das die Moderne im Zuge der Differenzierung von männlicher Öffentlichkeit und weiblicher Privatsphäre hervorbrachte

(Reckwitz 2010, 65f.). Der öffentliche Dienst oder, genauer: der Beamte lebte und verkörperte gleichsam das Bürokratieideal. Ja mehr noch, der Beamte war das Exempel *par excellence* für den entstehenden bürgerlichen, rationalen Männlichkeitstyp. An seiner Seite stand die Beamtengattin, die das gefühlvolle Weiblichkeitsideal verkörpern sollte. Sowohl die Scheidung der Lebenssphären wie auch die Neuformierung des staatlichen Verwaltungsapparats trugen herrschaftliche Züge: Der Mann beherrschte qua seiner als überlegen angesehenen Vernunft und der stärkeren Kontrolle seiner Affekte das öffentliche Leben, den Staat und seine Ehefrau, während die Frau seinen emotionalen Rückhalt im Privaten bildete und damit aus der öffentlich-politischen Sphäre ebenso ausgeschlossen blieb wie aus den Institutionen und Verfahren des Staates.

Nicht erst durch die Privatisierung der Post, aber sicher verstärkt durch die Ausgliederung des Amtes aus der staatlichen Hoheitsverwaltung veränderte sich ihre Geschlechterkomposition enorm. Die verstärkte Feminisierung des Post-Dienstes ist nicht zuletzt seiner Prekarisierung geschuldet: Insbesondere mit der Computerisierung der Arbeitsabläufe wurde ein genaueres Kapazitätsmanagement möglich. Auf die im Tagesverlauf schwankenden KundInnenfrequenzen (mit Belastungsspitzen vor allem gegen Betriebsschluss) soll mit möglichst flexiblen Arbeitszeiten reagiert werden. Ein Lösungsansatz bestand und besteht in der verstärkten Aufnahme von Teilzeitkräften und geringfügig Beschäftigten, die zeitlich flexibel einsetzbar sein sollen. Erstmals wird somit Arbeit in diesem Berufsfeld prekär organisiert (Atzmüller/Hermann 2004, 36; AK 2009, 60f.), und in diesem prekären Arbeitssegment sind bei der Post wie auch in anderen Branchen vornehmlich Frauen beschäftigt. 2013 beispielsweise arbeiteten von den 19.000 Arbeitskräften bei der Post knapp 3.400 Personen in Teilzeit, davon waren über 83,5 Prozent Frauen (Österreichische Post AG 2014b, 88). Geradezu paradigmatisch für diese Veränderungen in der Beschäftigungsstruktur ging also mit der Reduktion von Vollzeitarbeitsplätzen, mit der stärkeren Flexibilisierung von Arbeitszeiten und der Zunahme prekärer Arbeitsverhältnisse ein Anstieg weiblicher Beschäftigter in den Filialen einher, sodass Frauen neuerdings die Mehrheit der MitarbeiterInnen im Filialnetz der Post darstellen (laut Auskunft der Personalabteilung im Zuge unserer Recherchen).

Privatisierung, diskursive Abwertung und steigender Frauenanteil mündeten so in eine Feminisierung des Berufsstandes, die analog zu anderen beruflichen Feldern nicht zuletzt das Prestige der Arbeit zu schmälern droht. Schließlich geht die Reorganisation der Post auch mit neuen Formen der

Maskulinisierung und der Feminisierung von betrieblichen Arbeitsfeldern einher, die insgesamt eine Herausforderung tradierter Geschlechterbilder und der geschlechtsspezifischen Arbeitsteilung bilden. Die Privatisierung der Post ließ eine neue geschlechtsspezifische Arbeitsteilung in den Filialen entstehen, durch die das prestigereiche männliche Spezialwissen über Teilbereiche des Post-Geschäfts weitgehend entwertet wurde. Mit der Umstellung auf Computertechnologie und EDV wurden die Arbeitsbereiche an den Schaltern flexibilisiert. Dies bedeutet, dass ehemals getrennte Aufgaben, wie der Geldverkehr oder der Paketdienst, an Universalschaltern zusammengelegt wurden – mit der Folge, dass heutzutage alle SchaltermitarbeiterInnen für alle postalischen Aufgaben zuständig sind. »Früher waren Spezialgebiete, hast du gehabt Brief, Paket, Geld«, berichtet der langjährige Mitarbeiter Herr B.: »Das gibt es halt heute nicht mehr, heute machst du alles.« Die Gesamtschalter brachten einen Verlust an Expertise für die einzelnen Spezialbereiche der Post mit sich, und sie zwingen die MitarbeiterInnen zur steten Selbstschulung bzw. zur ständigen Suche nach den neuesten Informationen, um auf einer ganzen Reihe unterschiedlicher Arbeitsgebiete auf dem Laufenden zu bleiben.

Eine neue Form der Spezialisierung entstand allerdings durch die Kooperation mit der Telekom Austria und durch die Fusionierung mit der Bank BAWAG P.S.K., die in den letzten Jahren zum Aufbau eines gemeinsamen Netzes an Filialen führte. Dort werden, räumlich getrennt vom normalen Post-Betrieb, Telekommunikations- und Finanzdienstleistungen von eigens geschulten MitarbeiterInnen angeboten, die jene zeitaufwendige Beratungs- und Verkaufstätigkeit durchführen, die an den Universalschaltern nicht möglich ist. Und diese spezialisierte Tätigkeit erfordert »relativ viel Wissen«, wie Herr C. betont. Post-Arbeit entwickelt sich also auch zunehmend in Richtung kognitiver Arbeit, und genau dieses Dienstleistungssegment wandelte sich – mitbedingt durch die starke Integration von Bankdiensten – zu einem hauptsächlich männlichen Betätigungsfeld. Einer unserer Befragten, Herr C., schildert diese Konstellation folgendermaßen: Es gebe in jeder Filiale einen männlichen »Platzhirschen«, »der für die anderen nichts übrig lässt […] Bankdienstleistungen, auch Mobilkom/Telekom oder was immer, ja, ja, dort ist er, wo man eben die Zusatzprämien bekommen kann.«

Die Veränderung der staatlichen Infrastruktur und die Privatisierung staatlicher Verwaltung hin zu einer Dienstleistung, wie wir sie im Neoliberalismus beobachten, lässt also durchaus auch Wandlungen der administrativ verfestigten Geschlechter*vorstellungen* erwarten, nicht zuletzt weil affektive Arbeit, die im liberalen Affektregime weiblich kodiert war, nun zu einem generellen bürokratischen Handlungsmodus wird. Allerdings ist nicht schlicht von einer Feminisierung durch affektive Arbeit bei der österreichischen Post auszugehen, wird doch unternehmerisches wirtschaftliches Handeln, das Ziel der Staatstransformation, traditionell als männliche Tätigkeit und eine Beschäftigung unter Männern betrachtet, Bourdieu (2005b, 90ff.) zufolge als ein männliches »Spiel«. Dieses wettbewerbliche »Spiel«, in dem Männlichkeit ausverhandelt und konstruiert wird, ist freilich genuin ein Spiel vor allem von Wirtschaftskapitänen, Unternehmern und Managern, aber nicht von »Arbeitskraftunternehmern« (Voß/Pongratz 1998), also eines möglicherweise feminisierten männlichen Unternehmertums, dem spezifische Handlungs- und Machtressourcen, wie insbesondere ökonomisches, aber auch Bildungskapital nicht zur Verfügung stehen. Die ›Arbeit der Subjektivierung‹ bei der Post wirft somit die Frage nach der *Neu*verhandlung von Männlichkeit und Weiblichkeit im Kontext der Anrufung eines ›unternehmerischen Selbst‹ hinter dem KundInnenschalter auf, nach neuen Praxen und Vorstellungen der beiden Geschlechter und ihres Verhältnisses.

Insgesamt, so konnten wir feststellen, fand eine erhebliche Verschiebung in den Kompetenzanforderungen der Post-Bediensteten sowie in der Bewertung ihrer Arbeitskraft statt – Verschiebungen insbesondere von den fachlichen zu den sogenannten Schlüsselkompetenzen, den *soft skills*. Im Prozess der Verdienstleistung wurde das affektive Kapital wie Freundlichkeit, Empathie, Geduld oder Höflichkeit – also traditionell mit Weiblichkeit assoziierte Dispositionen – zentral für den beruflichen Erfolg und die soziale Anerkennung aller MitarbeiterInnen. Diese affektiven Kompetenzen werden bei der Post nun auch den Männern abverlangt, ja sie werden zum Ausgangspunkt für berufliche Leistung und beruflichen Erfolg gemacht. Die Folder der Post »Ihr Auftritt bitte! Erfolgreich und sicher auftreten im Beruf« und »Service Standards. Service und Beratung in der Post-Filiale« sollen diese Gefühlsstandards etablieren. Sie sind die Grundlage, um mit Stephen Fineman (2008) zu sprechen, der *emotionology* der österreichischen Post.

Für die *front line*-DienstleisterInnen ergeben sich aus diesem Affektregime höchst kontroverse vergeschlechtlichte Anrufungen und Zumutungen: Die Subjektivierungspraxis des ›unternehmerischen Selbst‹ widersetzt sich *prima vista* einer eindeutigen geschlechtsspezifischen Zuordnung und könnte auf einen Prozess des *de-gendering*, also der Erosion hierarchischer Zweigeschlechtlichkeit und der schwindenden Bedeutung zweier distinkter Geschlechter hindeuten, wie ihn Andreas Reckwitz (2010, 71ff.) für aktuelle gesamtgesellschaftliche Transformationen konstatiert. Auch Michael Hardt (1999), Hardt und Antonio Negri (2002) sowie Cristina Morini (2007) stellen eine zunehmende Angleichung von Geschlechterunterschieden im Rahmen von immaterieller und affektiver Arbeit in Aussicht.

Diese These von einer Erosion der Geschlechterbilder, -identitäten und -strukturen, von einem *de-gendering* und dem Auflösen von Zweigeschlechtlichkeit im Modus der affektiven Arbeit wird durch unsere Forschungsergebnisse bei der Post allerdings nicht bestätigt. Vielmehr setzen die neuen Formen des affektiven Selbstmanagements durchaus auf hierarchische Geschlechterdifferenz als Form der Subjektivierung. Doch ganz ohne Zweifel verweist die Notwendigkeit zu affektiven Neuentwürfen der Post-Angestellten auch auf einen Prozess der Neukonstituierung von vergeschlechtlichter Subjektivität. Die Einforderung von Affektivität und die Bedeutung des weiblich kodierten affektiven Kapitals für den beruflichen Status lassen den ›Arbeitskraftunternehmer‹ als feminisiert erscheinen – zumindest aber verlangt diese Figur eine Neupositionierung von Affektivität im Geschlechterkonzept. Männliche Mitarbeiter sehen sich größeren Herausforderungen gegenüber, werden sie doch mit feminisierenden Verhaltensanforderungen an Empathie und Einfühlungsvermögen, an sorgendem und sorgsamem Umgang konfrontiert, die zugleich potenziell die Gewinnchancen im ›männlichen Spiel‹ verringern. So verschieben sich zwar im Modus der affektiven Arbeit Geschlechterrollen und -bilder, die alten Institutionen der Geschlechterdifferenz und hierarchischen Zweigeschlechtlichkeit werden flexibilisiert, und auch Männer werden ›affektiv subjektiviert‹ und unterworfen, doch – wie Angela McRobbie (2010) unter Verweis auf Donna Haraway schreibt – ist auch affektive Arbeit durch die Gleichzeitigkeit der Erosion von hierarchischer Zweigeschlechtlichkeit und ihrer Intensivierung gekennzeichnet.

Eine erste auffällige Erzählung, die uns in den Interviews begegnete, ist, dass traditionelle Diskriminierungsformen weiter existieren. Trotz steigender Repräsentation von Frauen in Führungspositionen, zum Beispiel als Filialleiterinnen, und trotz, im Vergleich zur Privatwirtschaft, geringer geschlechtsspezifischer Lohndiskriminierung,[42] berichten Frauen in Führungspositionen

42 In unseren Interviews wurde die Lohngleichheit beim Eintritt in den Post-Dienst immer wieder als besonders positiv, das Arbeitsklima und das Wohlbefinden fördernd, von Frauen wie auch von Männern erwähnt. Allerdings ist anzunehmen, dass mit den neuen Arbeitsverträgen (Teilzeit, Angestelltenbesoldung) Frauen realiter männlichen Kollegen gegenüber in Bezug auf den Lohn diskriminiert werden. Die Einkommensunterschiede zwischen alten und neuen Bediensteten werden auch von unseren InterviewpartnerInnen als »tiefe Kluft« wahrgenommen (Herr C.).

(was auch ihre männlichen Kollegen bestätigen), dass sie als Leitungspersonen von der Kundschaft oft nicht wahrgenommen, nicht anerkannt und respektiert werden. Frau C. schildert die Problematik als Chefin folgendermaßen: »[…] und wenn ein Kunde reinkommt, glaubt er automatisch, der Herr X., weil er ein Mann ist, ist der Filialleiter. […] Und das merkt man schon, je höher man steigt als Frau, hat man's sicher nicht so leicht, ja.«

Frauen müssen also um ihre Berufsposition deutlich stärker kämpfen als Männer, selbst wenn affektive skills als Leitungs- und Managementqualifikation, insbesondere im Umgang mit schwieriger Kundschaft an Bedeutung gewonnen haben. Zugleich scheinen sich auch innerhalb der Belegschaft weibliche Führungskräfte nicht selbstverständlich als Frauen gegenüber weiblichen Mitarbeiterinnen positionieren zu können. Frau C. stellt einige ihrer weiblichen Mitarbeiterinnen daher – aufgrund ihrer körperlichen Konstitution – als besonders verletzlich und damit unzuverlässig dar: »Frauen haben auch öfter Kopfschmerzen und Leiden«, beklagt sie sich. Und die affektive Bezogenheit und Beziehungsfähigkeit von Frauen betrachtet sie im Vergleich zu ihren männlichen Untergebenen als störend im Betriebsablauf, wenn sie sagt:

> »Von meiner Sicht jetzt, als Leitung, ist es schwieriger zu arbeiten mit Damen […] Ja, Frauen sind einfach … ja, sie meckern, sie wissen über alles Bescheid. Und ein Mann, der sagt einem das gleich: ›Du, jetzt mach da was‹, und ich glaub, die Frauen untereinander kommunizieren irgendwie anders, ja.«

Als Chefin in einem feminisierten, affektiven Umfeld muss Frau C. also die eigene Weiblichkeit so konstruieren, dass sie traditionelle weibliche Kompetenzen negiert und damit ihre Mitarbeiterinnen tendenziell abwertet. Affektive Arbeit lässt, so zeigt dieses Beispiel, Konflikte um Geschlechterfragen entstehen, Konflikte darüber, was weiblich und männlich ist. Diese Konflikte stellen teilweise immer wieder alte Geschlechterklischees her – vor allem, wenn es um die Konstruktion und Wahrnehmung von Weiblichkeit geht. Sie weisen aber auch neue Wege, wie wir weiter unten darlegen werden. In unseren Interviews konnten wir feststellen, dass rund um den Komplex von KundInnenfreundlichkeit und affektiver Arbeit traditionelle Zweigeschlechtlichkeit reproduziert, zugleich aber auch rekonfiguriert und neuartig hierarchisiert wird.

Die von uns interviewten Männer sehen Frauen als gefühlvoller, freundlicher und sozialer; und sie verbinden diese Eigenschaften ihrer Kolleginnen tendenziell mit natürlicher, zumindest aber sozialisierter Weiblichkeit, betrachten sie aber nicht als für den Beruf erworbene Qualifikationen. So konstatiert Herr D. anerkennend: »Frauen sind irgendwie, wie soll ich das jetzt am geschicktesten formulieren, ich glaube, die sind sozial intelligenter manchmal als Männer.« Oder Herr C.: »Die Frauen sind wesentlich, wirklich, muss ich ehrlich sagen, die Frauen sind viel geduldiger als wir.« Und schließlich betont Herr A.: »[...] sind die Frauen freundlicher [...], also gehen eher auf Kunden zu als wie die Männer.« Die interviewten Frauen sehen diese Geschlechtsspezifik nicht so deutlich. Frau A. beispielsweise analysiert die Affizierung der Kundschaft vielmehr in einer heterosexuellen Matrix:

»Na ja, teilweise hat man's als Frau schon leichter, wenn jetzt ein Herr hereinkommt und du grinst den halt nett an, und ›Grüß Gott‹, dann verkaufst vielleicht leichter was, als wenn das jetzt ein Herr macht. Was die Herren dafür wieder bei den Damen mehr können.«

Männer definieren demgegenüber ihre Gefühle am Arbeitsplatz als neue *skills* und Kompetenzen und sehen sie nicht als eine ihnen ›von Natur‹ gegebene Fähigkeit – eine Vorstellung, die gegenüber affektiven Qualitäten von Frauen nach wie vor dominiert. Die männlichen Mitarbeiter betrachten ihr (insbesondere aggressives) Affektpotenzial als wichtige Kompetenz in der Filiale. Daniela Rastetter (2008, 134) bezeichnet den Prozess der Umdeutung von Affekten in eine neue Kompetenz, die erlernt werden kann und soll, also unserer Argumentation zufolge: die Akkumulation von affektivem Kapital, als »Rationalisierung von Gefühlsarbeit«. Ähnlich der Argumentation von Patricia Lewis und Ruth Simpson (2007) lässt sich bei der österreichischen Post von einer ›Maskulinisierung von Affekten‹ wie Empathie und Zuneigung sprechen, indem diese Gefühle in den rationalen Diskurs- und Bearbeitungskontext von Produktivität und Effektivität eingebunden werden.

In diesem Zusammenhang ist auffallend, dass die befragten Männer ihre Kolleginnen oft als Opfer aggressiver Kundschaft schildern, eine Aggressivität, vor der sie sich selbst aufgrund ihrer Männlichkeit gefeit sehen. So stellt Herr D. bei Beschwerden über fehlerhafte Post-Zustellungen, für die die Filiale ja nicht verantwortlich ist, fest: »Und dann wird geschrien und speziell bei den Frauen probieren sie es.«

Eine spezifische Form der Solidarität am Arbeitsplatz ist rund um diese Autoritätsprobleme von weiblichen Angestellten gegenüber männlicher Kundschaft zu beobachten – eine Art paternalistisches *coping*, in dem nicht nur väterlich-überlegene Männlichkeit, sondern auch unterlegene Weiblichkeit diskursiv entsteht. So schildert ein männlicher Kollege, Herr B.: »Wenn's nimmer möglich ist, wenn sich ein Kunde nicht überzeugen lässt, dann ist der Mann mit der Krawatte noch immer der Bessere.«

Weiblichkeit entsteht darüber hinaus durch die Abgrenzung von ethnisierter Männlichkeit. (Weiße) Frauen sehen sich vor allem als Opfer vermeintlich nicht-österreichischer Männer, die sie respektlos behandeln oder sie in ihrer Kompetenz nicht ernst nehmen. So erzählt uns eine Mitarbeiterin, Frau A., über muslimische Kunden: »Teilweise bist du als Frau einfach nichts wert, und was eine Frau sagt, das zählt nicht. Und das merkt man teilweise auch am Schalter, und wenn dann ein Herr kommt und es noch einmal erklärt, dann passt das.«

In den Reaktionsweisen auf solche Situationen, die auch männliche Interviewte schildern, wird freilich deutlich, dass affektive Arbeit bei der Post auch die Dimension der Disziplinierung von (ethnisierter) Männlichkeit besitzt, wenn Frau B. betont: »Also, was ich gesehen habe an Aggressionspotenzial, sind es meistens die Männer, es sind weniger Frauen.«

Doch auch Kundinnen werden als affektiv problematisch wahrgenommen – nicht zuletzt mit Bezug auf ihre weibliche Körperlichkeit. So lässt uns Herr D. – mit aller Ambivalenz – wissen: »Speziell Frauen so ab 50 sind, also das sind zu 90 Prozent Problemkunden, würd' ich jetzt mal sagen, ohne frauenfeindlich zu sein, verstehen Sie mich richtig. Ich bin ein sehr großer Frauenverehrer, aber die sind wirklich zum Teil schwierig, ja, ja.«

Diese Praxen der Herstellung von Weiblichkeit und Männlichkeit bestätigen die Ergebnisse von Alexandra Rau. Sie kommt in ihrer Studie *Psychopolitik* (Rau 2010, 411ff.) zu dem Schluss, dass die neoliberale Entgrenzung von Lohnarbeit in eine »Remaskulinisierung der Lebensführung und Existenzweise« münde. Mit subjektivierten Arbeitsverhältnissen ist der Logik nach eine Expansion des Produktionsbereichs verbunden. Damit erweist sich »die Arbeit am Selbst, die vom Subjekt der Lohnarbeit zu leisten ist, als maskulinen Prinzipien folgend. Für Reproduktionsarbeiten, die einer Logik von Regeneration und Kräfte-Sammeln folgen, gibt es dabei keinen legitimen Ort« (ebd., 413). Interessant ist für unsere Studie, dass auf der einen Seite affektive Arbeit für den Unternehmenserfolg der Post verlangt und als Qualifikationsmerkmal gefordert wird. Doch wir konnten auf der anderen Seite feststellen, dass diese Form der Arbeit und Qualifikation, sobald sie weiblich konnotiert wird, eine Abwertung erfährt und erneut als Störfaktor im Arbeitsablauf gesehen wird.

Unsere empirische Studie weist schließlich auch auf die Emergenz einer neuen Männlichkeit in untergeordneten beruflichen Positionen der neoliberalen Dienstleistungsgesellschaft hin, nämlich auf eine gleichsam feminisierte Männlichkeit sowohl im Hinblick auf das Berufsfeld als auch hinsichtlich der Steuerung und Ökonomisierung der Affekte. In Anlehnung an Raewyn Connells (2006, 101f.) Typologie ziehen wir den Schluss, dass die Subjektivierungspraxen von Dienstleistungsarbeit in den Filialen der österreichischen Post zur stärkeren Ausbreitung eines »marginalisierten« Männlichkeitstyps führen – eine untergeordnete Klasse von Männern, die nun wie die weiblichen Angestellten affektive Arbeit verrichten. Diese Klasse von (unternehmerisch eingestellten) Affektarbeitern ist einer »hegemonialen Männlichkeit« im Sinn von Connells (1998) *business masculinity* unterworfen, die an der Führungsspitze der Post beobachtet werden kann und die freilich auch vermehrt Frauen zugänglich ist. Allerdings können die männlichen ›Platzhirsche‹ eine patriarchale Dividende einfahren, wenn sie die affektive Arbeit an den KundInnen geschickt mit einer unternehmerischen Haltung verknüpfen.

Zusammenfassend können wir festhalten, dass die affektbezogene Arbeit der Subjektivierung die fordistische Zweigeschlechtlichkeit zwar herausfordert, werden doch Frauen zugeschriebene Eigenschaften nun auch von Männern im Servicebereich gefordert. Affektive Subjektivierung erscheint als eine Möglichkeit, Weiblichkeits- und Männlichkeitsvorstellungen neu zu verhandeln. Wir konnten allerdings zeigen, dass die These eines *de-gendering* bezweifelt werden muss, konstruiert doch eine affektbezogene Hierarchie erneut Zweigeschlechtlichkeit im Modus ›hegemonialer Männlichkeit‹. Vergeschlechtlichte Subjektivierung unter neoliberalen Bedingungen erweist sich also als ambivalent. In jedem Fall aber ist Regieren von Geschlecht und Affekt im Erwerbsarbeitskontext eine herrschaftliche Form des anatomischen wie auch des biopolitischen Projekts: Die Post-Angestellten werden sowohl zu Zweigeschlechtlichkeit diszipliniert, und sie normalisieren mit ihrer affektiven Arbeit die zweigeschlechtliche Vorstellung von Gesellschaft.

Dieses Kapitel hat bereits die Doppelwertigkeit affektiver Subjektivierung als Herrschaftspraxis wie auch als Praxis eines professionellen positiven Selbstverständnisses deutlich gemacht. Das folgende Kapitel fragt nun explizit nach Widerstandspotenzial gegen herrschaftliche Disziplinierung, das dem Prozess der Affektivierung von und in der Arbeit inhärent ist.

7. Affekte als gesellschaftliches Transformationspotenzial? Formen des Widerstands und der Solidarisierung im verkörperten Kapitalismus

Abschließend wollen wir die Chancen einer widerständigen Aneignung von Zumutungen der affektiven Subjektivierung sowie die Möglichkeiten neuartiger affektiver Bindungen und kollektiver Praxen gegen eine ausbeuterische Vereinnahmung der Menschen im Arbeitsprozess ausloten. Im Anschluss an Michel Foucaults Denken lässt sich folgern, dass neoliberale affektive Subjektivierung nicht nur repressiv ist, nicht nur hingenommen werden muss, sondern dass aus dieser Form der Unterwerfung der Menschen unter neoliberale Konditionen auch das Potenzial für Eigensinn, für Umdeutungen der Identitätsbildungsvorschläge und -zwänge erwächst. Neoliberale affektive Gouvernementalität schafft auch die affektiven Grundlagen für die Überwindung oder zumindest die Transformation dieser Form des Regierens. Foucault (1990) hat in seinem Vortrag *Was ist Kritik* deutlich gemacht, dass aus biopolitischen und anatomischen Herrschaftspraktiken notwendig eine spezifische Kritik, nämlich die Praxis, »nicht so, nicht dermaßen, nicht um diesen Preis regiert zu werden«, entsteht (ebd., 52). Foucault fasst diese Kritik an neoliberalen Regierungsweisen als eine Praxis der »Entunterwerfung« (ebd., 15). Diese Praxis der Kritik entstehe freilich in einem kontingenten Zusammenspiel von Herrschaftsverhältnissen in je spezifischen Kontexten. Solcherart Kritik und Widerstand kennt also nicht ›den einzigen‹ Mechanismus der Überwindung von Herrschaft. Dieser Modus der Entunterwerfung garantiere auch kein generelles, ein für alle Mal sich einstellendes herrschaftsfreies Leben, sondern operiere stets an den Grenzen des Kritisier- und damit Veränderbaren (ebd.).

Im Anschluss an die Foucault'sche Konzeptualisierung von Kritik, Entunterwerfung und Widerstand hebt die Affektliteratur die besondere Bedeutung von immaterieller und affektiver Arbeit für die Verbindung zwischen Menschen, für gemeinsame Praxen und für Solidarität hervor. Aus dieser Solidarität, so die Überlegung, könnten auch Handlungsoptionen, eine affektive Politisierung gegen die Herrschaftszumutungen neoliberaler Subjektivierung, gegen neoliberales Regieren entstehen. Wir erinnern nochmals an Michael Hardts (1999, 96) zentrale Überlegung: »Production has become communicative, affective, de-instrumentalized, and ›elevated‹ to the level of human relations […] In the production and reproduction of affects, in those networks of culture and communication, collective subjectivities are produced and sociality is produced – even if those subjectivities and that sociality are directly exploitable by capital. This is where we can realize the enormous potential in affective labor« (zudem Negri 2011, 47ff.). In den affektiven Arbeitszusammenhängen steckt also, dem Postoperaismus folgend, das (zu realisierende) Potenzial einer Gegenmacht von unten, die imstande wäre, die neoliberalen kapitalistischen Herrschaftsverhältnisse infrage zu stellen, wenn nicht gar zu überwinden. Hardt und Negri (2002) sprechen in diesem Sinne von einer »Biomacht von unten«, wie wir in Kapitel 2.2 dargestellt haben. Schließlich entdeckt Michael Hardt im Gespräch mit Lauren Berlant die Liebe, gleichsam als Metapher für ein Gefühl von Bezogenheit und Verantwortung, als ein Affekt, der zentral für politisches Handeln sei: »Love makes central the role of affect within the political sphere.« (Hardt im Interview mit Davis/Sarlin 2008, 1) Liebe sei eine Bezeichnung für »a transformative, collective power of politics – transformative, collective, and also sustained«. (Ebd.) Isabell Lorey (2011, 83f.) argumentiert ähnlich, wenn sie schreibt, dass »gerade die gegenwärtige Transformation von Arbeit die Verbindung mit/zu anderen produktiv« macht und der affektive Kontakt auch zur Produktion neuer Sozialitäten führt. In den Affektstudien wird davon ausgegangen, dass Affekte Menschen verbinden, dass sie Menschen – gleichsam unwillkürlich – in einem Prozess der ›Ansteckung‹, der Affizierung zusammenbringen. Diese Transmission von Affekten kreiere Intersubjektivität, Gemeinschaft und Solidarität (Cvetkovich 2012b, o.S.).

Für Vassilis Tsianos und Dimitris Papadopoulos (2007, 151) sind affektive Widerstandsformen Elemente von Mikropolitiken gegen kapitalistische Ausbeutung, wie sie dies bezeichnen. Mikropolitik geht von der »verkörperten Erfahrung des Ausschlusses auf der Ebene des Alltags« aus, um ihn auf diese Weise zu verändern und »Differenz als ein konstitutives Moment des Alltags einzuführen« (ebd.). Mikropolitische Strategien im verkörperten Kapitalismus richten sich gegen affektives Selbstunternehmertum – oder positiv, wie dies auch Foucault hervorhebt, sie streiten um neue Subjektivierungsweisen, um ein neues Verständnis des Lebens, des Alltags, des Selbst der Menschen, mithin dessen, was in der Regel als bloß ›privat‹ und nichtpolitisch aus dem Bereich des Politischen ausgeschlossen bleibt, aber auch für die Politisierung des Erwerbslebens als nicht relevant eingestuft wird. Klarerweise spielen Affekte in diesem Kampf gegen verkörperte, inkorporierte Herrschaftsmechanismen, wie wir dies in den Worten Bourdieus bezeichnen können, eine bedeutsame Rolle, können doch Enttäuschung, Ärger und Wut wie auch Scham Ausgangspunkt für widerständige Reflexion und widersprechende Selbstentwürfe von Menschen werden. Lässt sich also affektives Kapital auch einsetzen für Widerstand oder konvertieren in widerständiges Kapital? Tsianos und Papadopoulos (2007, 153) schlagen als Strategie gegen die Prekarität durch Beschleunigung und ständige Verfügbarkeit das Verweilen vor, das »Verzögern der Zeit«. Ann Cvetkovitch plädiert für eine »politics of passivity«, für eine Politik der »non-action«. Dies seien Formen von Politik, »that don't turn on heroic action or revolution, that make space for quieter, less melodramatic, more ordinary forms of activity or even states of being that do not look like action« (Cvetkovich 2012b, o.S.). Depression bezeichnet sie als eine solche politische Nicht-Handlung und somit als einen Weg, »to sidestep the relentless demand for productivity under capitalism« (ebd.).

Allerdings ließ die Skepsis gegenüber dieser affektiven Politisierungsmacht, gegenüber dem affektiven *empowerment*, nicht auf sich warten. David Hesmondhalgh und Sarah Baker (2008, 101) kritisieren das optimistische Bild der Verbundenheit in und durch affektive Arbeit. Das Ergebnis ihrer Studie im Kulturbereich ist, dass Erfahrungen in diesem prekären Arbeitsbereich höchst ambivalent sind und von Wut über Viktimisierung angesichts ausufernder Arbeitszeiten bis hin zur Freude über Freiheit in der Arbeit reichen. Allerdings, so stellen sie weiter fest, vermischen sich gerade im Zwang zu Geselligkeit und zum Netzwerken Freude und Verpflichtung, sodass positive, verbindende Gefühle damit nicht mehr als Ressource zur Steigerung der Lebensqualität oder gar für Widerstand zur Verfügung stehen (Hesmondhalgh/Baker 2011, 38). Auch Encarnacion Gutierrez Rodriguez (2011) hebt vor allem Konflikte und nicht allein neue Solidarisierungsformen hervor, die in Prozessen affektiver Arbeit und durch affektive Verbindung und Affizierung entstehen.

Auch in unserer Untersuchung bestätigte kaum eine/r unserer InterviewpartnerInnen die Annahme, dass gerade durch die Mobilisierung von Affekten und durch die Forderung, die ›ganze Person‹ in den Arbeitsprozess einzubringen, Freiheitsgewinne und Gestaltungschancen am Arbeitsplatz entstünden. Die Entwicklung geht eher in die gegenteilige Richtung, nämlich in Richtung Unmut, Ärger und Unwohlsein, die in unserem Interviewsample auffallend häufig geäußert wurden. Diese Stimmungen richteten sich gegen den Prozess der Transformation der Post, gegen die neue Arbeitsorganisation und die neuen Anforderungen, gegen die Intensivierung der Arbeit und den Druck, der aus dem Zwang zum Verkaufen entsteht.

Kritik wurde vor allem gegenüber dem Post-Management geäußert, das als inkompetent oder auch als zynisch wahrgenommen wird, weil es die Angestellten nicht anerkennt und respektiert, sondern sie lediglich als Faktoren betrachtet, die die Gewinne steigern, die also funktionieren sollen im Sinne der neuen privatwirtschaftlichen und Profit maximierenden Ausrichtung des Unternehmens. Schließlich wird auch die fehlende Wertschätzung durch das Post-Management zum Anlass für Ärger. »Ja, es ist so, es ist irgendwie kein Gefühl mehr dahinter. Ich finde, wir werden nur mehr als Nummern gesehen, die funktionieren sollen«, beschwert sich Frau B. im Interview. Sie bezeichnet die Führungsetage daher abschätzig als »diese Herrschaften«. Herr B. ärgert sich, wie er sagt »fürchterlich«, über die verantwortungslose Führungsebene: »Es wird einfach oben zugesperrt, hinter mir die Sintflut«. Dieser Missstand liege nicht zuletzt am ständigen Führungswechsel, den Frau D. beklagt: »[…] immer der Personalwechsel, immer andere Führungskräfte, und jeder Vorgesetzte arbeitet anders auf seine Art und Weise.«

Kritik an der steigenden Administration, die als störend wahrgenommen wird, wie Herr D. feststellt, weist auf den Widerspruch der customer-oriented bureaucracy hin, wie ihn Marek Korzcynski (2009) festgestellt hat: »Ich hab den Eindruck, dass die Administration immer mehr wird, interessanterweise. Wo ich mir ja eigentlich erwarten würde, nicht …, aber es werden immer mehr Statistiken verlangt.« (Herr D.) Dieser Bias im Anspruch, nämlich einerseits unternehmerisch aktiviert, aber dann doch bürokratisch stillgestellt zu werden, bildet somit Anlass zu Unzufriedenheit.

In eine ähnliche Richtung geht der Unmut, den uns gegenüber eine Filialleiterin, Frau C., äußert: »Wenn es um Sachen wie Systemisierung geht, kannst du dich nicht einbringen.« Die Kritik von Frau C. an fehlender Information und fehlenden Möglichkeiten mitzuentscheiden – »Also ich habe nichts, was ich noch selber entscheiden könnte« – widerspricht dem selbstunternehmerischen Ansinnen und dem Versprechen der ›Subjektivierung‹ im Sinne von (Entscheidungs-)Freiheit im neuen Unternehmensformat der österreichischen Post.

Eine weitere Quelle dieser Unzufriedenheit ist der Druck, der aus der Intensivierung der Arbeit durch Personalmangel, aber auch aus dem Druck zu

Effizienzsteigerung entsteht. Kritik und Widerstand entzünden sich, so unser nachhaltiger Eindruck, an der eindimensionalen Ausrichtung auf ökonomische Ziele und dem damit verbundenen Zeitdruck. Vor allem aber erregt die mit der unternehmerischen Orientierung einhergehende Standardisierung der Arbeit Missfallen: die »McDonaldisierung« (Ritzer 1997) von Post-Dienstleistungen und die Ausrichtung der affektiven Arbeit an Effizienzkriterien. »Management does not just require positive emotions expressed to the customers, but also needs these emotions delivered efficiently«, beschreibt Korczynski (2009, 84) das Problem. In den Worten von Herrn B. lautet diese Kritik folgendermaßen: »Zuckerbrot und Peitsche gehören überall dazu, aber bei der Post kommt von oben herab viel zu viel Peitsche.« Ein langjähriger Mitarbeiter erzählt uns über die psychische Belastung, die dieser disziplinierende Druck der Verkaufsziele verursacht:

»Der Vorgabedruck, also das belastet mich […] Eine Vorgabe gibt einem etwas vor, und man misst sich daran, egal, ob die jetzt erreichbar oder sinnvoll ist […] Wenn dann vom Verkaufsleiter kommt, wir müssen das forcieren, weil wir zu weit hinten sind, das macht Druck, ja, und das finde ich belastend.« (Herr G.)

Ein anderer (älterer) Mitarbeiter stellt die Systemisierung der Arbeitsprozesse, das heißt die festgelegten Zeitintervalle für die einzelnen Arbeitsschritte infrage: »Die haben Berechnungen, wie soll ich sagen, es müsste mir einmal einer vorzeigen, wie er auf diese Berechnungen kommt […] Die lassen ein Programm drüber rennen: So viel war Filialertrag, so viel Leute sind – das ist zu viel, also einer [ein Mitarbeiter] ist zu viel.« (Herr E.)

Neben diesem Unmut über Leistungs- und Effizienzdruck begegneten wir auch Ärger über den Zwang zum Verkaufen als solchem, gegen die unternehmerischen Zumutungen des Verkaufens und somit gegen eine unternehmerische Subjektivierung. Diese Widerständigkeit gegen das neoliberale Subjektivierungsregime und die disziplinierende Prägung eines ›unternehmerischen Selbst‹ zeigen sich in Aussagen wie jener von Herrn B.: »Heute bist du wie ein Geschäft ›Handel mit Waren aller Art‹.« Auch Frau C. verweist auf die Skepsis der Beschäftigten gegenüber dem unternehmerischen Modell der Post-Dienstleistungen und den affektiven Implikationen des Verkaufs. »Jeder Mitarbeiter sollte drei Handywertkarten verkaufen, ja natürlich, mit einer aktiven Ansprache, also wie zum Beispiel bei McDonald's.«

Oftmals werden die neuen unternehmerischen Anforderungen auch auf ironische Art und Weise, durch diskursive Distanzierung gemildert, wie aus der folgenden Interviewpassage herauszuhören ist: »Verkaufen, verkaufen, verkaufen […] Also wenn wir schon irgendwo zusammensitzen, dann sagen wir schon zum Chef, gell, heute haben wir verkaufen, verkaufen, verkaufen.« (Herr B.) Zum Teil zieht diese Unzufriedenheit passiven Widerstand nach sich, wie Herr G. berichtet: »Das Unternehmen versucht schon zu motivieren, aber mich erreicht das nicht.« »Wenn ich ein oder zwei Cent [pro zusätzlichem Verkauf] kriege, ist das kein Anreiz«, erklärt Herr E.

Das »I would prefer not to« von Bartleby, dem Schreiber in Herbert Melvilles gleichnamiger Erzählung, scheint auch in der Schilderung von Herrn B. durch. Er schildert, wie er eine Produktschulung demonstrativ verließ, weil er diese als langjähriger Mitarbeiter für sinnlos erachtete:

»Na, wir haben eine Produktschulung gehabt, ... äh, und jetzt schreiben wir einen Aufsatz über das Produkt. Bin ich aufgestanden und bin gegangen [...] Na, der Aufsatz, sind wir in der Schule, sind wir wie Kinder? Ich hab' eine Produktschulung, da hab' ich mitgemacht, und das war's. Aber Aufsatzschreiben, das bin ich nicht.«

Diese Form des Ärgers über und der Kritik an den Zumutungen der affektiven Arbeit trafen wir vor allem bei der Generation der älteren Post-MitarbeiterInnen an (auch Flecker/Tschernitz 2014, 236):

»Ich bin nicht der Topverkäufer, wenn ich das wäre, dann wäre ich bei der Versicherung. Wenn ich so gut wäre, dann würde ich Versicherungen verkaufen. Das bin ich nicht, das ist nicht meins. Ich bin nicht der, der anderen etwas einredet, dafür bin ich damals auch nicht zur Post gegangen [...] Und jetzt sollte ich das machen? Ich werde sicher nicht viel verkaufen.« (Herr F.)

In unseren Interviews wird mehrfach auf die Diskrepanzen zwischen älteren Beamten und jüngeren Angestellten hingewiesen, darauf, wie schwer es den Älteren mitunter falle, einen unternehmerischen Ehrgeiz an den Tag zu legen, während die Jüngeren unter den jetzigen Bedingungen zu arbeiten begonnen hätten und das Verkaufen ganz selbstverständlich zur beruflichen Arbeit gehöre. Die Jungen werden als konformistisch wahrgenommen, wie dies Herr B. zum Ausdruck bringt: »Die Jungen kennen nichts anderes. Die werden mit dem konfrontiert, die akzeptieren das schon.« Die Älteren wollen sich demgegenüber mit der neuen Rolle des Verkäufers nicht abfinden; diese empfinden sie als Degradierung gegenüber ihrer einstigen Aufgabe, nämlich eine funktionierende, staatliche kommunikative Infrastruktur zur Verfügung zu stellen. Die älteren MitarbeiterInnen waren bei Berufsantritt anderen als den gegenwärtigen neoliberalen Subjektivierungsweisen unterworfen und bildeten ein bürokratisches berufliches Selbstverständnis aus, das die neuen Arbeitsverhältnisse bedrohlich wirken lässt. Für sie wird das Gefühl der Angst und der Unsicherheit zum Anknüpfungspunkt für Widersetzlichkeit durch eigene Kreativität. Die Formung des affektiven Kapitals unterscheidet sich also von (Post-)Generation zu (Post-)Generation, und nur allmählich setzt sich die marktwirtschaftliche Ausrichtung des ehemaligen Amtes auch in den Denk- und Handlungsgewohnheiten der MitarbeiterInnen fest, wird sie Teil ihres Selbstverständnisses und der Selbstregierung.

Herr B. spricht die Ablehnung der neuen Arbeitsverhältnisse durch die Älteren explizit an: »Die ältere Generation, ich kenne das auch von anderen Postämtern, die will diese Anforderungen nicht akzeptieren. Das ist das Problem […] und überträgt sich natürlich teilweise auf den Kunden.« Allerdings ist uns nicht nur Ärger und Murren begegnet. Die folgende Aussage des Filialleiters A. macht eine gewisse erfolgreiche Anpassung älterer MitarbeiterInnen an die neuen Anforderungen deutlich: »Bei den Älteren, da hat's schon auch manche gegeben, die gesagt haben, nein, das mach ich nicht, das ist mir zu aufwendig. […] Aber die haben's dann auch geschafft.«

Unsere Forschungen im affektiven Feld der Post brachten also einiges an Ärger und Unmut zutage, doch einen ermächtigenden, emanzipatorischen Überschuss affektiver Arbeit konnten wir in unserer Studie nur partiell feststellen. Dieser Überschuss entsteht im Prozess von Teambildung und Solidarisierung am Arbeitsplatz. In den meisten Geschäftsstellen existiert, wie schon erwähnt, trotz des intendierten unternehmerischen Wettbewerbs ein Zusammengehörigkeitsgefühl und eine kollegiale Arbeitsatmosphäre, die den Arbeitsdruck mildern und ganz wesentlich zur Berufszufriedenheit beitragen. Wir können also durchaus Formen von Solidarisierung, neue Formen von Sozialität, von Zuneigung und Kooperation gerade in der Umdefinition von Affekten im Arbeitsprozess, etwa in Form wechselseitiger Hilfestellungen oder von Teambildungsprozessen entdecken. Allerdings scheint es so, dass diese Solidarität eher die Überforderungen in der Arbeit kompensiert, als sie infrage zu stellen.

Dieser ›Teamgeist‹ wird durch die kollektiven Erfahrungen des *change*-Prozesses bei der Post – die marktwirtschaftliche Neuausrichtung der Post-Dienstleistungen und die manageriale Fremdführung – und die damit entstehenden Zwänge am Arbeitsplatz und Konflikte in der KundInnenorientierung beständig neu hergestellt und aktualisiert, ganz im Sinne von Korczynskis *communities of coping*: »Although, front line service work appears often to have a highly individualized labor process, with one worker dealing with one customer, the tendency for communities of coping to develop show that there is an important collective element to the rationalized emotional labor demanded of contemporary service workers« (Korczynski

2009, 85). Unsere InterviewpartnerInnen formulieren diese Erfahrung folgendermaßen: »Also das ist eben das Lässige bei uns in der Filiale, dass wirklich immer wer hinter dir steht und auch immer geschaut wird, dass wir uns gegenseitig helfen können. Wenn man sieht, einer kommt nicht mehr zurecht, dann ist ein zweiter dabei.« (Frau A.) Die Ambivalenz, dass dieser Geist der Solidarität auch und vor allem dem Unternehmen nützt, drückt Herr E. aus: »Kann's froh sein, das Unternehmen, dass die Kollegen selbst so zusammenhalten, dass einer auf den anderen schaut.«

Allerdings entzieht sich diese Gemeinschaftsbildung weitgehend der Kontrolle durch das Post-Management und konterkariert somit die individualistische Wettbewerbslogik innerhalb des Unternehmens bis zu einem gewissen Grad. »Informal workplace cultures […] can provide, to varying degrees, ameliorative support from co-workers, space for misbehavior and even open, collective resistence«, berichtet Paul Brook (2013b, 97f.), um auf eine ganze Reihe von Studien zu verweisen, die seine Aussagen stützen. Sehr wohl bestätigen auch unsere Ergebnisse die Gemeinschaftlichkeit stiftende Wirkung affektiver Arbeitszusammenhänge in Form wechselseitiger Hilfestellungen und innerer Verbundenheit, die mitunter durchaus widerständiges Potenzial erzeugen könnte – zumindest ein Selbstverständnis, nicht alle Zumutungen der Gewinnmaximierung und des Unternehmertums klaglos zu akzeptieren. Informelle Netzwerke können somit durchaus auch als Ausgangspunkt von Widerstand, als Basis für widerständiges Handeln oder zumindest von Verweigerung fungieren, etwa wenn die FilialmitarbeiterInnen die betrieblichen Kontrollmechanismen oder den Sinn der EDV-Systemisierung infrage stellen. Wir trafen auch oftmals – wie bereits oben zitiert – kleine Formen individueller Verweigerung, also Formen des subjektiven passiven Widerstands an, die wir durchaus im Sinne des von Tsianos und Papadopoulos (2007, 153) bezeichneten »Verzögerns der Zeit« interpretieren können. Verweigerung kann schließlich auch als Strategie der Nicht-Handlung gegen die permanente Zumutung der Aktivität und der Aktivierung begriffen werden. Doch dem Schritt, Burn-out und Depression als Startpunkt für gemeinsame Gegenstrategien gegen die persönlichen An- und Überforderungen zu sehen, sind wir nicht begegnet.

Allerdings erwächst aus der Mobilisierung des affektiven Kapitals, aus diesen Solidarisierungen, dem Netz aus Unterstützung und Sorge füreinander (wobei uns freilich auch Ärger über Andere oder Abschätzigkeit gegenüber KollegInnen begegnete) kein kollektiver Widerstand. Unsere Untersuchungsergebnisse sind also gerade in jenem Punkt eher enttäuschend, auf dem die theoretischen Hoffnungen ruhen, nämlich der »neoliberalen Invasion« (Bourdieu 1998b) durch neue Formen der Solidarität und durch die Rekollektivierung von Interessen begegnen zu können.

Bemerkenswert ist freilich, dass die FilialmitarbeiterInnen durchaus um ihre organisationsinterne Macht wissen. So berichtet uns Herr A. von der gleichsamen Erschöpfung der organisationalen Strukturen der Post im Transformationsprozess: »Es gibt so etwas wie Säulen bei der Post, wenn's die nicht geben würde, würde das System schon zusammenbrechen, die sich wirklich engagieren und dauernd da sind. Aber die werden einmal aussterben, wenn man nichts ändert.« (Herr A.) Ob aus diesem Wissen und aus dem affektiven Gemeinschaftserleben allerdings jene Leidenschaft entsteht, wie Chantal Mouffe (2002) dies bezeichnet, die notwendig ist, um einen politisierenden Antagonismus zu kreieren, der dann in der Lage ist, kollektive AkteurInnen zu formieren oder kollektive AkteurInnen wie Gewerkschaften auf den Plan zu rufen, ist ungewiss.

Mit den Ergebnissen unserer empirischen Studie lassen sich zumindest einige konzeptuelle Fragen an die optimistische Einschätzung, dass dem Affektiv-Werden der Arbeit eine emanzipatorische Kraft innewohnt, herantragen. Die Subjektivierungsprozesse, die wir identifizieren konnten, richten sich auf zwei Ziele: die Herstellung einer unternehmerischen Haltung und von KundInnenorientierung, die sich in der affektiven Arbeit zeigt. Das Gefühlsmanagement der ProduzentInnen von Dienstleistungen und die daraus entstehenden affektiven Beziehungen mit KundInnen sind an marktwirtschaftlichen Zwecken ausgerichtet und konstitutiver wie konstituierender Bestandteil des unternehmerischen Selbst. Die Arbeit der Subjektivierung führt zu einer unternehmerischen Prägung des Gefühlslebens, sodass ein Habitus entsteht, der körperlich und mental, das heißt auf allen Ebenen der Subjektivität unternehmerisch ist. Wir haben diesen Prozess ›affektive Gouvernementalität‹ genannt. Dieser neue *homo oeconomicus*, ein »Mensch des Unternehmens und der Produktion«, wie Michel Foucault (2004b, 208) formuliert, wird im Wettbewerb erzeugt, in einer »Gesellschaft, die der Dynamik des Wettbewerbs untersteht«, er ist also tendenziell auf Selbstoptimierung, maximale Verwertung der eigenen Ressourcen und Durchsetzungsfähigkeit hin programmiert und nicht auf Fürsorglichkeit und Empathie.

Die Frage, die sich im Anschluss daran stellt, ist, ob die Instrumentalisierung des affektiven Kapitals zur ökonomischen Gewinnmaximierung dessen befreiendes Potenzial, das in der Herstellung von widerständiger Kollektivität bestünde, kontaminiert oder gänzlich ruiniert. Ist es so, wie Hardt

(1999, 96) argumentiert, dass sich affektive kollektive Subjektivitäten trotz (oder im Zuge) ihrer direkten Ausbeutung durch ›das Kapital‹ herstellen? Oder verhindert nicht vielmehr die von uns beschriebene neoliberale affektive Gouvernementalität, resultierend in einem unternehmerischen ›Spiel‹ vieler lohnabhängiger AffektarbeiterInnen, solch kollektive Prozesse? Offen lassen müssen wir die Antwort auf die folgende Frage: Unter welchen politischen, ökonomischen und sozialen Voraussetzungen entfaltet sich die kollektive Kraft der Affekte in der Erwerbsarbeitswelt?

Vielleicht richtet sich der Blick des Postoperaismus aber auch nicht auf jene affektive Arbeit, die, wie in unserer Studie, von relativ gering qualifizierten Arbeitskräften geleistet wird und starken Standardisierungsprozessen unterliegt, auch wenn die Affektivität das Herzstück der Dienstleistungsarbeit am Schalter der Post bildet. Ruhen die emanzipatorischen Hoffnungen auf den Hochqualifizierten, der »kreativen Klasse« (Florida 2002), auf der Entfaltung affektiver Beziehungen zwischen den BesitzerInnen von Bildungskapital, die zudem über ein hohes Maß an Gestaltungsfreiheit im Arbeitsprozess verfügen? Dann wären die Arbeitskräfte der *creative industries* in den Fokus zu nehmen, die Kreativarbeiter der IT-, Media- und Kulturbranche, die wir schon in Kapitel 5.3 kennengelernt haben, deren Arbeit regelmäßig unter äußerst prekären Verhältnissen stattfindet, und zwar in hoch individualisierten Tätigkeitsbereichen. »The lack of trade unionization and labour organization in many areas of cultural work is striking, and is both cause and outcome of industries that are individualized, deregulated and reliant upon cheap or even free labour«, charakterisieren Rosalind Gill und Andy Pratt (2008, 19f.) das Feld der Kulturindustrie. Neue Selbstständigkeit und Solo-Unternehmertum bzw. die riskante Selbstverantwortlichkeit von KreativarbeiterInnen deuten wohl darauf hin, dass affektives Kapital zur Herstellung beruflicher Netzwerke unabdingbar ist, lassen jedoch nicht darauf schließen, dass die affektiven Ressourcen zur Bildung dauerhafter kollektiver Widerstandsformen gegen die Prekarisierung der Arbeit und die damit verbundene soziale Verunsicherung eingesetzt werden. Auch in unserem Beispiel der Post, die einen radikalen *change*-Prozess von einer staatlichen Verwaltung zu einem börsennotierten Unternehmen durchlaufen hat, können wir vermuten, dass die Geschwindigkeit und die Radikalität des Transformationsprozesses zu starker Verunsicherung, zu Unsicherheit und Angst in der Belegschaft führte, die an kollektives Widersetzen nicht denken lässt.

Es stellt sich nochmals die Frage, unter welchen sozialen Umständen affektives Kapital weniger unternehmerisch denn für solidarische Ziele zum

Tragen kommt, auf welche Weise affektive Beziehungen des Erwerbslebens zu Universen führen können, »in denen das Interesse der Menschen beim Allgemeinen liegt«, das heißt, in denen Gruppen und ihre Interessen Vorrang genießen vor dem Individuum und seinen Interessen, wie es Pierre Bourdieu (1998a, 155) formuliert. Unsere Ergebnisse legen eher nahe, dass die ganzheitliche, nämlich mentale und affektive unternehmerische Ausrichtung der Kreativität und der Arbeitskraft im Neoliberalismus zu Subjektivitäten führt, die im erlebnisreichen Konkurrenzspiel um symbolischen und ökonomischen Erfolg aufgehen, wie Christopher Lasch (1979) bereits am Ende des Fordismus diagnostizierte. »As the ›organization man‹ gives way to the bureaucratic ›gamesman‹ – the ›loyalty era‹ of American business to the age of the ›executive success game‹ – the narcissist comes into his own«, schreibt Lasch (ebd., 44) im ausklingenden Fordismus. Und er beschreibt diesen kompetitiven (Ideal-)Typus des soziale Anerkennung begehrenden Unternehmers in eigener Sache folgendermaßen: »In his professional career the narcissist often enjoys considerable success. The management of personal impressions comes naturally to him, and his mastery of its intricacies serves him well in political and business organizations where performance now counts for less than ›visibility‹, ›momentum‹ and a winning record.« (Ebd.) Verhilft die neoliberale Hybridisierung von *homo oeconomicus* und *homo affectus* dem selbstreferentiellen ›Unternehmer seiner selbst‹ zum Durchbruch als allgemeines gesellschaftliches Leitmodell? Bläht die dem neoliberalen Regime der Gouvernementalität unterworfene Akkumulation von affektivem Kapital vor allem das Selbstwertgefühl der Menschen über die Maßen auf?

Während AffekttheoretikerInnen oft zu schnell die positive, beziehungsbildende und damit gesellschaftsverändernde Bedeutung von Affekten hervorheben, ist Vorsicht angesagt gegenüber einer nur einseitigen Zelebrierung von Affekten, gibt es doch genügend affektive Antworten und Konstellationen, die die soziale Ordnung eher festigen denn verändern (Hemmings 2005, 551). Unsere empirische Studie führte uns durchaus ›affektive Freiheiten‹ vor Augen, uns begegneten aber auch typische Formen affektiver Unterwerfung. Der schwierige und prekäre Umgang mit Geschlecht, der den Aussagen von Filialleiterin C. (in Kapitel 6.3) zu entnehmen ist, macht diese Unterwerfungsdimension unter klassisch-männliche Abgrenzungsmuster deutlich. Kurzum: Das ›Nicht-so-regiert-werden-Wollen‹ führt nicht automatisch zu Momenten des ›Gar-nicht-regiert-werden-Wollens‹.

8. Fazit: Affektive Herrschaft im Neoliberalismus

Vor dem Panorama der sozialwissenschaftlichen Forschung über Gefühle, Emotionen und Affekte versuchten wir in der vorliegenden Studie, eine eigenständige gesellschaftstheoretische Perspektive zu entwickeln, die es erlaubt, das gegenwärtige neoliberale Affektregime, genauer: die Herrschaftsform des neoliberalen Affektregimes und den neoliberalen Zugriff auf die Affekte der Menschen zu analysieren. Der Band trägt also zu einer Theoretisierung affektiver Herrschaft im Neoliberalismus bei und will zugleich mit der empirischen Studie plausibel machen, dass die aktuelle wissenschaftliche wie auch soziale, politische und ökonomische Aufmerksamkeit für Gefühle und Affekte in Transformationen von Gesellschaft, Ökonomie und Staat begründet ist.

Im Zentrum stand die Untersuchung der Erwerbsarbeit, und zwar aus gutem Grund, stellt doch die bezahlte Arbeit bis heute sowohl die entscheidende Grundlage der kapitalistischen *surplus*-Produktion als auch einen der wesentlichen Identität stiftenden Lebensbereiche in Arbeitsgesellschaften dar. Wir verfolgten den Wandel der Erwerbsarbeitsverhältnisse in Richtung immaterieller Arbeit in den Dienstleistungsökonomien des globalen Nordens und analysierten an einem Fallbeispiel die damit verbundene neue, neoliberale Regulierung der Arbeitsprozesse – jene managerialen Führungstechniken, die das Handeln der Arbeitskräfte zu bestimmen suchen und die auch auf deren affektive Dispositionen einwirken, um sie in Wert zu setzen, zu ökonomisieren.

Wir begreifen uns mit dieser Diskussion des Arbeitslebens als Teil des *affective turn* in den Sozialwissenschaften, ohne allerdings die ontologischen Prämissen des Affektbegriffs, wie sie im Anschluss vor allem an Gilles Deleuze (1997) und Brian Massumi (2002) diskutiert werden, gänzlich zu teilen. Zum einen beharren wir unumwunden auf der geschichtlichen, sozialen und kulturellen Prägung der Affekte, nicht zuletzt im Erwerbsarbeitsprozess. Zum anderen vollziehen wir die neuerliche Trennung der Subjekte in affektive und reflektierte Wesen nicht mit, sondern sind mit der Diskussion von Affizierungsprozessen darum bemüht, den Bruch in den Konzeptionen von Subjektivität zwischen geistigen und körperlichen, rationalen und affektiven Wahrnehmungs- und Handlungsprozessen zu überwinden. Dazu knüpfen wir an Pierre Bourdieus (1977) Praxisbegriff und Kapitaltheorie an, die richtungweisend für das Zusammenwirken körperlicher und mentaler Dispositionen sind, und integrieren in sein Konzept die Dimension von Affekten.

Im Speziellen schließen wir an die (relativ kurze) Geschichte der Diskussion um affektive Arbeit im postoperaistischen Theoriefeld an, die gegenüber der geschichtlich älteren Konzeption von emotionaler Arbeit aus den 1970er und 1980er Jahren in der Tradition Arlie Hochschilds (2003) zumindest zwei große Vorzüge aufweist: Einmal rückt neben dem Fokus auf Unterwerfung und Entfremdung in der Lohnarbeit auch die Diskussion von affektiver Freiheit und Ermächtigung ins Zentrum des Interesses. Und zudem ermöglicht das Konzept Affektarbeit einen Blick auf den kollektiven Charakter von Affektivität, auf Empathie, Kooperation und Solidarität, auch auf widerständige Formen gemeinschaftlicher Praxis, eben auf Affizierungsprozesse, das Affizieren und Affiziert-Werden im Erwerbsleben. Kurzum: Das Affektkonzept soll auf die notwendige Gleichzeitigkeit von Herrschaft, Unterwerfung, Subjektbildung und Befreiung verweisen.

Unseren Erkenntnissen über affektive Arbeit liegt eine ganze Reihe konzeptueller und methodologischer Überlegungen zugrunde, die wir nochmals kurz Revue passieren lassen wollen: *Erstens* erschließt sich das Gebiet der Erwerbsarbeit nur aus dem Zusammenspiel von subjektiven Lagen, Wünschen und Interessen sowie objektiven Verhältnissen, das heißt den Möglichkeiten und Zwängen, die sich dem Individuum bieten bzw. denen es unterworfen ist. Die subjektive Seite dieses Prozesses haben wir mit ›affektivem Kapital‹ bezeichnet und damit die Bourdieu'sche Idee für unsere Untersuchung fruchtbar gemacht: Affektives Kapital umfasst die Dispositionen und das Vermögen von Arbeitskräften, Beziehungen mit anderen Menschen herzustellen (am Arbeitsplatz vor allem zu KundInnen, aber auch zur KollegInnenschaft und zu Vorgesetzten), aber auch andere willkürlich oder unwillkürlich zu beeinflussen. Die objektive Seite erfassen wir mit dem Foucault'schen (2004a und b) Konzept der Gouvernementalität, das die Führung von Menschen – in unserem Fall speziell von Arbeitskräften – bezeichnet. Eine zentrale Dimension der Techniken des Regierens, der »aktiven Gouvernementalität«, wie Foucault (2004b, 174) dies auch bezeichnet, besteht darin, dass sich Menschen aus freien Stücken selbst führen. Unter neoliberalen Bedingungen regieren sie sich gleichsam im unternehmerischen Interesse, auch im selbstunternehmerischen. Auch neoliberale Führung heißt für die Menschen – nicht zuletzt als Arbeitskräfte – beides: frei zu handeln, aber auch so handeln zu wollen, wie sie sollen. Dieses Regieren umfasst das Selbstmanagement der Gefühle, und diese ›affektive Gouvernementalität‹ formt das affektive Kapital auf je historisch-spezifische Weise, lässt aber auch Formen des (affektiven) Widerstands und der Subversion entstehen. Dies haben wir mit Foucault als Subjektivierung bezeichnet, als Prozess der Subjektwerdung und der gleichzeitigen Unterwerfung unter Regierungstechnologien. Wir begreifen Affekte mithin als Teil einer neoliberalen Regierungstechnik, die das Unternehmerische, den Wettbewerb, den Profit und seine Maximierung zentral setzt.

Zweitens wird unseres Erachtens der neuartige Zugriff auf Affekte im Neoliberalismus, das heißt die Neuartigkeit der neoliberalen Herrschaftsform, nur aus der genealogischen Aufarbeitung und Gegenüberstellung von Gefühlsdispositiven – von geschichtlichen Ordnungen, Institutionalisierungen von Gefühlsregeln wie das von uns untersuchte liberale und neoliberale Affektdispositiv – ersichtlich. Der Wandel der Gefühlsordnung erschließt sich nicht allein aus (den für uns zentralen) Veränderungen der Berufswelt, sondern mindestens ebenso relevant erscheinen jene staatlich-politischen und ökonomischen Transformationsprozesse, in die die Erwerbsarbeitsverhältnisse und ihre Gefühlsregeln eingebettet sind. Im Wandel des politischen, staatlichen und ökonomischen Feldes oder auch, wie dargestellt, des Konsums, entwickeln sich je eigene neoliberale Regierungstechniken heraus, die mit jenen im Erwerbsleben korrespondieren: Die ›rationale‹ staatliche Bürokratie gehorcht anderen Gesetzen als die affektiven öffentlichen Dienstleistungen; die vom männlichen Unternehmergeist geprägten ökonomischen Verhältnisse unterscheiden sich grundlegend von *affective economics*, die vom weiblich konnotierten affektiven Konsumbegehren und der Warenästhetik bestimmt sind.

Drittens sind diese Affektdispositive geschichtlich unmittelbar mit den Geschlechterverhältnissen verbunden. Charakteristisch für die liberale Ordnung ist die bürgerliche Aufgabenteilung, die Trennung der Lebenssphären in einen vorgeblich rationalen, also ›männlichen‹ öffentlichen Bereich der Politik, der Ökonomie, aber auch des Alleinverdienertums, und einen affektiven ›weiblichen‹ Bereich der Privatheit, des Familiären und der Beziehungen zu anderen. Diese Trennungen zwischen öffentlich und privat erodieren im Neoliberalismus mit der Vermarktlichung und Ökonomisierung von Gefühlen in der Erwerbsarbeit und der Entgrenzung der Arbeit oder, generell gesagt, mit der Bedeutungszunahme vormals privater Gefühle im öffentlichen Leben. Damit steht auch die enge Verbindung von Männlichkeit mit Rationalität und Weiblichkeit mit Affektivität zur Disposition, und Verschiebungen in der Machtbalance zwischen den Geschlechtern sind zu erwarten.

Generelle Ergebnisse dieser konzeptuellen Herangehensweise an das Thema Arbeit und Gefühle haben wir im Abschnitt *Neoliberalisierung und Transformationen der Erwerbsarbeit* zusammengefasst. Es sollte deutlich geworden sein, dass gleichzeitig mit dem Wissen Affekte – das affektive Kapital von Arbeitskräften – eine tragende Rolle in immateriellen Arbeitszusammenhängen, das heißt im kognitiven oder verkörperten Kapitalismus, zu spielen beginnen. Das in der industriellen Gesellschaft des Fordismus noch über weite Strecken als privat erachtete (und verachtete) Gefühlsmanagement von Frauen wird zu einer Schlüsselkompetenz oder auch zu einem ›Wettbewerbsvorteil‹ in der neoliberalen Arbeitswelt der Dienstleistungsökonomie, und diese affektiven Kompetenzen werden nunmehr auch den männlichen Arbeitskräften abverlangt. Subjektive affektive *skills* unterliegen hiermit in umfänglicher Weise den kapitalistischen Verwertungszusammenhängen. Die unternehmerische Lenkung der ›lebendigen Arbeit‹ richtet sich darauf, die subjektiven Fähigkeiten der Arbeitskräfte und damit auch die Affekte in den Dienst der Gewinnmaximierung zu stellen. Diese Prozesse der betrieblichen, organisationalen ›affektiven Gouvernementalität‹ zielen auf die Herstellung eines ›unternehmerischen Selbst‹ und einer Gefühlsregulierung, die gleichermaßen unternehmerischen Zwecken dient. Allerdings kann diese Affektivität der Arbeit auch Teil eines neuen professionellen Selbstverständnisses werden, das beruflichen Aufstieg ebenso verspricht wie Selbstbewusstsein aufgrund von akkumuliertem affektivem Kapital. Wir konnten also – wie andere Studien auch – deutlich machen, dass die Ökonomisierung von Gefühlen nicht nur zu Entfremdung und Ausbeutung, erkennbar an Syndromen wie Burn-out oder Depressionen, führt, sondern dass im Gegenteil der Bezug auf die eigenen Affekte auch eine Quelle der Arbeitsfreude ist, die mit KollegInnen geteilt wird. Affektives Kapital kann also auch ›vergemeinschaftet‹ werden.

Die neoliberale Subjektivierungsweise beschränkt sich nicht, das konnten wir ebenfalls zeigen, auf die berufliche Sphäre, sondern verändert die Menschen und ihr Leben bei der ›Arbeit der Subjektivierung‹, nämlich durch die Ausbildung einer unternehmerischen Selbstführung ›als Ganzes‹. Die Prekarisierung der Arbeit und die steigende Erwerbslosigkeit fungieren dabei als Angst einflößende Rahmenbedingungen der sozialen Unsicherheit – Angst um den Arbeitsplatz und die materielle Existenzgrundlage –, die die Unterwerfung der Arbeitskräfte unter das neoliberale Affektregime vorantreiben und festigen. Eine affekttheoretische Perspektive lässt diese fundamentale Veränderung von Subjektivitäten im neoliberalen Projekt deutlich hervortreten: Es entsteht ein ganz neuer Typus Mensch.

Wir versuchten in den letzten Abschnitten des Buches, im Kapitel *Affektive Staatlichkeit*, diese theoretischen Argumentationsstränge anhand eines konkreten empirischen Falles sowohl zu veranschaulichen als auch nochmals zu hinterfragen, ganz im Sinne unseres wissenschaftlichen Verständnisses, dass Theoriearbeit zu empirischen Erkenntnissen anleiten soll bzw. der empirischen Überprüfung standhalten muss (sowie auch umgekehrt, dass empirische Forschung die Theorie bereichern soll). Das Beispiel der Österreichischen Post AG ist insofern prägnant, als es typische Züge der Entwicklungen im gesamten EU-Raum aufweist: Die Post ist Teil des neoliberalen europäischen Projekts der Privatisierung öffentlicher Dienstleistungen. Wie in der gesamten Europäischen Union werden – eben auch bei der österreichischen gelben Post – Wettbewerbsrichtlinien in Form von New Public Management implementiert, vor allem um die Kosteneffizienz der Post-Dienste zu erhöhen, bemisst sich doch der Unternehmenserfolg wie bei anderen privatisierten ehemaligen öffentlichen Dienstleistungen nunmehr am *shareholder value*. Die Post ist zugleich bezeichnender Teil der neoliberalen Wende in der österreichischen Politik und ökonomischen Lenkung – eine Entwicklung (in manchen Bereichen, wie gerade auf dem Gebiet öffentlicher Dienste und Infrastruktureinrichtungen, der deutschen nicht unähnlich), die sich rapide, wie im Zeitraffer, vom Ende des ›austro-keynesianischen‹ Wohlfahrtsstaats Anfang der 1980er Jahre bis zur EU-Integration Mitte der 1990er Jahre vollzieht.

Im Privatisierungsprozess der Post werden die Mikrotechniken der neoliberalen organisationalen Steuerung von Arbeitskräften ersichtlich, beginnend mit der Ausbreitung von Angst durch einen massiven Abbau des MitarbeiterInnenstabs, einer öffentlichen Abwertungskampagne, die das (Selbst-)Vertrauen der einst staatlich Beschäftigten massiv beschädigt, bis hin zu Anreiz- und Kontrollsystemen, die fördernd und disziplinierend wirken sollen, also gouvernementalen Regierungstechniken, die die verbleibenden und neuen MitarbeiterInnen zu einer unternehmerischen Haltung im Zeichen des Verkaufs bewegen sollen. Eindringlich wird am Beispiel der gelben Post die Transformation vom amtlichen Charakter der einstigen Post- und Telegraphenverwaltung zu einem ›Dienst am Kunden‹ der neuen Post AG nachvollziehbar – und damit die Veränderungen der Arbeitsprozesse, der Erwartungen der Unternehmensführung an die MitarbeiterInnen, der gleichzeitige Wandel der Arbeitskontrolle und der affektiven Führung im Sinne der KundInnenorientierung und Dienstleistungsqualität. So zeigt gerade die Reorganisation eines ehemaligen Staatsbetriebes die neuartige ›Ökonomisierung von Gefühlen‹ überaus deutlich.

Das Konzept der Affizierung erwies sich als geeignet, die Verbindung von Körperlichkeit und mentalen Prozessen zu betonen, und zwar epistemologisch wie auch ontologisch: Affizierung als Prozess zu denken, erlaubt es, moderne Binarisierungen zu überwinden und zugleich deutlich zu machen, dass neoliberale Herrschaft gerade auf dieser Überwindung basiert, indem ein zentrales Prinzip dieses Herrschaftsmodus die Integration der ›ganzen Person‹, ihres Geistes und ihres Körpers, in den ökonomischen Verwertungsprozess ist. Mit unserem Fallbeispiel konnten wir einige Funktionsweisen dieser affektiven neoliberalen Herrschaft nachzeichnen, beispielsweise dass die ›Körperlichkeit‹ in der Dienstleistungsökonomie eine neue Rolle spielt, dass der Zugriff nicht nur im engeren Sinne auf die Körperkraft (wie ehemals in der Fabrik), sondern über Affekte auf eine gleichsam ›mentale Körperlichkeit‹ erfolgt. Wir konnten dieses Verkörpern einer unternehmerischen Haltung im Affektmodus vor allem an der Entgrenzung von Arbeit und Zeit festmachen. Das affektive Kapital erweist sich damit als ein prekäres Gut, das die Verfügbarkeit von Körper (und Geist) erlaubt und fordert.

Deutlich wurde in unserer Studie auch, dass die weiblich konnotierte affektive Arbeit zum dominanten Arbeitsmodus im Filialbetrieb der Post wird und dass die berufliche Anerkennung wie auch die materiellen Gratifikationen zunehmend von den affektiven *skills* der Beschäftigten abhängen. Unsere Untersuchung zeigt also, dass eine Art ›Feminisierung‹ der ehemals männlichen Verwaltungsarbeit stattgefunden hat und weiter vonstattengeht, ein Prozess, der die männlichen Beschäftigten bei der Legitimation ihrer beruflichen Tätigkeit vor neue Herausforderungen stellt. Dieser *gender trouble* führt allerdings nicht zu einer Auflösung der tradierten geschlechtsspezifischen Arbeitsteilung bei der gelben Post, wenngleich das Unternehmen aus einer Geschlechterperspektive durchaus Transformationen unterworfen war und ist. Wir finden beispielsweise in den Filialen zunehmend Frauen in Führungspositionen, doch diese werden – nicht zuletzt von der Kundschaft – immer wieder aufgrund ihres Frauseins infrage gestellt. Die affektive Arbeit, insbesondere ein empathisch-zugewandter Gestus, macht Frauen angreifbar durch (vor allem) männliche Kundschaft und deren Aggressionen. Die affektiven Arbeitsanforderungen bieten Männern (selbstverständlich nicht allen) hingegen die Chance, diese als neue *skills* in ihr Arbeitsprofil zu integrieren. Und Arbeit im Modus des Affekts ermöglicht Männern darüber hinaus, neue heroische Gesten gegenüber Kolleginnen ins (männliche) ›Spiel‹ zu bringen, diese beispielsweise vor aggressiver Kundschaft zu schützen und so geschlechterstereotype Handlungsmuster wie auch eine neue Art hierarchisierter Arbeitsteilung zu reproduzieren.

Wir gingen schließlich in unserem Beispiel auch jener Frage nach, der in theoretischen Debatten um affektive Arbeit bzw. um Affekte generell so große Bedeutung zukommt, nämlich der Frage nach (affektivem) Widerstand gegen neoliberale Zumutungen, insbesondere gegen die Ökonomisierung von Gefühlen und damit gleichsam aller Fasern der Menschen. In den Generationenunterschieden unserer empirischen Stichprobe zeigt sich die neoliberale Neubewertung und Neuausrichtung des affektiven Kapitals der Arbeitskräfte am deutlichsten: Während den Jüngeren das Verkaufen und die Affizierung von KundInnen eher leicht von der Hand geht und sie dafür auch ökonomisch und symbolisch belohnt werden, kämpfen die Älteren mit Anpassungsproblemen an das neue Arbeits- und Affektregime. Sie können oder wollen ihr professionelles Selbstverständnis als frühere Staatsangestellte nicht einfach ablegen. Es sind dann auch eher ältere MitarbeiterInnen, die (passiven) Widerstand gegen die neuen unternehmerischen Zumutungen des Verkaufens, die Kontrollen der individuellen Zielerreichung (nach unternehmerischen Vorgaben) und den Zwang, kommunikativ und einfühlsam zu sein, an den Tag legen. So zeigt unsere Forschung, dass die DienstleisterInnen nicht ›sich verkaufen‹, wenn sie als affektive SelbstunternehmerInnen agieren (müssen): Es entstehen in diesem Prozess auch Praxen des Widerstehens und Abgrenzens.

Allerdings waren wir insgesamt überrascht, wie wenig offenen oder auch kollektiv organisierten Widerstand wir vorfanden. Dies kann einerseits der pragmatisierten StaatsdienerInnentradition geschuldet sein; andererseits mag es aber auch im affektiven Dienstleistungsbereich überhaupt, wie zum Beispiel im Sorgebereich, daran liegen, dass die affektive Arbeit, die Beziehungsarbeit zwar verbindet und verpflichtet – vor allem den KollegInnen und KundInnen gegenüber –, dass dieses Verbundenheits- und Verpflichtungsgefühl aber Ärger gegenüber unternehmerischen Anforderungen erstickt oder lediglich als Murren an die Oberfläche kommen lässt.

Doch ist – nicht zuletzt aus einer gouvernementalitätstheoretischen Perspektive – eine solch pessimistische Sicht nicht ganz adäquat. Übersehen wir damit nicht die Spezifik neoliberaler Widerständigkeit, wie sie beispielsweise Michael Hardt und Antonio Negri (2002) mit der Idee der Multitude beschrieben haben? Mit unserer affektperspektivischen Untersuchung können wir deren Überlegungen teilweise zustimmen: Solidarisierung und gegenseitige Ermächtigung, die *communities of coping*, können Räume affektiver Widerständigkeit öffnen, Räume, in denen nicht nur subjektives Wohlbefinden und damit (gefühlte) Verbesserungen am Arbeitsplatz lebbar werden, sondern wo auch ›undiszipliniertes‹ affektives Beisammensein möglich wird. Affekte verweisen damit – auch beim ehemaligen Staatsbetrieb und nun börsennotierten Unternehmen Post – auf die Möglichkeit des ›Dazwischenseins‹, der Unabgeschlossenheit, wie dies AffekttheoretikerInnen bezeichnen, also eines emanzipativen Raums, der freilich, so würden wir folgern, nur genützt werden kann, wenn in ihm gemeinsam begonnen wird, das ›Nicht-mehr-regiert-werden-Wollen‹ zu praktizieren. Unsere Ergebnisse legen jedenfalls nahe, dass der neoliberalen affektiven Herrschaft auch affektiver Widerstand entgegengesetzt werden kann, dass wir aber dennoch die Rolle des ›Schwarms‹ nicht zu schwärmerisch betrachten sollten.

Wir wollen an dieser Stelle noch einmal betonen, dass das affektive Kapital von Arbeitskräften keine fixe, unveränderbare Größe ist, sondern dass im Gegenteil an der Rekonfiguration des affektiven Kapitals Veränderungen eines Dispositivs ersichtlich werden – der Wandel einer Affektordnung oder *emotionology* bzw. von *feeling structures*, die transitorisch und auf je spezifisch-historische Weise für die Subjektivitäten der Menschen, aber auch für die Welt der Erwerbsarbeit bestimmend sind. Insofern stellt die ›neoliberale affektive Gouvernementalität‹, nicht zuletzt in ihrer geschlechtlichen Konnotation, eine Epochenbezeichnung dar, auch wenn wir der Überzeugung sind, dass die Konzepte ›affektive Gouvernementalität‹ und ›affektives Kapital‹ nicht nur zeitdiagnostischen Wert haben, sondern als Theoriebausteine für ein besseres Verständnis von Herrschaftspraxen tauglich sind. Epistemologisch, so hoffen wir deutlich gemacht zu haben, ist eine affektive Perspektivierung von Bourdieus und Foucaults theoretischen Konzepten sinnvoll, und beide lassen sich kombinieren, um damit empirisch die Herrschaftsdimension aktueller Transformationen von Erwerbsarbeit und Gesellschaft in Europa zu beleuchten.

Schließlich hatte sich unsere Untersuchung auch das Ziel gesetzt, jene Studien, die neue Formen des (neoliberalen) Regierens auf der Basis von Dokumenten der Fremdsteuerung erforschen, zu ergänzen, indem wir in einem Praxisbereich diese Mechanismen beobachten. Wir konnten zeigen, dass die Regierungsformen und -techniken komplex sind, die Herrschaftsrichtung keineswegs linear, sondern äußerst widersprüchlich und paradox ist. Allerdings – auch das ist uns in unserer Forschung mehr als klar geworden – sind die modernen, auch die neoliberalen Regierungsverhältnisse deshalb so zählebig, weil sie nach wie vor an den Wunsch nach Freiheit wie auch an den Wunsch nach einem guten Leben, an stark affektbesetzte Vorstellungen also, anknüpfen können.

Literatur

Abu-Lughod, Lila/Lutz, Catherine A. (2009), Emotion, Discourse, and the Politics of Everyday Life, in: Jennifer Harding/E. Deidre Pribram (Hg.), *Emotions: A Cultural Studies Reader*, London/New York: Routledge, S. 100–112.

Acker, Joan (1992), Gendering Organizational Theory, in: Albert J. Mills/Peta Tancred (Hg.), *Gendering Organizational Analysis*, London u.a.: Sage, S. 248–260.

Aglietta, Michel (1979), *A Theory of Capitalist Regulation. The US Experience*, London: NLB.

Ahmed, Sara (2004a), Affective Economies, in: *Social Text 79*, Jg. 22, H. 2, S. 117–139.

Ahmed, Sara (2004b), *The Cultural Politics of Emotion*, Edinburgh: Routledge.

Ahmed, Sara (2010a), Happy Objects, in: Melissa Gregg/Gregory J. Seigworth (Hg.), *The Affect Theory Reader*, Durham/London: Duke University Press, S. 29–51.

Ahmed, Sara (2010b), *The Promise of Happiness*, Durham/London: Duke University Press.

AK (Arbeiterkammer) Wien (2009), *Die Privatisierung öffentlicher Dienstleistungen und deren Auswirkungen auf Qualität, Beschäftigung und Produktivität. Zur Zukunft öffentlicher Dienstleistungen Nr. 7*, Wien: Kammer für Arbeiter und Angestellte für Wien.

Akerlof, George A./Shiller, Robert J. (2009), *animal spirits. Wie Wirtschaft wirklich funktioniert*, Frankfurt/M./New York: Campus.

Alkemeyer, Thomas (2001), Die Vergesellschaftung des Körpers und die Verkörperung der Gesellschaft. Ansätze zu einer Historischen Anthropologie des Körpers und des Sports in modernen Gesellschaften, in: Klaus Mögling (Hg.), *Integrative Bewegungslehre, Teil I: Gesellschaft, Persönlichkeit, Bewegung*, Immenhausen/Kassel: Prolog Verlag, S. 132–178.

Altvater, Elmar/Mahnkopf, Birgit (1996), *Grenzen der Globalisierung. Ökonomie, Ökologie und Politik in der Weltgesellschaft*, Münster: Westfälisches Dampfboot.

Anderson, Ben (2010), Modulating the Excess of Affect. Morale in a State of ›Total War‹, in: Melissa Gregg/Gregory J. Seigworth (Hg.), *The Affect Theory Reader*, Durham/London: Duke University Press, S. 161–185.

Andrejevic, Mark (2011), The Work That Affective Economics Does, in: *Cultural Studies*, Jg. 25, H. 4–5, S. 604–620.

Arendt, Hannah (1993), *Was ist Politik? Fragmente aus dem Nachlass*, hg. von Ludz, Ursula, München: Piper.

Atzmüller, Roland/Hermann, Christoph (2004), *Liberalisierung öffentlicher Dienstleistungen in der EU und Österreich. Zur Zukunft öffentlicher Dienstleistungen Nr. 2*, Wien: Kammer für Arbeiter und Angestellte für Wien.

Aulenbacher, Brigitte (2005), Subjektivierung von Arbeit. Ein hegemonialer industriesoziologischer Topos und was die feministische Arbeitsforschung und Gesellschaftsanalyse dazu zu sagen haben, in: Karin Lohr/Hildegard Nickel (Hg.), *Subjektivierung von Arbeit – Riskante Chancen*, Münster: Westfälisches Dampfboot, S. 34–64.

Aulenbacher, Brigitte (2009), Die soziale Frage neu gestellt – Gesellschaftsanalysen der Prekarisierungs- und Geschlechterforschung, in: Robert Castel/Klaus Dörre (Hg.), *Prekarität, Abstieg, Ausgrenzung. Die soziale Frage am Beginn des 21. Jahrhunderts*, Frankfurt/M./New York: Campus, S. 65–77.

Baethge, Martin (1991), Arbeit, Vergesellschaftung, Identität – Zur zunehmenden normativen Subjektivierung der Arbeit, in: *Soziale Welt*, Jg. 41, H. 1, S. 6–20.

Baier, Angelika u.a. (Hg.) (2014), *Affekt und Geschlecht. Eine einführende Anthologie*, Wien: zaglossus.

Bandelj, Nina (2009), Emotions in economic action and interaction, in: *Theory and Society*, Jg. 38, H. 4, S. 347–366.

Barbalet, Jack (2008), *Weber, Passion and Profits: ›The Protestant Ethic and the Spirit of Capitalism‹ in Context*, Cambridge: Cambridge University Press.

Bargetz, Brigitte (2015), The Distribution of Emotions: Affective Politics of Emancipation, in: *Hypathia*, Jg. 30, H. 3, S. 580–596.

Bargetz, Brigitte/Freudenschuss, Magdalena (2012), Der emotionale Aufstand: Verhandlungen um eine Politik der Gefühle in Zeiten der Krise, in: *Femina Politica*, Jg. 21, H. 1, S. 107–115.

Bargetz, Brigitte/Sauer, Birgit (2010), Politik, Emotionen und die Transformation des Politischen. Eine feministisch-machtkritische Perspektive, in: *Österreichische Zeitschrift für Politikwissenschaft*, Jg. 39, H. 2, S. 141–155.

Becker, Gary S. (1993), *Human Capital. A Theoretical and Empirical Analysis, with Special Reference to Education*, Chicago/London: The University of Chicago Press.

Becker-Schmidt, Regina (2004), Doppelte Vergesellschaftung von Frauen: Divergenzen und Brückenschläge zwischen Privat- und Erwerbsleben, in: Ruth Becker/Beate Kortendiek (Hg.), *Handbuch Frauen- und Geschlechterforschung. Theorie, Methoden, Empirie*, Berlin: Springer, S. 62–71.

Berezin, Mabel (2005), Emotions and the Economy, in: Neil J. Smelser/Richard Swedberg (Hg.), *Handbook of Economic Sociology*, New York/Princeton: Princeton University Press, S. 109–127.

Berlant, Lauren (2009), The intimate public sphere, in: Jennifer Harding/E. Deidre Pribram (Hg.). *Emotions: A Cultural Studies Reader*, London/New York: Routledge, S. 280–299.

Berlant, Lauren (2010), Cruel Optimism, in: Melissa Gregg/Gregory J. Seigworth (Hg.): *The Affect Theory Reader*, Durham/London: Duke University Press, S. 93–117.

Birkner, Martin/Foltin, Robert (2010), *(Post-)Operaismus. Von der Arbeiterautonomie zur Multitude. Geschichte und Gegenwart, Theorie und Praxis*, Stuttgart: Schmetterling Verlag.

Blackman, Lisa/Venn, Couze (2010), Affect, in: *Body and Society*, Jg. 16, H. 1, S. 7–28.

BM (Bundesministerium) für Bildung und Forschung (Hg.) (o.J.), *Zukunftsbild ›Industrie 4.0‹*, Bonn: Bundesministerium für Bildung und Forschung.

Bock, Gisela/Duden, Barbara (1977), Arbeit aus Liebe – Liebe als Arbeit. Zur Entstehung der Hausarbeit im Kapitalismus, in: Gruppe Berliner Dozentinnen (Hg.), *Frauen und Wissenschaft. Beiträge zur Berliner Sommeruniversität für Frauen*, Berlin: Courage Verlag, S. 118–199.

Bohmann, Gerda (2014), Kapitalistische Wirtschaft, Marktgesellschaft und der Wohlfahrtsstaat, in: Gerda Bohmann/Johanna Hofbauer/Johann A. Schülein (Hg.), *Sozioökonomische Perspektiven. Texte zum Verhältnis von Gesellschaft und Ökonomie*, Wien: Facultas, S. 203–234.

Böhme, Gernot (1995), *Atmosphäre. Essays zur neuen Ästhetik*, Frankfurt/M.: Suhrkamp.

Böhme, Gernot (2008), Zur Kritik der ästhetischen Ökonomie, in: Kaspar Maase (Hg.), *Die Schönheit des Populären. Ästhetische Erfahrungen der Gegenwart*, Frankfurt/M./New York: Campus, S. 28–41.

Bollmer, Grant David (2014), Pathologies of Affect, in: *Cultural Studies*, Jg. 28, H. 2, S. 298–326.

Boltanski, Luc/Chiapello, Ève (2006), *Der neue Geist des Kapitalismus*, Konstanz: UVK.

Bolton, Sharon C. (2009), Getting to the heart of the emotional labour process: a reply to Brook, in: *Work, Employment and Society*, Jg. 23, H. 3, S. 549–560.

Borutta, Manuel/Verheyen, Nina (Hg.) (2010), *Die Präsenz der Gefühle. Männlichkeit und Emotion in der Moderne*, Bielefeld: transcript.

Bourdieu, Pierre (1977), *Outline of a Theory of Practice*, Cambridge: Cambridge University Press.

Bourdieu, Pierre (1982), *Die feinen Unterschiede. Kritik der gesellschaftlichen Urteilskraft*, Frankfurt/M.: Suhrkamp.

Bourdieu, Pierre (1985), *Sozialer Raum und ›Klassen‹. Leçon sur la leçon. Zwei Vorlesungen*, Frankfurt/M.: Suhrkamp.

Bourdieu Pierre (1993), *Sozialer Sinn. Kritik der theoretischen Vernunft*, Frankfurt/M.: Suhrkamp.

Bourdieu, Pierre (1997), Eine sanfte Gewalt. Pierre Bourdieu im Gespräch mit Irene Dölling und Margareta Steinrücke, in: Irene Dölling/Beate Krais (Hg.), *Ein alltägliches Spiel. Geschlechterkonstruktion in der sozialen Praxis*, Frankfurt/M.: Suhrkamp, S. 218–230.

Bourdieu, Pierre (1998a), *Praktische Vernunft. Zur Theorie des Handelns*, Frankfurt/M.: Suhrkamp.

Bourdieu, Pierre (1998b), *Gegenfeuer. Wortmeldungen im Dienste des Widerstands gegen die neoliberale Invasion*, Konstanz: UVK.

Bourdieu, Pierre (1998c), Das ökonomische Feld, in: Pierre Bourdieu u.a., *Der Einzige und sein Eigenheim. Schriften zu Politik und Kultur 3*, Hamburg: VSA, S. 162–204.

Bourdieu, Pierre (2001a), *Meditationen. Zur Kritik der scholastischen Vernunft*, Frankfurt/M.: Suhrkamp.

Bourdieu, Pierre (2001b), *Das politische Feld. Zur Kritik der politischen Vernunft*, Konstanz: UVK.

Bourdieu, Pierre (2005a), Ökonomisches Kapital – Kulturelles Kapital – Soziales Kapital, in: Ders., *Die verborgenen Mechanismen der Macht. Schriften zu Politik & Kultur 1*, Hamburg: VSA, S. 49–79.

Bourdieu, Pierre (2005b), *Die männliche Herrschaft*, Frankfurt/M.: Suhrkamp.

Brennan, Teresa (2004), *The Transmission of Affect*, Ithaca: Cornell University Press.

Breuss, Fritz (1994), Herausforderungen für die österreichische Wirtschaftspolitik und die Sozialpartnerschaft in der Wirtschafts- und Währungsunion, in: Max Haller/Peter Schachner-Blazizek (Hg.), *Europa – wohin? Wirtschaftliche Integration, soziale Gerechtigkeit und Demokratie*, Graz: Leykam Verlag, S. 111–147.

Brock, Lothar (1998), Die Grenzen der Demokratie: Selbstbestimmung im Kontext des globalen Strukturwandels und des sich wandelnden Verhältnisses von Staat und Markt, in: Beate Kohler-Koch (Hg.), *Regieren in entgrenzten Räumen*, Opladen: Westdeutscher Verlag, S. 271–292.

Bröckling, Ulrich (2005), Gleichgewichtsübungen. Die Mobilisierung des Bürgers zwischen Markt, Zivilgesellschaft und aktivierendem Staat, in: *spw – Zeitschrift für sozialistische Politik und Wirtschaft*, H. 2, S. 19–22.

Bröckling, Ulrich (2007), *Das unternehmerische Selbst. Soziologie einer Subjektivierungsform*, Frankfurt/M.: Suhrkamp.

Brook, Paul (2013a), Emotional labour and the living personality at work: Labour power, materialist subjectivity and the dialogical self, in: *Culture and Organization*, Jg. 19, H. 4, S. 332–352.

Brook, Paul (2013b), Selling Feelings for a Wage: Process Perspective on Emotional Labor Power, Its Indeterminacy and Incomplete Commodification, in: Gertraud Koch/Stefanie E. Buchanan (Hg.), *Pathways to Empathy. New Studies on Commodification, Emotional Labor, and Time Binds*, Frankfurt/M./New York: Campus, S. 85–103.

Brown, Steven D./Tucker, Ian (2010), The Eff in the ineffable. Affect, Somatic Management, and Mental Health Service Users, in: Melissa Gregg/Gregory J. Seigworth (Hg.), *The Affect Theory Reader*, Durham/London: Duke University Press, S. 231–249.

Brubacker, Rogers (1985), The Sociological Vision of Pierre Bourdieu, in: *Theory and Society*, Jg. 14, H. 6, S. 745–775.

Brunner, Otto/Conze, Werner/Koselleck, Reinhart (Hg.) (2004), *Geschichtliche Grundbegriffe. Historisches Lexikon zur politisch-sozialen Sprache in Deutschland*, Stuttgart: Klett-Cotta.

Burkitt, Ian (2009), Powerful emotions: power, government and opposition in the ›war on terror‹, in: Jennifer Harding/E. Deidre Pribram (Hg.), *Emotions: A Cultural Studies Reader*, London/New York: Routledge, S. 157–169.

Butler, Judith (2011), ›Confessing a passionate state …‹ – Judith Butler im Interview, in: *Feministische Studien*, Jg. 29, H. 2, S. 196–205.

Carls, Kristin (2007), Affective Labour in Milanese Large Scale Retailing: Labour Control and Employees' Coping Strategies, in: *ephemera*, Jg. 7, H. 1, S. 46–59.

Castel, Robert (2009), Die Wiederkehr der sozialen Unsicherheit, in: Robert Castel/Klaus Dörre (Hg.), *Prekarität, Abstieg, Ausgrenzung. Die soziale Frage am Beginn des 21. Jahrhunderts*, Frankfurt/M./New York: Campus, S. 21–34.

Castel, Robert (2011), *Die Krise der Arbeit. Neue Unsicherheiten und die Zukunft des Individuums*, Hamburg: Hamburger Edition.

Clough, Patricia Ticineto/Halley, Jean (Hg.) (2007), *The Affective Turn. Theorizing the Social*, Durham/London: Duke University Press.

Clough, Patricia (2010), The Affective Turn: Political Economy, Biomedia, and Bodies, in: Melissa Gregg/Gregory J. Seigworth (Hg.), *The Affect Theory Reader*, Durham/London: Duke University Press, S. 206–225.

Coffey, Julia (2013), Bodies, body work and gender: Exploring a Deleuzian approach, in: *Journal of Gender Studies*, Jg. 22, H. 1, S. 3–16.

Coleman, Rebecca (2009), *The becoming of bodies: girls, images, experience*, Manchester: Manchester University Press.

Connell, R. W. (1995), *Masculinities*, Cambridge: Polity Press.

Connell, R. W. (1998), Masculinities and Globalization, in: *Men and Masculinities*, Jg. 1, H. 1, S. 3–23.

Connell, R. W. (2006), *Der gemachte Mann. Konstruktion und Krise von Männlichkeit*, Wiesbaden: VS Verlag.

Connell, R. W./Messerschmidt, James (2005), Hegemonic Masculinity. Rethinking the Concept, in: *Gender & Society*, Jg. 19, H. 6, S. 829–859.

Coole, Diana/Frost, Samantha (2010a), Introducing the New Materialisms, in: Diana Coole/Samantha Frost (Hg.), *New Materialisms. Ontology, Agency, and Politics*, Durham/London: Duke University Press, S. 1–43.

Coole, Diana/Frost, Samantha (Hg.) (2010b), *New Materialisms. Ontology, Agency, and Politics*, Durham/London: Duke University Press.

Cooper, Davina (2011), Reading the State as a Multi-Identity Formation: The Touch and Feel of Equality Governance, in: *Feminist Legal Studies*, Jg. 19, H.1, S. 3–25.

Crawford, June u.a. (1992), *Emotion and Gender. Constructing Meaning from Memory*, London u.a.: Sage.

creativwirtschaft (Hg.) (2015), *Sechster österreichischer Kreativwirtschaftsbericht*, Wien: Wirtschaftskammer Österreich.

Crouch, Colin (2004), *Post-Democracy*, Cambridge: Polity Press.

Cvetkovich, Ann (2012a), *Depression. A public feeling*, Durham/London: Duke University Press.

Cvetkovich, Ann (2012b), Politics of Passivity, in: Manifesta Journal around curatorial practices, MJ#16, 20.04.2015, *http://www.manifestajournal.org/issues/regret-and-other-back-pages/dialogue-between-ann-cvetkovich-and-pauline-boudry-renate-lorenz#*

Damasio, Antonio (2004), *Descartes' Irrtum. Fühlen, Denken und das menschliche Gehirn*, Berlin: List.

Davis, Heather/Sarlin, Paige (2008), ›On the Risk of a New Relationality‹: An Interview with Lauren Berlant and Michael Hardt, in: Reviews in Cultural Theory, Special Issue, 19.11.2013, *http://reviewsinculture.com/special-issue/review1.html*, S. 1–9.

Deleuze, Gilles (1988), *Spinoza: Practical Philosophy*, San Franciso: City Lights Book.

Deleuze, Gilles (1997), *Essays Critical and Clinical*, Minneapolis: University of Minnesota Press.

Deleuze, Gilles/Guattari, Felix (1987), *A thousand plateaus: capitalism and schizophrenia*, Edinburgh: Edinburgh University Press.

Demirović, Alex (2008), Neoliberalismus und Hegemonie, in: Christoph Butterwegge/Bettina Lösch/Ralf Ptak (Hg.), *Neoliberalismus. Analysen und Alternativen*, Wiesbaden: VS Verlag, S. 17–33.

Demirović, Alex (2015), Sex Machine oder: die Führung der Individuen durch Sexualität – Überlegungen zur Gouvernementalität, in: Brigitte Bargetz/Gundula Ludwig/Birgit Sauer (Hg.), *Gouvernementalität und Geschlecht. Politische Theorie im Anschluss an Michel Foucault*, Frankfurt/M.: Campus, S. 62–89.

Dewey, John (1984 [1930]): Qualitative Thought, in: *John Dewey: The Later Works, 1925–1953, Vol. 5*, Carbondale: Southern Illinois University Press.

DiMaggio, Paul (2002), Endogenizing ›Animal Spirits‹: Towards a Sociology of Collective Response to Uncertainty and Risk, in: Mauro F. Guillén u.a. (Hg.), *The New Economic Sociology: Development in an Emerging Field*, New York: Russell Sage Foundation, S. 79–100.

Donauer, Sabine (2014), ›Mit Leidenschaft bei der Sache‹. Die Geschichte der ›Arbeitsgefühle‹ im 20. Jahrhundert. Körber-Stiftung. Forum für Impulse, 20.07.2015, *http://www.koerber-stiftung.de/wissenschaft/deutscher-studienpreis/preistraeger/2014/sabine-donauer.html*

Döring, Sabine A. (2009), Allgemeine Einleitung: Philosophie der Gefühle heute, in: Sabine A. Döhring (Hg.), *Philosophie der Gefühle*, Frankfurt/M.: Suhrkamp, S. 12–65.

Dörner, Andreas (2001), *Politainment. Politik in der medialen Erlebnisgesellschaft*, Frankfurt/M.: Suhrkamp.

Dörre, Klaus (2009), Prekarität im Finanzmarkt-Kapitalismus, in: Robert Castel/Klaus Dörre (Hg.), *Prekarität, Abstieg, Ausgrenzung. Die soziale Frage am Beginn des 21. Jahrhunderts*, Frankfurt/M./New York: Campus, S. 35–64.

Douglas, Mary (1991), *Wie Institutionen denken*, Frankfurt/M.: Suhrkamp.

du Gay, Paul (1996), Organizing Identity. Entrepreneurial Governance and Public Management, in: Stuart Hall/Paul du Gay (Hg.), *Questions of Cultural Identity*, London u.a.: Sage, S. 151–169.

Dunkel, Wolfgang (1988), Wenn Gefühle zum Arbeitsgegenstand werden: Gefühlsarbeit im Rahmen personenbezogener Dienstleistungstätigkeiten, in: *Soziale Welt*, Jg. 39, H. 1, S. 66–85.

Dunkel, Wolfgang/Weihrich, Margit (2010), Arbeit als Interaktion, in: Fritz Böhle/G. Günter Voß/Günther Wachtler (Hg.), *Handbuch Arbeitssoziologie*, Wiesbaden: VS Verlag, S. 177–200.

Dunkel, Wolfgang/Weihrich, Margit (2013), From Emotional Labor to Interactive Service Work, in: Gertraud Koch/Stefanie E. Buchanan (Hg.), *Pathways to Empathy. New Studies on Commodification, Emotional Labor, and Time Binds*, Frankfurt/M./New York: Campus, S. 105–122.

Durkheim, Emile (1988 [1893]), *Über soziale Arbeitsteilung. Studie über die Organisation höherer Gesellschaften*, Frankfurt/M.: Suhrkamp.

Durnova, Anna (2013), Governing through intimacy: Explaining care policies through ›sharing a meaning‹, in: *Critical Social Policy*, Jg. 33, H. 3, S. 494–523.

Elias, Norbert, (1978 [1936]), *Über den Prozeß der Zivilisation. Soziogenetische und psychogenetische Untersuchungen*, Bd. 2, Frankfurt/M.: Suhrkamp.

Elster, Jon (1996), Rationality and Emotions, in: *Economic Journal*, Jg. 106, H. 438, S. 1386–1397.

Elster, Jon (1998), Emotions and Economic Theory, in: *Journal of Economic Literature*, Jg. 36, H. 1, S. 47–74.

Esping-Anderson, Gøsta (1990), *The Three Worlds of Welfare Capitalism*, Cambridge: Polity Press.

Featherstone, Mike (2010), Body, Image and Affect in Consumer Culture, in: *Body & Society*, Jg. 16, H. 1, S. 193–221.

Fineman, Stephen (Hg.) (1993), *Emotion in Organizations*, London: Sage.

Fineman, Stephen (2003), *Understanding Emotion at Work*, London: Sage.

Fineman, Stephen (2008a), Introducing the Emotional Organization, in: Stephen Fineman (Hg.), *The Emotional Organization. Passions and Power*, Malden: Blackwell, S. 1–11.

Fineman, Stephen (Hg.) (2008b), *The Emotional Organization: Passion and Power*, Oxford: Blackwell.

Fineman, Stephen (2010), Emotion in Organizations – A critical turn, in: Barbara Sieben/Asa Wettgren (Hg.), *Emotionalizing Organizations and Organizing Emotions*, Houndmills/Basingstoke: Palgrave Macmillan, S. 23–41.

Flam, Helena (2002), *Soziologie der Emotionen*, Konstanz: UTB.

Flecker, Jörg (2014), Liberalisierung und Privatisierung der Post, in: Jörg Flecker/Franz Schultheis/Berthold Vogel (Hg.), *Im Dienste öffentlicher Güter. Metamorphosen der Arbeit aus Sicht der Beschäftigten*, Berlin: edition sigma, S. 145–150.

Flecker, Jörg/Hofbauer, Johanna (1998), Capitalising on Subjectivity. The ›New Model Worker‹ and the Importance of Being Useful, in: Paul Thompson/Chris

Warhurst (Hg.), *Workplaces of the Future*, Houndmills/Basingstoke: Palgrave Macmillan, S. 104–123.

Flecker, Jörg/Tschernitz, Maria (2014), ›Mein Gesicht sitzt da‹. Dienstleistung, Organisationswandel und Identitätsarbeit, in: Jörg Flecker/Franz Schultheis/Berthold Vogel (Hg.), *Im Dienste öffentlicher Güter. Metamorphosen der Arbeit aus Sicht der Beschäftigten*, Berlin: edition sigma, S. 223–241.

Flick, Sabine/Hornung, Annabelle (Hg.) (2009), *Emotionen in Geschlechterverhältnissen. Affektregulierung und Gefühlsinszenierung im historischen Wandel*, Bielefeld: transcript.

Florida, Richard (2002), *The Rise of the Creative Class: And How It's Transforming Work, Leisure, Community And Everyday Life*, New York: Basic Books.

Foucault, Michel (1983), *Sexualität und Wahrheit. Der Wille zum Wissen*, Frankfurt/M.: Suhrkamp.

Foucault, Michel (1990 [1978]), *Was ist Kritik?* Berlin: Merve.

Foucault, Michel (2000), Die Gouvernementalität, in: Ulrich Bröckling/Susanne Krasmann/Thomas Lemke (Hg.), *Gouvernementalität der Gegenwart. Studien zur Ökonomisierung des Sozialen*, Frankfurt/M.: Suhrkamp, S. 41–67.

Foucault, Michel (2003 [1977]), Gespräch mit Foucault, in: *Schriften in vier Bänden. Dits et Ecrits, Bd. III*: 1976–1979, hg. von Daniel Defert/François Ewald/Jacques Lagrange, Frankfurt/M.: Suhrkamp, S. 186–213.

Foucault, Michel (2004a), *Geschichte der Gouvernementalität I: Sicherheit, Territorium, Bevölkerung*, Frankfurt/M.: Suhrkamp.

Foucault, Michel (2004b), *Geschichte der Gouvernementalität II: Die Geburt der Biopolitik*, Frankfurt/M.: Suhrkamp.

Foucault, Michel, (2005 [1982]), Subjekt und Macht, in: *Schriften in vier Bänden. Dits et Ecrits, Bd. IV: 1980–1988*, hg. von Daniel Defert/François Ewald/Jacques Lagrange, Frankfurt/M.: Suhrkamp, S. 269–294.

Fraser, Mariam/Kember, Sarah/Lury, Celia (Hg.) (2006), *Inventive Life: Approaches to the New Vitalism*, London: Sage.

Frevert, Ute (2010), Gefühlvolle Männlichkeiten. Eine historische Skizze, in: Manuel Borutta/Nina Verheyen (Hg.), *Die Präsenz der Gefühle: Männlichkeit und Emotionen in der Moderne*, Bielefeld: transcript, S. 305–330.

Frey, Bruno S. (2008), *Happiness: A Revolution in Economics*, Cambridge, MA/London: MIT Press.

Fritsch, Nina-Sophie/Teitzer, Roland/Verwiebe, Roland (2014), Arbeitsmarktflexibilisierung und wachsende Niedriglohnbeschäftigung in Österreich. Eine Analyse von Risikogruppen und zeitlichen Veränderungen, in: *Österreichische Zeitschrift für Soziologie*, Jg. 39, H. 2, S. 91–110.

Gerhards, Jürgen (1988), *Soziologie der Emotionen. Fragestellungen, Systematik und Perspektiven*, Weinheim/München: Beltz.

Gibbs, Anna (2010), After Affect. Sympathy, Synchrony, and Mimetic Communication, in: Melissa Gregg/Gregory J. Seigworth (Hg.), *The Affect Theory Reader*, Durham/London: Duke University Press, S. 186–205.

Gill, Rosalind/Pratt, Andy (2008), In the Social Factory? Immaterial Labour, Precariousness and Cultural Work, in: *Theory, Culture & Society*, Jg. 25, H. 7–8, S. 1–30.

Goldie, Peter (2009a), Emotionen und Gefühle, in: Sabine A. Döhring (Hg.), *Philosophie der Gefühle*, Frankfurt/M.: Suhrkamp, S. 369–397.

Goldie, Peter (2009b), *The Emotions. A Philosophical Exploration*, Oxford: Oxford University Press.

Goleman, Daniel (1996), *Emotionale Intelligenz*, München: Hanser.

Goodrum, Charles/Dalrymple, Helen (1990), *Advertising in America. The First 200 Years*, New York: Harry N. Abrams.

Gorton, Kristyn (2007), Theorizing emotion and affect: Feminist engagements, in: *Feminist Theory*, Jg. 8, H. 3, S. 333–348.

Grant, Don/Morales, Alfonso/Sallaz, Jeffrey J. (2009), Pathways to Meaning: A New Approach to Studying Emotions at Work, in: *American Journal of Sociology*, Jg. 115, H. 2, S. 327–364.

Grossberg, Lawrence (2010), *Cultural Studies in the Future Tense*, Durham, NC: Duke University Press.

Gugutzer, Robert (2006), Der body turn in der Soziologie. Eine programmatische Einführung, in: Robert Gugutzer (Hg.), *body turn. Perspektiven der Soziologie des Körpers und des Sports*, Bielefeld: transcript, S. 9–53.

Gutierrez Rodriguez, Encarnacion (2010), *Migration, Domestic Work and Affect*, London/New York: Routledge.

Gutierrez Rodriguez, Encarnacion (2011), Politiken der Affekte. Transversale Konvivalitäten, in: Isabell Lorey/Roberto Nigro/Gerald Raunig (Hg.), *Inventionen*, Zürich: diaphanes, S. 214–229.

Hancock, Philip/Tyler, Melissa (2008), It's All Too Beautiful: Emotion and Organization in the Aesthetic Economy, in: Stephen Fineman (Hg.), *The Emotional Organization. Passions and Power*, Malden: Blackwell, S. 202–217.

Hardin, Carolyn (2012), Finding the ›Neo‹ in Neoliberalism, in: *Cultural Studies*, Jg. 28, H. 2, S. 199–221.

Hardt, Michael (1999), Affective Labour, in: *boundary*, Jg. 26, H. 2, S. 89–100.

Hardt, Michael/Negri, Antonio (2002), *Empire. Die neue Weltordnung*, Frankfurt/M./New York: Campus.

Hardt, Michael/Negri, Antonio (2009), *Multitude: War and Democracy in the Age of Empire*, New York: Penguin Books.

Harvey, David (1992), *The Condition of Postmodernity*, Oxford: Basil Blackwell.

Harvey, David (2007), *A Brief History of Neoliberalism*, Oxford: Oxford University Press.

Haslinger, Josef (1995), *Politik der Gefühle. Ein Essay über Österreich*, Frankfurt/M.: Fischer.

Hassoun, Jean-Pierre (2005), Emotions on the trading floor: Social and symbolic expressions, in: Karin Knorr Cetina/Alex Preda (Hg.), *The Sociology of Financial Markets*, Oxford: Oxford University Press, S. 102–120.

Haubl, Rolf (1996), ›Welcome to the pleasure dome‹. Einkaufen als Zeitvertreib, in: Hans A. Hartmann/Rolf Haubl (Hg.), *Freizeit in der Erlebnisgesellschaft. Amüsement zwischen Selbstverwirklichung und Kommerz*, Opladen: Westdeutscher Verlag, S. 199–224.

Haug, Wolfgang F. (2009), *Kritik der Warenästhetik. Gefolgt von Warenästhetik im High-Tech-Kapitalismus*, Frankfurt/M.: Suhrkamp.

Heller, Agnes (1981), *Theorie der Gefühle*, Hamburg: VSA.

Hemmings, Clare (2005), Invoking affect: cultural theory and the ontological turn, in: *Cultural Studies*, Jg. 19, H. 5, S. 548–567.

Hesmondhalgh, David/Baker, Sarah (2008), Creative Work and Emotional Labour in the Television Industry, in: *Theory, Culture and Society*, Jg. 25. H. 7–8, S. 97–118.

Hesmondhalgh, David/Baker, Sarah (2011), *Creative Labour. Media work in three cultural industries,* London/New York: Routledge.

Hirsch, Joachim (2005), *Materialistische Staatstheorie. Transformationsprozesse des kapitalistischen Staatensystems*, Hamburg: VSA.

Hirschman, Albert O. (1977), *The Passions and the Interests. Political Arguments for Capitalism before Its Triumph*, New Jersey: Princeton University Press.

Hobsbawn, Eric (1995), *Das Zeitalter der Extreme. Weltgeschichte des 20. Jahrhunderts*, München: Carl Hanser.

Hochschild, Arlie Russel (1979), Emotion Work, Feeling Rules, and Social Structure, in: *American Journal of Sociology*, Jg. 85, H. 3, S. 551–575.

Hochschild, Arlie Russel (1993), Preface, in: Stephen Fineman (Hg.), *Emotions in Organizations*, London: Sage, S. ix–xiii.

Hochschild, Arlie Russel (2003 [1983]), *The Managed Heart. Commercialization of Human Feeling*. Berkeley/Los Angeles: University of California Press.

Hofbauer, Johanna (1994), Fleiß, Aufmerksamkeit, Betriebsamkeit. Zur Herausbildung moderner Arbeitstugenden, in: Johann A. Schülein/Gerda Bohmann (Hg.), *Ökonomie und Gesellschaft. Eine Sammlung von Studientexten*, Wien: Springer-Verlag, S. 103–132.

Hofinger, Christoph (2011), Emotions as Key to Understanding Politics and Winning Campaigns, in: Chrisoph Hofinger/Gerlinde Manz-Christ (Hg.), *Emotions in Politics and Campaigning*, New Delhi/Sydney: Prestige Books, S. 10–24.

Horton, Donald/Wohl, Richard R. (1956), Mass Communication and Para-social Interaction, in: *Psychiatry*, Jg. 19, H. 3, S. 215–229.

Hunya, Gábor/Stankovsky, Jan (2004), *Foreign Direct Investment in Central and Eastern Europe with Special Attention to Austrian FDI Activities in this Region*, Wien: WIIW-WIFO Database.

Huppatz, Kate (2009), Reworking Bourdieu's ›Capital‹: Feminine and Female Capitals in the Field of Paid Caring Work, in: *Sociology*, Jg. 43, H. 1, S. 45–66.

Illouz, Eva (2006), *Gefühle in Zeiten des Kapitalismus. Adorno-Vorlesungen 2004*, Frankfurt/M.: Suhrkamp.

Illouz, Eva (2011), *Warum Liebe weh tut. Eine soziologische Erklärung*, Frankfurt/M.: Suhrkamp.

Jaggar, Alison M. (1989), Love and Knowledge: Emotion in Feminist Epistemology, in: *Inquiry*, Jg. 32, H. 2, S. 151–176.

James, William (1884), What is an Emotion?, in: *Mind*, Jg. 9, H. 34, S. 188–205.

Jenkins, Henry (2006), *Convergence Culture: Where Old and New Media Collide*, New York/London: New York University Press.

Jessop, Bob (1994), Veränderte Staatlichkeit. Veränderungen von Staatlichkeit und Staatsprojekten, in: Dieter Grimm (Hg.), *Staatsaufgaben*, Baden-Baden: Nomos, S. 43–73.

Katsiaficas, George N. (1989), The Eros Effect, Paper prepared for presentation at the 1989 American Sociological Association National Meetings in San Francisco, 20.06.2015, *http://www.eroseffect.com/articles/eroseffectpaper.PDF*

Karlhofer, Ferdinand/Tálos, Emmerich (1996), *Sozialpartnerschaft und EU. Integrationsdynamik und Handlungsrahmen der österreichischen Sozialpartnerschaft*, Wien: Facultas.

Keynes, John Maynard (1936), *The General Theory of Employment, Interest and Money*, London: Palgrave Macmillan.

Kleemann, Frank/Matuschek, Ingo/Voß, G. Günter (2003), Subjektivierung von Arbeit – Ein Überblick zum Stand der Diskussion, in: Manfred Moldaschl/G. Günter Voß (Hg.), *Subjektivierung von Arbeit*, München: Rainer Hampp Verlag, S. 57–192.

Klein, Ansgar/Nullmeier, Frank (Hg.) (1999), *Masse – Macht – Emotionen. Zu einer politischen Soziologie der Emotionen*, Opladen: Westdeutscher Verlag.

Klein, Naomi (2002), *No Logo! Der Kampf der Global Players um Marktmacht*, München: Riemann.

Kleres, Jochen (2010), Emotions and Narrative Analysis: A Methodological Approach, in: *Journal for the Theory of Social Behaviour*, Jg. 41, H. 2, S. 182–202.

KMU Forschung (2010), Dienstleistungslandschaft in Österreich. Endbericht, Wien: Johanneum Research, 07.08.2015, *https://www.bmwfw.gv.at/Innovation/Publikationen/Documents/Dienstleistungslandschaft%20in%20Österreich.pdf*

Knoblauch, Hubert (2005), Focused Ethnography, in: Forum: Qualitative Sozialforschung, Jg. 6, H. 3, 16.11.2014, *http://nbn-resolving.de/urn:nbn:de:0114-fqs0503440*

Kochinka, Alexander (2004), *Emotionstheorien. Begriffliche Arbeit am Gefühl*, Bielefeld: transcript.

Koivunen, Anu (2010), An affective turn? Reimagening the subject of feminist theory, in: Marianne Liljeström/Susanna Paasonen (Hg.), *Working with Affect in Feminist Reading. Disturbing Differences*, London/New York: Routledge, S. 8–28.

Korczynski, Marek (2003), Communities of Coping: Collective Emotional Labour in Service Work, in: *Organization*, Jg. 10, H. 1, S. 55–79.

Korczynski, Marek (2009), Understanding the Contradictory Lived Experience of Service Work: The Costumer-Oriented Bureaucracy, in: Marek Korczynski/Cameron L. Macdonald (Hg.), *Service Work. Critical Perspectives*, New York/London: Routledge, S. 73–90.

Korczynski, Marek/Bishop, Victoria (2008), The Job Center. Abuse, Violence, and Fear on the Front Line: Implications of the Rise of the Enchanting Myth of Customer Sovereignty, in: Stephen Fineman (Hg.), *The Emotional Organization: Passion and Power*, Oxford: Blackwell, S. 74–87.

Kracauer, Siegfried (1971 [1930)]), *Die Angestellten*, Frankfurt/M.: Suhrkamp.

Kraft, Stefan (Hg.) (2012), *Wer besitzt das Internet? Die Freiheit im Netz und das Urheberrecht. Eine Streitschrift*, Wien: Promedia.

Kreisky, Eva (1995), Der Stoff aus dem die Staaten sind. Zur männerbündischen Fundierung politischer Ordnung, in: Regina Becker-Schmidt/Gudrun-Axeli Knapp (Hg.), *Das Geschlechterverhältnis als Gegenstand der Sozialwissenschaften*, Frankfurt/M./New York: Campus, S. 85–124.

Lasch, Christopher (1979), *The Culture of Narcissism. American Life in An Age of Diminishing Expectations*, New York/London: W.W. Norton.

Layard, Richard (2005), *Die glückliche Gesellschaft. Kurswechsel für Politik und Wirtschaft*, Frankfurt/M./New York: Campus.

Lazzarato, Maurizio (1996), Immaterial Labour, in: Paolo Virno/Michael Hardt (Hg.), *Radical Thought in Italy: A Potential Politics*, Minneapolis: University of Minnesota Press, S. 133–147.

Lazzarato, Maurizio (2012), *Die Fabrik des verschuldeten Menschen. Essay über das neoliberale Leben*, Berlin: b_books.

Legnaro, Aldo (2000), Aus der Neuen Welt: Freiheit, Furcht und Strafe als Trias der Regulation, in: *Leviathan*, Jg. 28, H. 2, S. 202–220.

Lessenich, Stephan (2013), *Die Neuerfindung des Sozialen. Der Sozialstaat im flexiblen Kapitalismus*, Bielefeld: transcript.

Lewis, Patricia/Simpson, Ruth (2007), *Gendered Emotions in Organizations*, London: Palgrave Macmillan.

Leys, Ruth (2011), The turn to affect: a critique, in: *Critical Inquiry*, Jg. 37, H. 3, S. 434–472.

Liljeström, Marianne/Paasonen, Susanna (Hg.), *Working with Affect in Feminist Reading. Disturbing Differences*, London/New York: Routledge.

Lohr, Karin/Nickel, Hildegard (Hg.) (2005), *Subjektivierung von Arbeit – Riskante Chancen*, Münster: Westfälisches Dampfboot.

Lorey, Isabell (2011), Gouvernementale Prekarisierung, in: Isabell Lorey/Roberto Nigro/Gerald Raunig (Hg.), *Inventionen 1*, Zürich: diaphanes, S. 72–86.

Lorey, Isabell/Neundlinger, Klaus (2012), Kognitiver Kapitalismus. Von der Ökonomie zur Ökonomik des Wissens, in: Dies. (Hg.), *Kognitiver Kapitalismus*, Wien: Turia + Kant, S. 7–55.

Ludwig, Gundula (2007), Die Entstehung der Geschlechterverhältnisse aus dem integralen Staat: Gramscis Hegemonietheorie und die staatliche Produktion von vergeschlechtlichten Subjekten, in: *Das Argument*, Jg. 49, H. 2, S. 196–205.

Ludwig, Gundula (2015), ›Angenommen, es gibt keine Universalien …‹ – Zur Konstruktion von KörperSubjekten in modernen westlichen Gesellschaften, in: Brigitte Bargetz/Gundula Ludwig/Birgit Sauer (Hg.), *Gouvernementalität und Geschlecht. Politische Theorie im Anschluss an Michel Foucault*, Frankfurt/M./New York: Campus, S. 161–184.

Ludwig-Mayerhofer, Wolfgang/Behrend, Olaf/Sondermann, Ariadne (2009), *Auf der Suche nach der verlorenen Arbeit. Arbeitslose und Arbeitsvermittler im neuen Arbeitsmarktregime*, Konstanz: UVK.

Lutz, Catherine A. (1996), Engendered Emotion: Gender, Power, and the Rhetoric of Emotional Control in American Discourse, in: Ron Harré/W. Gerrod Parrott (Hg.), *The Emotions. Social, Cultural and Biological Dimensions*, London: Sage, S. 151–170.

Maihofer, Andrea (1995), *Geschlecht als Existenzweise. Macht, Moral, Recht und Geschlechterdifferenz*, Frankfurt/M.: Helmer.

Marcus, George E. (2002), *The Sentimental Citizen. Emotion in Democratic Politics*, University Park/Pennsylvania: Pennsylvania University Press.

Marshall, Thomas H. (1992 [1950]), *Bürgerrechte und soziale Klassen. Zur Soziologie des Wohlfahrtsstaates*, Frankfurt/M./New York: Campus.

Marterbauer, Markus (2005), Veränderte Rahmenbedingungen und Präferenzen in der Wirtschaftspolitik, in: Ferdinand Karlhofer/Emmerich Tálos (Hg.), *Sozialpartnerschaft. Österreichische und Europäische Perspektiven*, Wien: LIT, S. 57–78.

Marterbauer, Markus (2007), *Wem gehört der Wohlstand? Perspektiven für eine neue österreichische Wirtschaftspolitik*, Wien: Paul Zsolnay Verlag.

Marx, Karl (1970 [1863–1865]), *Resultate des unmittelbaren Produktionsprozesses. Das Kapital. I. Buch. Der Produktionsprozess des Kapitals. VI. Kapitel, Archiv sozialistischer Literatur 17*, Frankfurt/M.: Verlag Neue Kritik.

Massumi, Brian (1995), The Autonomy of Affect, in: *Cultural Critique*, H. 31, The Politics of Systems and Environments, Part II, S. 83–109.

Massumi, Brian (2002), *Parables for the Virtual. Movement, Affect, Sensation*, Durham: Duke University Press.

Massumi, Brian (2010), The Future Birth of the Affective Fact. The Political Ontology of Threat, in: Melissa Gregg/Gregory J. Seigworth (Hg.), *The Affect Theory Reader*, Durham/London: Duke University Press, S. 52–70.

Matzig, Gerhard (2011), Schluss mit dem Gemaule, in: *SZ-Magazin* (40), S. 22–25.

Mau, Kristina/Wagner, Constantin/Pfeuffer, Andreas/Tschernitz, Maria (2014), Transformationen der österreichischen, deutschen und schweizerischen Post, in: Jörg Flecker/Franz Schultheis/Berthold Vogel (Hg.), *Im Dienste öffentlicher Güter. Metamorphosen der Arbeit aus der Sicht der Beschäftigten*, Berlin: edition sigma, S. 187–213.

McRobbie, Angela (2010), Reflections of Feminism, Immaterial Lobour and the Post-Fordist Regime, in: *New Formations*, H. 70, S. 60–76.

McRobbie, Angela (2015), Is passionate work a neoliberal delusion?, 20.07.2015, *www.opendemocracy.net/transformation/angela-mcrobbie/is-passionate-work-neoliberal-delusion*

Meyer, Thomas (2001), *Mediokratie. Die Kolonisierung der Politik durch die Medien*, Frankfurt/M.: Suhrkamp.

Meyrowitz, Joshua (1985), *No Sense of Place. The Impact of Electronic Media on Social Behavior*, New York/Oxford: Oxford University Press.

Mezzadra, Sandro (2005), Taking Care: Migration and the Political Economy of Affective Labour, Goldsmith University of London, 20.06.2011, *https://caringlabor.wordpress.com/2010/07/29/sandro-mezzadra-taking-care-migration-and-the-political-economy-of-affective-labor/*

Mills, C. Wright (2002 [1951]), *White Collar. The American Middle Class*, Oxford: Oxford University Press.

Moldaschl, Manfred (2003), Subjektivierung – Eine neue Stufe in der Entwicklung der Arbeitswissenschaften?, in: Manfred Moldaschl/G. Günter Voß (Hg.), *Subjektivierung von Arbeit*, München: Rainer Hampp Verlag, S. 25–56.

Moldaschl, Manfred/Voß, G. Günter (Hg.) (2003), *Subjektivierung von Arbeit*. München: Rainer Hampp Verlag.

Morini, Cristina (2007), The Feminization of Labour in Cognitive Capitalism, in: *Feminist Review*, H. 87, S. 40–59.

Mouffe, Chantal (2002), Politics and Passions. The Stakes of Democracy. Centre for the Study of Democracy, 19.06.2010, *http://www.wmin.ac.uk/sshl/pdf/Mouffe%20PDF%20.pdf*

Mouffe, Chantal (2008), *Das demokratische Paradox*, Wien: Turia + Kant.

Moulier Boutang, Yann (2001), Marx in Kalifornien: Der dritte Kapitalismus und die alte politische Ökonomie, in: *Aus Politik und Zeitgeschichte*, H. 52–53, S. 29–37.

Moulier Boutang, Yann (2011), *Cognitive capitalism*, Cambridge: Polity Press.

Nadai, Eva/Nollert, Michael (Hg.) (2015), *Geschlechterverhältnisse im Post-Wohlfahrtsstaat*, Weinheim/Basel: Beltz Juventa.

Narr, Wolf-Dieter/Schubert, Alexander (1994), *Weltökonomie. Die Misere der Politik*, Frankfurt/M.: Suhrkamp.

Nava, Mica (1997), Women, the City and the Department Store, in: Pasi Falk/Colin Campbell (Hg.), *The Shopping Experience*, London: Sage, S. 56–91.

Neckel, Sighard (2005), Emotion by design. Das Selbstmanagement der Gefühle als kulturelles Programm, in: *Berliner Journal für Soziologie*, Jg. 15, H. 3, S. 419–430.

Neckel, Sighard (2011), Der Gefühlskapitalismus der Banken: Vom Ende der Gier als ›ruhiger Leidenschaft‹, in: *Leviathan*, Jg. 39, H. 1, S. 39–53.

Negri, Antonio (2011), Auf der Suche nach dem Common Wealth, in: Isabell Lorey/Roberto Nigro/Gerald Raunig (Hg.), *Inventionen 1*, Zürich: diaphanes, S. 38–50.

New Economics Foundation (2009), National Accounts of Well-being: bringing real wealth onto the balance sheet, London, 20.06.2011, *http://www.neweconomics.org/publications/entry/national-accounts-of-well-being*

Newman, Janet (2007), The ›double dynamics‹ of activation: institutions, citizens and the remaking of welfare governance, in: *International Journal of Sociology and Social Policy*, Jg. 27, H. 9/10, S. 364–387.

Nickson, Dennis/Warhurst, Chris/Cullen, Anne M./Watt, Allan (2003), Bringing in the Excluded? Aesthetic labour, skills and training in the ›new‹ economy, in: *Journal of Education and Work*, Jg. 16, H. 2, S. 185–203.

Nussbaum, Martha C. (1996), Compassion: The Basic Social Emotion, in: Ellen Frankel/Fred D. Miller/Jeffrey Paul (Hg.), *The Communitarian Challenge to Liberalism*, Cambridge u.a.: Cambridge University Press, S. 27–58.

Nussbaum, Martha C. (2001), *Upheavels of Thought: The Intelligence of Emotions*, New York/Cambridge: Cambridge University Press.

Nussbaum, Martha C. (2014), *Politische Emotionen. Warum Liebe für Gerechtigkeit wichtig ist*, Berlin: Suhrkamp.

Obinger, Herbert (2006), ›Wir sind Voesterreicher‹: Bilanz der ÖVP/FPÖ-Privatisierungspolitik, in: Emmerich Tálos (Hg.), *Schwarz – Blau. Eine Bilanz des ›Neu-Regierens‹*, Wien: LIT, S. 154–169.

Obinger, Herbert (2009), Sozialpolitische Bilanz der Großen Koalition in Österreich, in: Herbert Obinger/Elmar Rieger (Hg.), *Wohlfahrtsstaatlichkeit in entwickelten Demokratien. Herausforderungen, Reformen und Perspektiven*, Frankfurt/M./New York: Campus, S. 347–374.

Oesterreichische Nationalbank (OeNB) (2005), *Geldpolitik und Wirtschaft. Quartalsheft zur Geld- und Wirtschaftspolitik 2,* Wien: Oesterreichische Nationalbank.

Offer, Avner (1997), Between the Gift and the Market: The Economy of Regard, in: *Economic History Review*, Jg. 50, H. 3, S. 450–476.

Opaschowski, Horst W. (1994), *Einführung in die Freizeitwissenschaft*, Opladen: Leske + Budrich.

Österreichische Post AG (2014a), *Grenzenlos zuverlässig. Geschäftsbericht 2013. Der Finanzbericht*, Wien: Österreichische Post AG.

Österreichische Post AG (2014b), *Grenzenlos zuverlässig. Geschäftsbericht 2013. Das Magazin*, Wien: Österreichische Post AG.

Ott, Michaela (2009), *Affizierung. Zu einer ästhetisch-epistemischen Figur*, München: edition text + kritik.

Paugam, Serge (2008), *Die elementaren Formen der Armut*, Hamburg: Hamburger Edition.

Peck, Jamie (2002), Political Economies of Scale: Fast Policy, Interscalar Relations, and Neoliberal Workfare, in: *Economic Geography*, Jg. 78, H. 3, S. 331–360.

Pelizzari, Alessandro (2009), *Dynamiken der Prekarisierung. Atypische Erwerbsverhältnisse und milieuspezifische Unsicherheitsbewältigung*, Konstanz: UVK.

Penz, Otto (2007), Zur ökonomischen, politischen und sozialen Regulation der Ära Kreisky, in: Wolfgang Maderthaner/Siegfried Mattl/Lutz Musner/Otto Penz, *Die Ära Kreisky und ihre Folgen. Fordismus und Postfordismus in Österreich*, Wien: Löcker, S. 55–119.

Penz, Otto (2010), *Schönheit als Praxis. Über klassen- und geschlechtsspezifische Körperlichkeit*, Frankfurt/M./New York: Campus.

Penz, Otto/Glinsner, Barbara/Gaitsch, Myriam/Hofbauer, Johanna/Sauer, Birgit (2015), Affektive Interaktionsarbeit in der öffentlichen Arbeitsvermittlung in Österreich, Deutschland und der Schweiz, in: *AIS Studien*, Jg. 8, H. 1, S. 21–36.

Pixley, Jocelyn (2004), *Emotions in Finance. Distrust and Uncertainty in Global Markets*, Cambridge: Cambridge University Press.

Pollesch, René (2009), *Liebe ist kälter als das Kapital. Stücke, Texte, Interviews*, Hamburg: Rowohlt.

Probyn, Elspeth (2005), *Blush: Faces of Shame*, Minneapolis: University of Minnesota Press.

Purtschert, Patricia (2008), Nicht so regiert werden wollen: Zum Verhältnis von Wut und Kritik, 20.09.2009, *http://eipcp.net/transversal/0808/purtschert/de/print*

Rancière, Jacques (1995), *On the Shores of Politics*, London: Verso.

Rancière, Jacques (2002), *Das Unvernehmen. Politik und Philosophie*, Frankfurt/M.: Suhrkamp.

Rastetter, Daniela (2008), *Zum Lächeln verpflichtet. Emotionsarbeit im Dienstleistungsbereich*, Frankfurt/M./New York: Campus.

Rau, Alexandra (2010), *Psychopolitik. Macht, Subjekt und Arbeit in der neoliberalen Gesellschaft*, Frankfurt/M./New York: Campus.

Rau, Alexandra (2015), Historische Ontologie des Selbst, Subjektivierung und Psychopolitik, in: Brigitte Bargetz/Gundula Ludwig/Birgit Sauer (Hg.), *Gouvernementalität und Geschlecht. Politische Theorie im Anschluss an Michel Foucault*, Frankfurt/M./New York: Campus, S. 185–206.

Ray, Paul H./Anderson, Sherry R. (2000), *The Cultural Creatives. How 50 Million People Are Changing the World*, New York: Three Rivers Press.

Reay, Diane (2004), Gendering Bourdieu's Concept of Capitals? Emotional Capital, Women and Social Class, in: Linda Adkins/Beverly Skeggs (Hg.), *Feminism after Bourdieu*, Oxford: Blackwell, S. 57–74.

Reckwitz, Andreas (2010), Umkämpfte Maskulinität. Zur Historischen Kultursoziologie männlicher Subjektformen und ihrer Affektivitäten vom Zeitalter der Empfindsamkeit bis zur Postmoderne, in: Manuel Borutta/Nina Verheyen (Hg.), *Die Präsenz der Gefühle: Männlichkeit und Emotionen in der Moderne*, Bielefeld: transcript, S. 57–79.

Reckwitz, Andreas (2012a), Affective Spaces. A Praxeological Outlook, in: *Rethinking History*, Jg. 16, H. 2, S. 241–258.

Reckwitz, Andreas (2012b), Affektive Räume: Eine praxeologische Perspektive, in: Elisabeth Mixa/Patrick Vogl (Hg.), *E-Motions. Transformationsprozesse in der Gegenwartskultur*, Wien: Turia + Kant, S. 23–44.

Ritzer, George (1997), *Die McDonaldisierung der Gesellschaft*, Frankfurt/M.: Fischer.

Ritzer, George (1999), *Enchanting a Disenchanted World. Revolutionizing the Means of Consumption*, Thousand Oaks: Pine Forge Press.

Rosenwein, Barbara (2002), Worrying about emotions in history, in: *The American Historical Review*, Jg. 107, H. 3, S. 821–845.

Ross-Smith, Anne/Huppatz, Kate (2010), Management, Women and Gender Capital, in: *Gender, Work and Organization*, Jg. 17, H. 5, S. 547–566.

Sainsbury, Diane (1996), *Gender, equality, and welfare states*, Cambridge: Cambridge University Press.

Sauer, Birgit (1999), ›Politik wird mit dem Kopfe gemacht‹. Überlegungen zu einer geschlechtersensiblen Politologie der Gefühle, in: Ansgar Klein/Frank Nullmeier (Hg.), *Masse – Macht – Emotionen. Zu einer Politischen Soziologie der Emotionen*, Opladen: Westdeutscher Verlag, S. 200–218.

Sauer, Birgit (2001), *Die Asche des Souveräns. Staat und Demokratie in der Geschlechterdebatte.* Frankfurt/M./New York: Campus.

Sauer, Birgit (2010), Das Private des Sozialen? Mechanismen der Geschlechterpolitik im Neoliberalismus, in: Andrea Grisold/Wolfgang Maderthaner/Otto Penz (Hg.), *Neoliberalismus und die Krise des Sozialen. Das Beispiel Österreich*, Wien/Köln/Weimar: Böhlau, S. 179–210.

Sauer, Birgit (2015), Feministische Staatskonzeption als Digestive: Staat im Spätwerk Foucaults, in: Brigitte Bargetz/Gundula Ludwig/Birgit Sauer (Hg.), *Gouvernementalität und Geschlecht. Politische Theorie im Anschluss an Michel Foucault*, Frankfurt/M./New York: Campus, S. 90–116.

Sauer, Birgit/Penz, Otto (2014), Affektive Subjektivierung: Arbeit und Geschlecht, in: *Freiburger Zeitschrift für GeschlechterStudien*, Jg. 20, H. 2, S. 79–94.

Scheer, Monique (2012), Are emotions a kind of practice (and is that what makes them have a history)? A Bourdieuian approach to understanding emotion, in: *History and Theory*, Jg. 51, H. 2, S. 193–220.

Scheve, Christian von (2014), *Emotion and Social Structures. The Affective Foundations of Social Order*, London/New York: Routledge.

Scherke, Katharina (2009), *Emotionen als Forschungsgegenstand der deutschsprachigen Soziologie*, Wiesbaden: VS Verlag.

Schmitz, Hermann (2009), *Der Leib, der Raum und die Gefühle*, Bielefeld: Edition Sirius.

Schroer, Markus (2005), Zur Soziologie des Körpers, in: Markus Schroer (Hg.), *Soziologie des Körpers*, Frankfurt/M.: Suhrkamp, S. 7–47.

Schultz, Susanne (2006), Dissolved Boundaries and ›Affective Labor‹: On the Disappearance of Reproductive Labor and Feminist Critique in Empire, in: *Capitalism, Nature, Socialism*, Jg. 17, H. 1, S. 77–82.

Sedgwick, Eve K. (2003), *Touching Feeling: Affect, Pedagogy, Performativity*, Durham: Duke University Press.

Sedgwick, Eve K./Frank Adam (1995), Shame in the Cybernetic Fold: Reading Silvan Tomkins, in: *Critical Inquiry*, Jg. 21, H. 2, S. 496–522.

Segal, Jacob (2006), The Discipline of Freedom: Action and Normalization in Theory and Practice of Neo-Liberalism, in: *New Political Science*, Jg. 28, H. 3, S. 323–334.

Seigworth, George J./Gregg, Melissa (2010), An Inventory of Shimmers, in: Melissa Gregg/Gregory J. Seigworth (Hg.), *The Affect Theory Reader*, Durham/London: Duke University Press, S. 1–25.

Senge, Konstanze/Schützeichel Rainer (Hg.) (2013), *Hauptwerke der Emotionssoziologie*, Wiesbaden: Springer VS.

Sennett, Richard (1993), *Verfall und Ende des öffentlichen Lebens. Die Tyrannei der Intimität*, Frankfurt/M.: Fischer.

Sennett, Richard (2005), *Die Kultur des neuen Kapitalismus*, Berlin: Berlin Verlag.

Serrano Pascual, Ampero (2007), Reshaping Welfare States: Activation Regimes in Europe, in: Ampero Serrano Pascual/Lars Magnusson (Hg.), *Reshaping Welfare States and Activation Regimes in Europe*, Brüssel: Peter Lang, S. 11–34.

Shouse, Eric (2005), Feeling, emotion, affect, in: Media/Culture Journal, Jg. 8, H. 6, 20.04.2014, *http://journal.media-culture.org.au/0512/03-shouse.php*

Sieben, Barbara/Wettergren, Asa (2010), Emotionalizing Organizations and Organizing Emotions – Our Research Agenda, in: Barbara Sieben/Asa Wettergren (Hg.), *Emotionalizing Organizations and Organizing Emotions*, Houndmills, Basingstoke: Palgrave Macmillan, S. 1–20.

Simmel, Georg (1995 1905]), *Gesamtausgabe Band 10: Philosophie der Mode*, Frankfurt/M.: Suhrkamp, S. 7–37.

Simmel, Georg (1999 [1908]), *Gesamtausgabe Band 11: Soziologie. Untersuchungen über die Formen der Vergesellschaftung*, Frankfurt/M.: Suhrkamp.

Skeggs, Beverly (1997), *Formations of Class and Gender: Becoming Respectable*, London: Sage.

Smiers, Joost/Schijndel van, Marieke (2009), *No Copyright. Vom Machtkampf der Kulturkonzerne um das Urheberrecht. Eine Streitschrift*, Berlin: Alexander Verlag.

Smith, Adam (2010 [1759]), *Theorie der ethischen Gefühle*, Hamburg: Felix Meiner Verlag.

Sousa, Ronald de (1997), *Die Rationalität des Gefühls*, Frankfurt/M.: Suhrkamp.

Stehr, Nico (1994), *Arbeit, Eigentum und Wissen: Zur Theorie der Wissensgesellschaft*, Frankfurt/M.: Suhrkamp.

Stehr, Nico (2001), Moderne Wissensgesellschaften, in: *Aus Politik und Zeitgeschichte*, H. 36, S. 7–13.

Steinberg, Ronnie L./Figart, Deborah M. (1999), Emotional Labor since the ›Managed Heart‹, in: *Annals of the American Academy of Political and Social Science*, Jg. 561, H. 1, S. 8–26.

Stephan, Cora (1994), *Der Betroffenheitskult. Eine politische Sittengeschichte*, Hamburg: Rowohlt.

Stockhammer, Engelbert (2010), Zwischen Finanzialisierung und Exportorientierung. Österreich im finanzdominierten Akkumulationsregime, in: Andrea Grisold/Wolfgang Maderthaner/Otto Penz (Hg.), *Neoliberalismus und die Krise des Sozialen. Das Beispiel Österreich*, Wien/Köln/Weimar: Böhlau, S. 111–137.

Strübing, Jörg (2008), *Grounded Theory. Zur sozialtheoretischen und epistemologischen Fundierung des Verfahrens der empirisch begründeten Theoriebildung*, Wiesbaden: VS Verlag.

Szymenderski, Peggy (2012), *Gefühlsarbeit im Polizeidienst. Wie Polizeibedienstete die emotionalen Anforderungen ihres Berufs bewältigen*, Bielefeld: transcript.

Tálos, Emmerich (1999a), Atypische Beschäftigung: Verbreitung – Konsequenzen – sozialstaatliche Regelungen. Ein vergleichendes Resümee, in: Emmerich Tálos (Hg.), *Atypische Beschäftigung. Internationale Trends und sozialstaatliche Regelungen*, Wien: Manz, S. 417–468.

Tálos, Emmerich (1999b), Atypische Beschäftigung in Österreich, in: Emmerich Tálos (Hg.), *Atypische Beschäftigung. Internationale Trends und sozialstaatliche Regelungen*, Wien: Manz, S. 252–284.

Tálos, Emmerich/Kittel, Bernhard (1999), Sozialpartnerschaft und Sozialpolitik, in: Ferdinand Karlhofer/Emmerich Tálos (Hg.), *Zukunft der Sozialpartnerschaft. Veränderungsdynamik und Reformbedarf*, Wien: Facultas, S. 137–164.

Tálos, Emmerich/Kittel, Bernhard (2001), *Gesetzgebung in Österreich. Netzwerke, Akteure und Interaktion in politischen Entscheidungsprozessen*, Wien: WUV.

Tálos, Emmerich/Vobruba, Georg (1983) (Hg.), *Perspektiven der Arbeitszeitpolitik*, Wien: VG.

Tálos, Emmerich/Wörister, Karl (1994), *Soziale Sicherung im Sozialstaat Österreich. Entwicklung – Herausforderungen – Strukturen*, Baden-Baden: Nomos.

Tambornino, John (2002), *The Corporeal Turn. Passion, Necessity, Politics*, Lanham: Rowman & Littlefield.

Thrift, Nigel (2010), Understanding the Material Practices of Glamour, in: Melissa Gregg/Gregory J. Seigworth (Hg.), *The Affect Theory Reader*, Durham/London: Duke University Press, S. 289–308.

Toffler, Alvin (1980), *The Third Wave*, New York: Bantam Books.

Tsianos, Vassilis/Papadopoulos, Dimitris (2007), Prekarität: eine wilde Reise ins Herz des verkörperten Kapitalismus, oder: Wer hat Angst vor der immateriellen Arbeit?, in: Gerald Raunig/Ulf Wuggenig (Hg.), *Kritik der Kreativität*, Wien: Turia + Kant, S. 145–166.

Turner, Bryan S. (1996), *The Body and Society*, London: Sage.

Tyler, Imogen (2008), Methodological Fatigue: The Politics of the ›Affective Turn‹, in: *Feminist Media Studies*, Jg. 8, H. 1, S. 85–90.

Unger, Brigitte (1999), Österreichs Wirtschaftspolitik: Vom Austro-Keynesianismus zum Austro-Neoliberalismus?, in: Ferdinand Karlhofer/Emmerich Tálos (Hg.), *Zukunft der Sozialpartnerschaft. Veränderungsdynamik und Reformbedarf*, Wien: Facultas, S. 165–190.

Veblen, Thorstein (1998 [1899]), *Theorie der feinen Leute. Eine ökonomische Untersuchung der Institutionen*, Frankfurt/M.: Fischer.

Vercellone, Carlo (2007), From Formal Subsumption to General Intellect: Elements for a Marxist Reading of the Thesis of Cognitive Capitalism, in: *Historical Materialism*, Jg. 15, H. 1, S. 13–36.

Vincent, Steve (2011), The emotional labour process: An essay on the economy of feelings, in: *Human Relations*, Jg. 64, H. 19, S. 1369–1392.

Virno, Paolo (2004), *A grammar of multitude. For an analysis of contemporary forms of life*, Los Angeles/New York: Semiotext(e).

Volkmann, Ute/Schimank, Uwe (2006), Kapitalistische Gesellschaft: Denkfiguren bei Pierre Bourdieu, in: Michael Florian/Frank Hillebrandt (Hg.), *Pierre Bourdieu: Neue Perspektiven für die Soziologie der Wirtschaft*, Wiesbaden: VS Verlag, S. 221–242.

Voß, G. Günther/Pongratz, Hans J. (1998), Der Arbeitskraftunternehmer. Eine neue Grundform der Ware Arbeitskraft?, in: *Kölner Zeitschrift für Soziologie und Sozialpsychologie*, Jg. 50, H. 1, S. 131–158.

Voswinkel, Stephan (2005), *Welche Kundenorientierung? Anerkennung in der Dienstleistungsarbeit*, Berlin: edition sigma.

Voswinkel, Stephan/Wagner, Gabriele (2011), Die symbolische Macht der Individualisierung und der Kampf um die Kritik, in: *Österreichische Zeitschrift für Soziologie*, Jg. 36, H. 4, S. 71–88.

Wacquant, Loïc (2004), Pointers on Pierre Bourdieu and Democratic Politics, in: *Constellations*, Jg. 11, H. 1, S. 3–15.

Wacquant, Loïc (2012), Three steps to a historical anthropology of actually existing neoliberalism, in: *Social Anthropology*, Jg. 20, H. 1, S. 66–79.

Warhurst, Chris/Nickson, Dennis (2007), Employee experience of aesthetic labour in retail and hospitality, in: *Work, Employment and Society*, Jg. 21, H. 1, S. 103–120.

Warhurst, Chris/Nickson, Dennis (2009), ›Who's Got the Look?‹ Emotional, Aesthetic and Sexualized Labour in Interactive Services, in: *Gender, Work and Organization*, Jg. 16, H. 3, S. 385–404.

Warhurst, Chris/Thompson, Paul/Nickson, Dennis (2009), Labor Process Theory. Putting the Materialism Back into the Meaning of Service Work, in: Marek Korczynski/Cameron L. Macdonald (Hg.), *Service Work. Critical Perspectives*, New York/London: Routledge, S. 91–112.

Watkins, Megan (2010), Desiring recognition, accumulating affect, in: Melissa Gregg/Gregory J. Seigworth (Hg.), *The Affect Theory Reader*, Durham/London: Duke University Press, S. 269–285.

Weber, Max (1980 [1921]), *Wirtschaft und Gesellschaft. Grundriss der verstehenden Soziologie*, Tübingen: Mohr Siebeck.

Weber, Max (1988 [1918]), Der Sozialismus, in: Ders., *Gesammelte Aufsätze zur Soziologie und Sozialpolitik*, Tübingen: J. C. B. Mohr, S. 492–518.

Weber, Max (1992 [1919]), *Politik als Beruf*, Stuttgart: Reclam.

Weber, Max (1995 [1922]), *Wissenschaft als Beruf*, Stuttgart: Reclam.

Weeks, Kathi (2007), Life Within and Against Work: Affective Labor, Feminist Critique, and Post-Fordist Politics, in: *ephemera*, Jg. 7, H. 1, S. 233–249.